SE DE LAS GRANDES
CAPACIDADES QUE DIOS HA
PUESTO EN TI!

ESPERO QUE ESTE LIBRO
TE APORTE ALGO PARA
EL LIDERAZGO QUE DIOS
TE HA ENCOMENDADO.

TE QUIERO!

MARCELA

17-02-18

ACERCA DE *FELICIDAD A PRUEBA DE OFICINAS*

Sylvia es una excelente conferencista: logró en muy corto tiempo cautivarnos con anécdotas y reflexiones profundas y sencillas sobre el rol que tenemos como líderes para cambiar la manera como gestionamos nuestros equipos para que crezcan.

Livi Betancur
Vicepresidente Talento Humano
Seguros Bolívar

Pocas oportunidades en la vida permiten un encuentro tan fascinante como lo es escuchar a Sylvia Ramírez. Una gran mujer que con su inteligencia y picardía expone con confianza y experiencia un tema tan complejo como lo es la felicidad. Sylvia no solo invita a entender la felicidad como un escenario de vivencia deseado, sino que convoca a liderar procesos internos propios y ajenos que transformen positivamente nuestras vidas. Es observadora y analítica; en pocos minutos desnuda el alma y nos brinda mensajes que enriquecen nuestro espíritu. Jamás había conocido a una profesional que hablara de la felicidad y a su vez la reflejara en su mirada y su conducta.

Lina María Echeverri Cañas, PhD
Directora de la Maestría en Marketing
Universidad del Rosario

Me impresiona la frescura de las ideas de Sylvia y la pasión con la que consigue que su audiencia se involucre con su mensaje. En esta época tan tecnológica, ella nos inspira a enfocarnos en lo que realmente nos motive.

Ted Verkade
CEO y Presidente
Baker Tilly International

Sylvia ha logrado, con asombrosa facilidad, impactar de manera positiva y profunda en los líderes de nuestra organización y, por consecuencia, su trabajo es parte ahora de nuestras actividades.

Donny Donosso Leal
Regional Director, Latam
Baker Tilly International

He tenido la oportunidad de conocer a Sylvia y de asistir a sus conferencias en las que participan personas de diferentes niveles de la organización y el resultado es impactante porque, a pesar de que la felicidad es algo gratuito, los seres humanos olvidamos que la tenemos a nuestro alcance; Sylvia por medio de relatos de su propia experiencia nos devuelve la ilusión de saber que todo está en nuestras manos para ser felices.

José Alberto Silva León
Director de Gestión Humana
BBVA Colombia

Felicidad a prueba de oficinas

Sylvia Ramírez

Felicidad a prueba de oficinas

Supervivencia emocional para humanos en edad productiva

PAIDÓS EMPRESA

© Sylvia Ramírez, 2017

© Editorial Planeta Colombiana S.A., 2017
Calle 73 No. 7-60, Bogotá

Primera edición en el sello Paidós Empresa: agosto de 2017
Segunda edición en el sello Paidós Empresa: septiembre de 2017
Tercera edición en el sello Paidós Empresa: noviembre de 2017
ISBN 13: 978-958-42-6146-5
ISBN 10: 958-42-6146-0

Diseño de portada y de colección: Departamento de Diseño Editorial,
Editorial Planeta Colombiana
Impreso por: Nomos Impresores
Impreso en Colombia - *Printed in Colombia*

Oasis recio; luz amorosa; noble defensor ocurrente:
a todos los que viven en ese faro

CONTENIDO

PRIMERA PARTE

EN EL MAPA DE LA FELICIDAD, ¿DÓNDE ESTÁ USTED?

___

INTRODUCCIÓN

Estimado lector:
A pesar de haber hecho el intento de contarlos, a estas alturas ya no podría decir cuántos libros conozco que comienzan refiriéndose a la felicidad como la búsqueda máxima; como la aspiración suprema del ser humano. Pues bien, por encontrarme completamente de acuerdo con ese planteamiento que ya han hecho otros y, a la vez, por no haber conseguido una forma más ingeniosa de decir lo mismo, me saltaré esa parte e iré directo al grano: el libro que tiene en sus manos es una alternativa para arreglárselas por cuenta propia y salir tan ileso como pueda de cada jornada de trabajo.

Porque sí queremos realizarnos profesionalmente; porque además de que (en la medida de lo posible) también queremos salvar el mundo y porque, cómo no, queremos recibir dinero a cambio de nuestro esfuerzo, pero la verdad es que nos gustaría mucho poder hacer todo eso sin morir en el intento y sin acabar medicados en la esquina de un manicomio; por todo eso, es muy urgente dedicar un espacio para repensarse. Si usted ha sobrevivido hasta este punto no le quepa la menor duda de que le vendrán muy bien las pautas centrales para desarrollar su propia felicidad a prueba de oficinas.

Mi compromiso con esa causa (la de que no salgamos infartados ni locos del trabajo) es enorme y, sin embargo, es sereno. Por lo tanto, muy lejos de querer transmitirle un simple mensaje positivo o de querer animarlo a la fuerza, pero, al tiempo, interesada en que comencemos a trabajar en su felicidad pronto, antes de que comience con la lectura, me apremia salir del clóset espiritual y revelarle una cosa de la que estoy profundamente convencida y que es el eje central de todo mi discurso, de mi revolución: trabajar no debe ser sinónimo de sufrimiento.

De acuerdo con mis cuentas, antes de llegar a la última página usted debería estar persuadido de lo mismo. Se puede tener un trabajo y ser feliz. No hay que elegir entre una cosa y otra. Ahora bien, nuestra misión de pasarla mejor en la oficina será exitosa en la medida en que usted dé cabida a dos ideas que posiblemente sean nuevas pero que si las analiza con calma terminan siendo bastante lógicas: a) todo adulto está en el deber histórico de entender cómo funciona su sistema de toma de decisiones y b) en la medida en que en las oficinas suele haber gente, una habilidad de supervivencia básica es entender (rápido) cómo funciona el juego del poder a lo largo de los pasillos. En los capítulos que vienen me voy a encargar de que usted logre ambas cosas.

La apuesta es ambiciosa, por supuesto, pero si fuera imposible no desperdiciaría en eso la oportunidad que usted me está concediendo al prestarme su atención. En ese caso (si la felicidad fuera una quimera y tuviera que elegir en qué otro tema invertir su tiempo y su atención) le hablaría, por ejemplo, de cómo hacer mejores inversiones en finca raíz o de cómo adelgazar comiendo lo mismo de siempre. Nada de eso: si le propongo embarcarse en la aventura de pasarse a una nueva forma de pensar y de tomar decisiones para ser feliz, es porque me consta que se puede. Por la forma como cambió mi vida y por la manera como está cambiando la de miles de personas en el mundo, se lo repito: claro que se puede.

En aras de este propósito (que ahora compartimos los dos, usted y yo), necesitamos, en primer lugar, que usted tenga una idea (superficial, sí —dada la extensión del libro—, pero suficiente) de *por qué le gusta lo que le gusta y cuáles son los pensamientos* que le están *impidiendo* ser feliz.

En segundo lugar, teniendo en cuenta que la vida real no transcurre como en los parques de Disneylandia (donde todo se puede y todo es organizado y cronometrado), me encargaré de describirle los aspectos más importantes de los perfiles emocionales y de conducta de las personas con las que coincidirá más a menudo en su oficina, no sólo para que perciba con más claridad lo que sucede a su alrededor sino, sobre todo, para que sepa cómo relacionarse mejor y —algo muy importante—, para que sepa a qué prestar atención y a qué no. Su tiempo, contado en horas de *posible felicidad*, es mi recurso no renovable.

En resumen, este libro compendia una guía práctica para que cada uno identifique sus debilidades y potencie sus fortalezas. Y aunque esos dos objetivos son de por sí interesantes, quizás el aspecto definitivo de los capítulos que están por comenzar es que le ofrecerán una vía sencilla para ubicar dónde están sus posibilidades más reales de ser feliz: haciéndose mejores preguntas para tomar mejores decisiones y administrándose mejor entre quincena y quincena.

CAPÍTULO 1

AL GRANO: ¿ES POSIBLE SER FELIZ EN *ESA* OFICINA?

Es posible ser feliz en casi cualquier oficina si, primero, usted así lo quiere; segundo, si cree que es posible serlo y, tercero, si deja de ser de esos que *juegan para la tribuna* o, en otras palabras, deja de vivir demostrando a los demás lo competente que es o lo bien que le va en la vida. Juntando esos tres cables es muy posible experimentar una felicidad genuina, de nuevo, *casi en cualquier oficina*. No en todas porque, de acuerdo con mi experiencia, hay una clase de empresa en particular en la que no es tan factible sentirse pleno. Sin embargo, de eso nos ocuparemos más adelante.

A pesar de que no tengo el gusto de conocerlo en persona, sé que hay algo que tenemos en común: usted y yo queremos ser felices. Todos lo queremos y todas nuestras búsquedas apuntan hacia ese mismo propósito ulterior. Incluso quien se suicida, fíjese, busca justo eso: ser —*por fin*— feliz.

Es tan natural y al mismo tiempo tan fuerte la inclinación hacia la felicidad que tenemos los seres humanos, que supera la fuerza del instinto. Ser feliz es un apremio; es un asunto más *urgente*. Haga una revisión rápida de su historia y observe esto: usted ha podido posponer sus ganas de aparearse y reproducirse con esa persona que le altera la química orgánica al punto de devolverlo al hervor de la adolescencia. Pero, en cambio, ha sido prodigiosamente incapaz de dejar de trabajar (y de reventarse si es necesario) hasta cumplir la meta que tiene en común con la persona que ama.

Sigamos revisando su prontuario profesional y encontraremos más de un episodio en el que, a pesar de que su jefe lo haya amenazado con aplicarle todo el abanico de posibilidades de tortura *oficinera* imaginable por no entregar el informe antes de las 11:00 a.m., usted ha puesto en riesgo su trabajo con tal de seguir leyendo sobre ese tema que le apasiona tanto o con tal de seguir soñando con su idea de emprendimiento en una tabla de Excel disfrazada de documento oficial para que parezca que está atareado. ¿Lo nota? El instinto de reproducción y el instinto de supervivencia pueden esperar; la felicidad que vive al hacer cosas que llenan de significado su existencia, no.

Y ahora bien, a pesar de esa inclinación esencial, fundamental, que tenemos hacia la felicidad, resulta que la complejidad del mundo de nuestras emociones es asombrosa. Lo es tanto que, por ejemplo, no siempre queremos estar alegres. El dolor, el estrés y el miedo son tres estados en extremo adictivos para todos los humanos, pero más aún para el oficinista.

Precisamente por este enigma espléndido que representa el poder de enganche que tienen esos tres estados emocionales (dolor, estrés y miedo) y a pesar de que inicié este capítulo con la buena nueva de que es posible ser feliz en su oficina,[1] de inmediato señalo que hay tres requisitos que es necesario cumplir para lograrlo. No es casualidad que este sea el primero: para ser feliz hay que empezar por *querer* serlo.

¿Es usted capaz de vivir sin un estresor?

A la fecha en que estoy escribiendo este libro llevo quince años indagando sobre la felicidad y, si bien no he podido (en realidad no he querido hacer el ensayo de) reducirla a un concepto, he llegado a varias conclusiones importantísimas en esta materia. Una de las más interesantes tiene todo que ver con la pregunta con la que inició esta sección: ¿Es usted capaz de vivir sin un estresor? En la medida en que las personas a quienes he tenido como *coachees*[2] en mi oficina han contestado a esto con honestidad, han comenzado a ver la luz al final del túnel cuando se enfrentan a un problema que puede parecer insalvable para muchísimas personas en edad productiva: no somos felices porque no queremos serlo, ya que es más fácil vivir asustados, malhumorados o anclados a un problema, que hacer lo necesario para estar bien.

Aunque a nivel consciente todos creemos entender qué es estar bien y todos aseguramos que por obvias razones sí queremos ser felices, el *subconsciente* no siempre tiene tan claro que él y usted quieran serlo porque:

---

1 Es posible ser feliz en esa oficina, aunque allá se sienta como si estuviera encerrado en un corral con su jefe y con el colega que más parece un enviado del Mal que un compañero. Inclusive es posible ser feliz a pesar de la raquítica suma que a veces figura en el pago a fin de mes. Créame: ¡es posible!

2 A nivel profesional ejerzo como conferenciante y como *coach*. El *coaching* funciona a través de un modelo de conversación que, a pesar de que está diseñado para acompañar a las personas a lograr sus metas, no reemplaza ni es equivalente a la psicoterapia tradicional. Por ello yo, como *coach*, no tengo "pacientes" sino "*coachees*".

Le teme a la felicidad pues en caso de perderla cree que va a sufrir (si es feliz se expone a perder eso que le da felicidad y prefiere ahorrarse el dolor).

» Si es feliz puede perder prestigio porque la gente exitosa siempre tiene problemas y, por lo tanto, no permanece con una sonrisa en el rostro.

» Si vive sonriente no lo van a tomar en serio y sus subordinados no le van a hacer caso.

» Ser feliz es una aspiración propia de las mentes débiles.

» Cree que hay mérito en el dolor, pues por esta vía se suman puntos.

» Está enganchado al estrés porque lo hace sentirse vivo o, peor, porque hace que se sienta *importante*.

Ocurre que el antónimo de felicidad no es *rabia* ni *dolor* ni *angustia*. Al contrario, esos tres estados, por regla general, son motores en extremo poderosos a la hora de crear algo: una argumentación ganadora; una pieza con un diseño conmovedor o una solución altamente creativa. Y cuando usted logra persuadir a un auditorio, cautivar a una audiencia, descrestar al consumidor con un nuevo producto o, bien, librarse de un problema en el que se estaba metiendo con alguien en su oficina, ¿no se siente, acaso, *feliz*?

Escribo estas líneas con la idea fija de hacerle notar que a pesar de que —siguiendo con los ejemplos—, en estos tres escenarios, usted termina sintiéndose feliz porque al final tuvo un desempeño y un resultado extraordinario, no es menos cierto que pagó un precio muy alto por lograrlo. En otras palabras, si usted se acostumbra (o si sigue permitiéndose vivir así —carburándose con dolor, con miedo o con angustia para elevar su desempeño), le está *saliendo más costoso el collar que el perro*.

Nos gusta, por lo tanto, experimentar esos estados (de pena moral, de congoja, de desconsuelo) porque todas estas son *formas de acción*; son indicadores de que está pasando *algo* en nuestra vida. Y, hablándonos con honestidad, lo que sucede es que ese *algo* que sí pasa (aunque duela) es infinitamente preferible a que no ocurra *nada*. Lo único peor que tener ese trabajo infernal sería no tenerlo. Quedaríamos en el aire; sin adrenalina saliendo de ningún lado. De ahí nuestra predilección por esas alteraciones de ánimo. De ahí que sea tan importante que su corazón se acelere *también* por cosas saludables y no sólo por razones dolorosas.

Una entrevista que concedió a la prensa la cantante Adele, diva de los corazones maltrechos, es un recurso espléndido para ilustrar mejor el fenómeno:

> Me aferro al hecho de tener el corazón roto. No suelo pasar la página demasiado rápido. No sé si es porque soy muy creativa cuando estoy momentáneamente deprimida[3].

Le propongo volver al plano de su oficina: mientras en su vida personal o profesional (que cada vez más tienden a ser lo mismo, teniendo en cuenta que una persona pasa en promedio diez horas trabajando), mientras en su cotidianidad no haya fuentes saludables de alegría, usted va a seguir (y con mucha razón) aferrado a una persona tóxica;[4] a la creencia de que trabajar más horas es ser más productivo o, peor, va a continuar cargándose de más responsabilidades de las que puede asumir sin reventarse porque, como dijimos, cualquiera de estas cosas

---

3 *I do embrace the fact that I'm heartbroken. I don't move on quickly. I don't know if that's because it seems that I'm only really creative when I'm a bit momentarily depressed.* Revista *People*, artículo publicado el 27 de junio de 2016 por Jordan Runtagh. Traducción libre.

4   Las personas tóxicas se caracterizan por ser egocéntricas, pesimistas, generalmente envidiosas y, por lo tanto, con un alta tendencia a victimizarse si sienten que no están saliéndose con la suya.

(al menos para el plano inconsciente de su cerebro) es mucho mejor que estar *aburrido*.

La verdadera pesadilla es estar aburrido.

Y, claro, como es mucho más fácil quejarse del trabajo que no acaba, del jefe que no da tregua y del dinero que no alcanza que tomar las riendas de la propia vida; como es menos engorroso llamar "mala suerte" a una sarta de decisiones que pudieron haber sido distintas; como es necesario ponerse en la fatigante tarea de calentar y entrar al campo de juego para hacerse cargo de sí mismo y reivindicar el derecho a ser feliz; como es más fácil vivir estresado, malgeniado o herido porque de cualquier modo eso es lo que *ya conoce* (y uno se siente cómodo en lo que le resulta familiar), por todo eso es que insisto en mi pregunta de si en realidad está interesado en ser feliz.

Ese viene siendo, pues, el primer requisito de la felicidad *oficinera*: *querer*. El segundo es *creer* que es posible ser feliz.

"Será tan aburrido que te pagan por hacerlo"

Cuando piensa en el verbo *trabajar*, ¿qué imagina?; ¿cómo se siente?; ¿qué imágenes vienen a su mente? Si las respuestas son, en orden, "castigo", "mal" y "la muerte", ahí puede estar la causa —y a la vez la solución de— su infelicidad.

¿Recuerda qué decían sus padres sobre los trabajos que tenían y sobre el jefe? ¿Puede recordar en qué condiciones —emocionales y físicas— volvían normalmente su papá o su mamá a casa luego de la jornada en la oficina? Si le pidiera que pensara en un refrán sobre el trabajo, ¿cuál es el dicho que encuentra más a la mano? (Si usted es miembro —como yo— de las generaciones cuyos padres estaban todo el día trabajando y que por eso fueron parcialmente criadas por la televisión y por otras personas cercanas como los abuelos o la señora que ayudaba con los quehaceres domésticos, la revisión del pasado no debe limitarse al ámbito de lo que ocurría con los padres sino que debe incluir a las demás figuras de autoridad importantes de la infancia: la nana, los vecinos, los profesores, las personas a cargo, etc.).

Estas preguntas (que a primera vista pueden parecer más de diván de psiquiatra que de libro de gestión personal en el campo profesional) son de la mayor importancia para alcanzar su felicidad porque lo llevarán a descubrir cuáles son las creencias que están en el plano más profundo del andamiaje de su personalidad. A la vez, contestándolas, podrá explicarse muchísimas de las cosas que hace y que se dice a sí mismo acerca de su vida y de su trabajo.

Reparar con calma en las preguntas que acabo de hacerle (y en otras que le formularé más adelante), también lo llevará a darse una idea de por qué no hace lo que sabe que tiene que hacer y, sobre todo (y este es el premio mayor), estas respuestas le permitirán entender cuál es la tuerca que tiene que apretar para destrabar su motor interno de felicidad (sepa que cada humano, aunque no es creado en serie como una máquina, siempre trae un motor interno de felicidad en su configuración original. Siempre).

Conocer cómo está construido su mundo en el plano inconsciente es esencial porque, cuando de tomar decisiones se trata, la información que reposa ahí es definitiva. Esos datos pesan más que aquello que usted se dice conscientemente a la hora de preferir una cosa por encima de otra.

Dicho de otra manera, en el momento de tomar una decisión a su cerebro lo determina más lo que usted viene creyendo desde que estaba pequeño, que lo que entendió y decidió creer del último manual de liderazgo que haya pasado por sus manos. Lo que cree desde niño prima sobre lo que aprendió en la conferencia de crecimiento personal a la que asistió hace poco.

Como señalaba hace unas líneas, el segundo requisito para ser feliz es creer que es posible serlo. Si desde su infancia ha recibido ráfagas de información negativa sobre lo que significa trabajar o si lo que le contaban los mayores sobre el *deber ser* de la vida del adulto responsable era una sarta de historias azarosas con pruebas por superar, el asunto ahora es sencillísimo de entender: para usted ser feliz en el trabajo es un imposible metafísico.

Si este es su caso, de lo que se trata ahora es de conseguir sacar a la felicidad de la categoría "Milagros". Ser feliz no es un milagro ni es un privilegio de unos pocos. Y para aterrizar la felicidad, para ponerla más cerca de su alcance, es clave que recuerde esa parte —no muy atrás en esta lectura— en la que señalé que el antónimo de felicidad no es *rabia* ni *dolor* ni *angustia*. Así, si usted concibe que es posible (y, sobre todo, frecuente) *ser* feliz y al tiempo *estar* triste o malhumorado, la idea de tener una vida feliz comenzará a parecerle cada vez menos estrambótica.

Traigo todo esto a colación por dos razones: primero, es factible que ahora mismo usted sea mucho más feliz de lo que, por años, ha dejado de percibir o que no ha querido admitir y, segundo, una vida feliz no es (no tiene porqué ser) una vida perfecta porque la felicidad no tiene tanto que ver con lo que nos pasa como con lo que nos decimos acerca de lo que nos pasa.

En pocas palabras, ser feliz sí es posible en la medida en que usted entienda que la felicidad no es un propósito ni es un estado superior reservado para las almas iluminadas, sino que ser feliz es, en realidad, una *decisión*.

La decisión de ser feliz consiste en *querer entender* que el sentido de la vida es la vida misma. El sentido no lo da aquello que usted hace ni las metas que va alcanzando ni las cosas que va aprendiendo: esos son medios para experimentar cosas (sentimientos, sensaciones).[5] La vida, en cambio, es un fin en sí mismo. Sin fuegos artificiales ni nada muy rimbombante: el sentido de todo es tan simple como que usted respire en este momento; ahí donde se encuentra. Lo que haga de ese punto en adelante ya es opción suya; como la de, por ejemplo, ser feliz.

Que usted esté vivo, por lo tanto, no tiene nada que ver con la posibilidad (indiscutible) de que ahora mismo, quizás, esté sufriendo. Son dos asuntos distintos; relacionados pero distintos. Todos los que sufren están vivos pero no todos los que están vivos sufren.

Note, entonces, que su vida tiene un sentido independientemente del sufrimiento. Ni el objetivo de la vida es sufrir ni el sufrimiento hace que la vida sea un sinsentido (por favor lea esta última frase una o dos veces más. Es que es muy importante).

Con todo y que, supongamos, usted se encontrara ahora mismo en la peor oficina del mundo, conviene que sepa que eso no es lo peor que le podría pasar durante su existencia.

Lamento aguar la fiesta pero es esencial que tenga en mente que todo sufrimiento es susceptible de empeorar. Siempre. Por esa razón no tiene caso que su aspiración máxima sea vivir una vida *libre de dolores* o *libre de premuras*, dado que eso no está bajo su control. En cambio, sí le resultaría muy útil —sobre todo en términos de su bienestar— apuntarle a vivir una vida *llena de significado*. La diferencia puede parecer lingüísticamente sutil pero, existencialmente, es enorme:

> *La búsqueda por parte del hombre del sentido de su vida constituye una fuerza primaria y no una 'racionalización secundaria' de sus impulsos instintivos. Este sentido es único y específico, en cuanto es uno mismo y uno solo quien ha de encontrarlo;*

---

5 El sentimiento del amor o del dolor; la sensación de poder cuando aprende a bailar con la incertidumbre. La liberación del perdón. La alegría de regalar algo, etc.

únicamente así el hombre alcanza un fin que satisfaga su propia voluntad de sentido.[6]

En el momento preciso en el que logre asimilar que la felicidad no es aquello que usted '*obtiene de*' sino que es algo que usted '*pone a*' (a su trabajo, a su relación de pareja, al hecho de ser padre o madre, etc.), terminará de convencerse, como lo estoy yo, de que es perfectamente *posible* ser una persona feliz.

"¡¡¡*Mírame, estoy triunfando*!!!"

Con dificultad podría pensar en un estilo de vida más agotador que el de la gente que vive "Jugando para la tribuna". Vivir satisfaciendo las expectativas de los demás es ruinoso a nivel profesional y, a nivel personal, es suicida.

Esta afirmación nos lleva al campo del tercer requisito de la felicidad *oficinera*, que consiste en hacer las cosas únicamente por la convicción de hacerlas; sin esperar algún reconocimiento en particular o un gesto correspondiente por parte de la otra gente.

En términos generales este debería ser el proverbio de su nuevo estilo de vida feliz: *vivir la vida por el gusto de vivirla sin pujar por un desenlace específico.*

De manera puntual le propongo implementar los siguientes ajustes: respete el código de vestuario pero póngase lo que quiera dentro de ese marco de referencia, soltando la obsesión de que los demás le aprueben el *look*. Asegúrese de hacer bien y a tiempo las cosas que tiene que hacer, porque eso es lo que tiene que hacer, y olvídese de la palmadita en el hombro por parte de su jefe (o del cliente). Ayude a su colega a terminar su trabajo porque usted es una persona que ayuda a otros a termi-

---

6   Frankl, Viktor. *El hombre en busca de sentido*, p. 121. Editorial Herder, España, 2004.

nar su trabajo; no para crearle una deuda de gratitud. Alégrese si usted está en el círculo de preferidos de su jefe pero cuídese de desarrollar esa actitud *discriminadorcita* que lastima tanto a los que no hacen parte del clan. Prepare bien el informe, consolide correctamente el presupuesto (o lo que sea que haga en su trabajo) con la consciencia de que hacer eso bien hecho es parte de la misión de su vida y no pensando en el posible ascenso. Entienda que los demás son sus *colegas*, no su *competencia*, de manera que está bien si les enseña las cosas que usted sabe. Y así sucesivamente, sabiendo que más que aprenderse estas cosas que estoy señalando, lo importante es entender la dinámica de felicidad que está inmersa en todas estas jugadas.

El problema de las sugerencias del párrafo anterior es que su aplicación teórica, que de por sí es muy seductora, nunca igualará en magia a lo que puede lograr con su implementación práctica. Si en realidad quiere sacar un provecho tangible de esta lectura, con entusiasmo le recomiendo hacer el ensayo de aplicar una, al menos una de las cosas que le propuse (lo de la ropa, lo de ayudar, lo de ver a sus colegas como compañeros, cualquiera de esas opciones) y mire hacia dónde se mueve la aguja de su felicidad.[7] Una empresa no es más que una red de favores y de comunicaciones, así que entre más sincera sea su interacción con los demás, mejor la va a pasar.

No, si usted fuera menos sensible o menos inteligente no sería más feliz

De la inmensa cantidad de denuncias de infelicidad que recibo en el desarrollo de mis seminarios, una gran parte se relaciona con estas dos hipótesis: hay quienes dicen que no pueden ser

---

7   Esto lo estoy escribiendo con una sonrisa dibujada en los labios porque sé que se va a sentir muy pero muy feliz cuando haga la prueba.

felices porque son demasiado sensibles (porque sienten más de la cuenta), y hay quienes se quejan de que su inteligencia los condena. Dicen que tener una capacidad intelectual superior los lleva a percibir desgracias que, para una persona normal, no existen. Las personas más normales, en cambio, creen que no hay nada que cuestionar; que la vida es así y punto. Dicen.

En caso de que usted sea muy sensible o muy inteligente, ¿por qué no sacar provecho a sus atributos en lugar de combatirlos? El problema no es que usted sienta muchas cosas; el problema es que no sabe qué hacer con lo que siente. El problema no es que usted sea muy inteligente y se percate de cosas que los demás no perciben; el problema es que está *hiperracionalizando* cada cosa que ocurre o, en otras palabras, está hilando muy delgado y por eso no puede ser feliz.

> #NotaMental: Si usted fuera menos sensible se sentiría menos vivo y si fuera menos inteligente no estaría donde está. **Tweet vía @SylviaNetwork**

Comencemos por los segundos; las víctimas de su propia lucidez, que es un grupo que conozco bien porque yo solía hacer parte de él. La denuncia es más o menos la misma siempre: *A veces quisiera ser menos inteligente para no darme cuenta de que la vida es eso que pasa afuera mientras nosotros estamos aquí, encerrados en estas cuatro paredes, produciendo dinero para alguien más. El drama mío es una verdadera paradoja: yo sí entiendo lo que los otros ni siquiera notan y por eso no puedo ser feliz. He estado pensando y llegué a la conclusión de que deberíamos ser como los animales… o como las plantas, que nacen, crecen, se reproducen y mueren sin estar pensando en lo que hacen los demás; cumplen su ciclo vital y ya. Al fin y al cabo esto es un juego. Como sea, ya he entendido que lo que tengo que hacer es esperar a que pasen los años y pueda morirme de viejo porque, además, tampoco tengo el valor para acabar con mi vida y parar este circo en el que me encuentro.*

El párrafo anterior resume los aspectos más importantes y los que más se repiten en las quejas de mis excamaradas, rehenes de su intelecto. La frustración en la que viven, se aumenta hasta la estratosfera cuando leen en alguna parte (en alguna red social o en algún libro de autoayuda) una frase del tipo *"Un solo pensamiento puede cambiar tu día entero"*, y tratando de vencer el hastío en el que viven se animan a decirse algo positivo por las mañanas, antes de salir de la cama, y se encuentran a las 11:00 a.m. con que nada (o casi nada) cambia. En ese punto la desolación es absoluta.

Si el asunto fuera tan sencillo —y tan mágico— como tener un pensamiento positivo al levantarse para cambiar toda su vida, este libro, por ejemplo, podría acabar justo aquí. *"Piense positivo, cambie de trabajo, busque en su interior y sea feliz porque la felicidad está dentro de usted"*. Lo hemos leído en todas partes y sabemos que no funciona así. Al menos no de esa forma tan simplista.

Por suerte.

En realidad es una gran fortuna que la felicidad humana no funcione con una lógica demasiado elemental porque, si así fuera, nuestras alegrías serían tan ligeras como las de una mascota que acaba de recibir su ración de alimento y la verdad es que el regocijo se vive al conquistar una meta; al ver el resultado de un proyecto; al ayudar a otros sin intereses ocultos o al saber que alguien a quien amamos con el alma logra algo, es astronómicamente superior a la alegría rústica que sentimos al satisfacer un apetito fisiológico.

Expuesto de otro modo, si se está sintiendo identificado con este marco de referencia y es de aquellos que en secreto sienten que su forma de ser y su capacidad de percepción les impide ser felices en la oficina (o en la vida, en general), por ser capaces de entender más cosas que el resto de los mortales, le tengo una excelente noticia: con seguridad sus alegrías pueden (*deben*) ser tan interesantes, tan ricas y tan complejas como sus pesares.

La importancia que entraña esta reflexión amerita que nos detengamos a analizar con algo más de detalle el fenómeno. Paso a describir el asunto: es posible que a veces, en medio de la desesperación existencial, haya llegado a su mente el recuerdo de ese colega que no ha tenido las mismas oportunidades académicas que usted; que está 150 puntos por debajo del coeficiente intelectual suyo y que se dedica a tareas bastante modestas (y por lo general repetitivas). A la descripción hay que agregar que todas las prioridades de la vida de este sujeto se resumen en tres: hacer su trabajo apropiadamente, caer bien a la gente y ser una buena persona. Punto. Nada de disquisiciones filosóficas sobre nada ni grandes pretensiones de vida. Lo de él es sumar puntos para la pensión presentándose en la oficina de ocho a cinco y yendo a almorzar a algún lugar pintoresco los fines de semana, como si la vida no fuera más.

Supongamos que usted sigue pensando en su compañero; en cómo pasa él su vida y en lo contento que se le ve siempre. Pero, justo en ese momento, se le ocurre compararse con él. Al cabo de unos minutos de reflexión con su pose trascendental, llega a la conclusión de que si usted no fuera tan inteligente —como es— ni tuviera las responsabilidades de su cargo ni entendiera la vida con la claridad con que lo hace, obviamente usted sería más *feliz*. Así como su colega: tibio pero feliz. [8]

---

8   También he oído la misma reflexión comparándose con el gato de la casa, que es feliz porque tiene todo resuelto y a la vez no entiende nada, por tanto *nada le acongoja*.

En caso de haber sentido que —en todo o en parte— pertenece a quienes viven en este escenario que, como mencionaba, también fue el mío, le propongo desistir de hacer esa clase de cuentas porque es estruendosamente falso que si usted entendiera menos cosas llevaría sus días mejor. ¿Imagina pasar los setenta años que en promedio vive una persona hoy con alegrías tan insípidas, tan sosas, como la de no tener hambre o como la de no tener frío? Si usted encarnó en humano, seguramente es para algo más interesante que sobrevivir.

Voltaire, el famoso escritor francés,[9] tuvo la misma inquietud nuestra y a propósito de la hipótesis (insisto, equivocada), de que siendo menos consciente se es más feliz, escribió un cuento corto llamado "Historia de un buen brahmín". El cuento trata de un viajero que en una de sus jornadas se topa con un anciano acomodado e ilustrado, que al no tener premuras económicas podía dedicar su vida a filosofar. Además de su condición holgada, la otra característica que hacía singular la existencia del viejo es que tenía como vecina a una mujer descrita por el autor como "beata, imbécil y bastante pobre".

Esta mujer importa en el cuento porque no obstante el hecho de que ella no reflexionaba sobre nada, tampoco tenía aflicciones de ninguna naturaleza. Es más: se declaraba una persona en perfecto estado de felicidad.

Un día, mientras conversaban el viajero y el anciano, éste se quejó de la misma paradoja que venimos analizando: a pesar de que él había tenido la fortuna de poder dedicar su vida a estudiar y no obstante hacer parte de la élite intelectual que comprende los conceptos que exigen más erudición, no conseguía ser feliz. Aún peor, sentía que su infelicidad se debía a su capacidad de comprender. Su drama, entonces, era que a esas

9   Escritor, historiador, filósofo y abogado francés, que nació en 1694 y murió en 1778.

alturas de su vida continuaba con todas las preguntas existenciales pendientes de respuesta: quién es, de dónde viene, qué le depara el más allá.

El fragmento que sigue resume el momento cumbre del cuento y es la razón por la que estamos hablando de la historia del buen brahmín, a propósito del problema en cuestión:

> [Viajero] —¿No le avergüenza ser desgraciado cuando a su puerta hay una vieja autómata que no piensa en nada y que vive contenta?
>
> [Anciano] —Tiene usted razón —me respondió—; cien veces me tengo dicho que yo sería feliz si fuese tan necio como mi vecina; sin embargo, no quisiera semejante felicidad.
>
> [Viajero] Esta respuesta de mi brahmín me produjo mayor impresión que todo lo demás; me examiné a mí mismo y vi que, en efecto, no quisiera ser feliz a condición de ser imbécil.[10]

Ser menos inteligente sería un precio demasiado alto por su felicidad. En primer lugar porque con eso sólo estaría comprando una felicidad muy plana (como ya vimos) y, en segundo lugar, porque *su problema no es ser demasiado inteligente.* Al contrario, es muy posible que todo se reduzca a que a lo largo de su vida usted ha aprendido cosas que jamás debió aprender. Mañas emocionales. Y eso no tiene nada que ver su cociente intelectual; tiene todo que ver (de nuevo) con su sistema de creencias.

> ¿Qué tal que su problema no sea ser demasiado inteligente sino estar demasiado resabiado? **Tweet vía @SylviaNetwork**

Es imposible que su desgracia consista en ser capaz de entender cosas que no conviene entender, siendo que desde el

---

10   Voltaire, "Historia de un buen brahmín".

principio de los tiempos la raza humana ha venido esforzándose sin pausa por saber más y más. ¿Por qué? Porque es el conocimiento (y no la fuerza bruta) lo que nos otorga el poder de transformar la realidad.

La constante desazón en que viven algunas personas más ilustradas que el promedio nace del hecho de creer en entelequias —a menudo salidas de la *sabiduría popular*, que es de lo más peligroso que puede haber—, como las siguientes:

» La vida sería más feliz si no tuviera que trabajar.

» Para obtener algo valioso en la vida hay que reventarse y hacer toda clase de sacrificios.

» Lo que mal empieza, mal acaba.

» El uniforme de prisionero del empleado es la corbata (o el traje elegante).

» Ser cortés o llamar por el título profesional a alguien es equivalente a adular pero hay que hacerlo porque esa es la cuota de pleitesía que se paga para estar dentro del sistema productivo del pequeño burgués.

Los pensamientos de esta corta lista vienen siendo como piedrecitas en el zapato para quien quiere recorrer un camino de felicidad, es cierto, pero es aún más cierto que tener una piedra en el zapato no es lo mismo que si le mutilasen el pie.

Puede que usted tenga un empleo porque tiene la necesidad de trabajar para comer. Tal vez en su empresa sea requisito usar un aparatoso traje elegante a diario y también puede ocurrir que sienta una punzada en el hígado cada vez que debe referirse a un directivo mediocre de la compañía con un tono respetuoso y llamándole "Doctor Fulano" o "Ingeniero Mengano", pero nada de eso —ni todas esas cosas juntas— dan para armar un drama existencial y concluir que, a cambio de sobrevivir, está teniendo que aguantar una sarta de ultrajes.

Espero estar teniendo éxito en mi empeño por hacerle notar que el problema no es su capacidad de comprensión de las circunstancias. El problema es creer que alguna de las cosas de la anterior lista de creencias (o de las locuras que vamos aprendiendo todos por el camino) es un axioma incuestionable de vida. Creer que esos postulados, que mencioné como ejemplo, son ciertos, es lo que constituye el obstáculo para su felicidad; no su grandioso cerebro, ¿lo observa ahora? Soy tan vehemente con el asunto porque confundir esas dos cosas fue, para mí, y para decenas de mis *coachees*, una gran fuente de mortificación.

En la medida en que vayamos avanzando en este libro iré suministrándole múltiples herramientas para comenzar a pensar distinto sin engañarse, sin negar los puntos negros de su realidad, sino, por el contrario, afrontando lo que podría cambiar y deshaciéndose de creencias que sólo le impiden pasarla mejor. Sí es posible vivir igual o más alegre que ese compañero autómata que casi le despierta compasión o como la anciana del cuento del buen brahmín que citamos hace un instante, siempre y cuando acepte el desafío de "estrenar cerebro".

Ah, es que también es perfectamente posible estrenar cerebro.[11] A la edad que sea. Los métodos para cambiarlo son dos, uno que encuentro muy desaconsejable y otro que le animo a ensayar de inmediato. La forma no muy astuta de tener un nuevo cerebro consiste en manipularlo con drogas y el costo que se paga en términos de bienestar es muy alto: delirios, esquizofrenia, corrosión de la masa cerebral, pérdida de funciones bioquímicas, dependencias y un sinfín de consecuencias que son indeseables, claro, si lo que quiere es aumentar su bienestar como, imagino, es su caso. En pocas palabras, con drogas usted

---

11   Exposición de mi profesor, el doctor Jorge Aguilera, comunicador social y periodista; posgrado en Investigación y candidato a doctor en filosofía en Comunicación Organizacional.

podrá, con seguridad, tener un nuevo cerebro pero nunca uno *mejor* y de ninguna manera será más feliz. De ninguna manera.

Ahora bien, el camino que sin vacilar le propongo seguir, comienza apelando al carácter plástico, maleable, del cerebro humano: este órgano nuestro puede renovarse mediante la fijación de nuevas normas y asumiendo nuevos desafíos, tal como lo demostró, con gran elocuencia, un estudio realizado en el Instituto de Neurología de la Universidad de Londres sobre los taxistas de la misma ciudad, el cual desmintió, nada más y nada menos, el refrán (obsoleto y a menudo empleado para camuflar la pereza del adulto) que dice que "loro viejo no aprende a hablar".

Loro viejo Sí aprende a hablar (o a pensar como un loro feliz)

Nuestro cerebro, a diferencia del que tiene el loro del refrán, no sólo sí puede desarrollar nuevas habilidades sino que, incluso, alcanza a cambiar su morfología sin importar la avanzada edad de su dueño, como lo demostró el estudio mencionado, liderado por Eleanor Maguire y del cual nos vamos a ocupar a continuación.[12]

El análisis consistió en comparar lo que ocurría en el cerebro de los conductores de bus y en el de los aspirantes a obtener la licencia para conducir taxi cuando los segundos (los conductores de taxi) estudiaban y aprobaban el examen de acreditación para trabajar en la ciudad.

La prueba en cuestión se llama *"The Knowledge"* ("El Conocimiento") e implica memorizar unas veinticinco mil calles y otros miles de puntos importantes de Londres. Para su preparación, los aspirantes toman entre tres y cuatro años. Los

---

12   Eleanor A. Maguire, Katherine Woollett y Hugo J. Spiers: *"London Taxi Drivers and Bus Drivers: A Structural MRI and Neuropsychological Analysis"*. Department of Imaging Neuroscience, Institute of Neurology, University College London, 2006. Estudio aceptado para publicación el 30 de agosto de 2006.

conductores de bus, en cambio, sólo necesitan conocer su ruta y no deben certificarse.

Aquí viene lo interesante: antes de aprender las calles objeto del examen, el cerebro de los taxistas y de los conductores de bus era, en términos generales, igual. Finalizada la época de estudio (los tres o cuatro años de preparación), se comparó de nuevo el cerebro de unos y de otros, al cabo de lo cual Eleanor Maguire y sus colegas encontraron que el *hipocampo* (la parte del cerebro donde se aloja la memoria a largo plazo y que permite la ubicación espacial), era más grande en los taxistas que en los conductores de bus. Y no sólo eso: a través de un serie de resonancias magnéticas se encontró que la cantidad de materia gris presente en la parte posterior del cerebro de aquellos que aprobaron la prueba era superior a la de quienes no tuvieron la necesidad de esforzarse preparando el test.

Este estudio es de la mayor importancia en nuestras reflexiones en torno al objetivo de ser felices en la oficina porque demuestra varias cosas que pueden cambiar su vida o, cuando menos, la relación que tiene con su mente:

» Es posible estrenar cerebro dándole nuevas normas (imponiéndole una disciplina).

» El cerebro, no obstante la edad, puede desarrollar nuevas habilidades o adquirir conocimientos: recuerde que se trataba de personas adultas que decidieron tomar el reto de memorizar información y lo lograron.

» Como si fuera poco, no sólo puede aprender a cualquier edad sino que —lo que es aún más revelador—, el cerebro es capaz de cambiar incluso de forma: el hipocampo de los taxistas creció y su cantidad de materia gris[13] aumentó.

---

13   La materia gris es el tejido orgánico compuesto por células nerviosas y es el insumo con el que razonamos.

» No es cierto que el ser humano esté determinado a ser de un modo en particular. En otras palabras, ya no nos queda bien escudarnos bajo el pretexto de que "Los [ponga aquí su apellido] somos así" porque está científicamente comprobado que el cerebro es maleable.

Partiendo de lo anterior, le propongo que hagamos una prueba. Usted y yo. Vamos a ensayar reformular las antiguas *"creencias mortificantes"* para convertirlas en nuevos *"pensamientos habilitantes"*, de modo que esa misma capacidad intelectual que lo atormentaba en el pasado sea la fortaleza a partir de la cual usted construya su nuevo esquema de pensamiento positivo.

Dado que no todos sufrimos por las mismas cosas, con seguridad su lista será distinta de la mía. Sin embargo, usemos las frases que presenté arriba a modo de ejemplo, para que hagamos el ejercicio: frente a cada afirmación mortificante usted va a escribir un pensamiento positivo que le resulte funcional y, a continuación, le mostraré los míos. Ahora bien, haga el esfuerzo de anotar algo que en realidad represente un pensamiento poderoso para usted; no salga del paso con una frase de autoayuda para archivar porque llevamos varios años haciendo lo mismo y sabemos que no funciona. Comencemos, pues, con un ejemplo:

"La vida sería más feliz si no tuviera que trabajar"

» Versión autoayuda (esto es lo que NO hay que hacer): "Estoy agradecido por tener un trabajo". Tonterías: ni usted ni yo lograríamos motivarnos con esa frase tan lánguida si estamos en un trabajo que odiamos y tenemos que levantarnos un lunes a las 5:00 a.m. para ir a la oficina. Esa frase no sirve.

» Mi nuevo *"pensamiento habilitante"*: "Si viviera de vacaciones, con seguridad necesitaría vacaciones de las vacaciones. Yendo a esta oficina me siento una persona útil y productiva".

Hagamos el ensayo con las frases que siguen:

Para obtener algo valioso en la vida hay que reventarse y hacer toda clase de sacrificios

» Su nuevo *pensamiento habilitante*:

_____

Lo que mal empieza, mal acaba

» Su nuevo *pensamiento habilitante*:

_____

El uniforme de prisionero del empleado es la corbata (o el traje elegante)

» Su nuevo *pensamiento habilitante*:

_____

Ser cortés o llamar por el título profesional a alguien es equivalente a adular y es la cuota de pleitesía que se paga por estar dentro del sistema productivo del pequeño burgués

» Su nuevo *pensamiento habilitante*:

_____

Llegó mi turno. Estos son mis resultados:

Para obtener algo valioso en la vida hay que reventarse y hacer toda clase de sacrificios

» Mi nuevo *pensamiento habilitante*:
Obtengo las cosas porque soy buena en lo que hago y porque invierto mi energía estratégicamente. Puedo ser exitosa sin reventarme.

Lo que mal empieza, mal acaba

» Mi nuevo *pensamiento habilitante*:

Si algo ocurre es porque hay una ley universal que lo permite, no porque yo tenga mala suerte. Esto empezó mal pero puedo hacer que acabe bien.

El uniforme de prisionero del empleado es la corbata (o el traje elegante)

» Mi nuevo *pensamiento habilitante*:

Me siento vestida como para ir en la portada de una revista. Fantástica.

Ser cortés o llamar por el título profesional a alguien es equivalente a adular y es la cuota de pleitesía que se paga por estar dentro del sistema productivo del pequeño burgués

» Mi nuevo *pensamiento habilitante*:

Si conozco las reglas del juego tengo más posibilidades de ganar y así es como funciona la cosa aquí. Ojalá ser estratégica fuera siempre así de fácil.

La conclusión que se impone con fuerza en este punto es que el problema no radica en las circunstancias en que vivimos, sino lo vulnerables que estamos siendo ante lo que nos rodea. Nuestra felicidad exige que seamos más fuertes porque "fortaleza" es una palabra que se relaciona mucho más con el concepto de "madurez": si usted toma la determinación férrea de dejar de exigir que las circunstancias sean de un modo en particular y se dispone [de modo radical] a cambiar sus pensamientos rancios y a extraer lo bueno que hay en las cosas que ocurren, su cotidianidad en la oficina no sólo dejará de atormentarlo sino que, incluso, podrá comenzar a parecerle placentera.

En caso de que el lector, además de estar tomando estas reflexiones para su provecho personal, se desempeñe en el área de recursos humanos de una compañía, le animo a ajustar el ejercicio que acabamos de hacer frente a las *"creencias mortificantes"* que circulen en su empresa y lo proponga a los funcionarios de las distintas áreas. Eso sí, la clave del éxito de esta herramienta está en que sea aplicada a título individual, sin que la persona se vea obligada a revelar (ni a usted ni a los demás compañeros) sus *"pensamientos habilitantes"*. Si llega a cometer el error de hacer este ejercicio en grupo, se encontrará con una serie de frases de autoayuda que las personas escribirán para cumplir y complacerle pero no estaremos logrando nuestro objetivo, que es el de elevar la solvencia emocional de la gente.

Es posible ser feliz *casi* en *cualquier* oficina salvo en esta

Sin importar la clase de jefe, lo apretado del cubículo, lo complicados que sean los colegas ni lo aburrida que sea la labor que desempeñe, usted puede ser feliz si decide serlo porque usted, como ser humano, tiene la posibilidad de encontrar un sentido a lo que le pasa y puede determinarse a entender que no se trata tanto de lo que usted pueda esperar de su trabajo como de lo que usted pueda hacer por su vida y por la de otros desde allí.

Y no obstante esta conclusión a la que he llegado a lo largo de estos años, hay una clase de oficina frente a la cual sigo sin encontrar cómo un humano normal podría ser feliz y es esa en la que los mismos jefes alientan a los funcionarios a traicionarse entre ellos; a competir descarnadamente; a pasar por encima de cualquier principio ético con tal de arrebatarle el cliente al otro o con tal de cumplir con las metas de desempeño. Son pocas pero las he conocido.

Aunque me he obstinado en la búsqueda, debo decir que no he logrado encontrar un esquema de pensamiento tan potente y a la vez impermeable como para permitir a la gente ser feliz en una empresa de las características del párrafo anterior. La dificultad está en que son los propios valores corporativos los que fomentan el surgimiento y la dispersión de emociones de bajísima frecuencia, tales como el odio y la envidia, y animan estrategias tan corrosivas como la traición y la manipulación.

Si estuviéramos diseñados para vivir para siempre, tal vez le sugeriría quedarse ahí para que con su ejemplo, acompañado de una política de empatía radical —como la de Gandhi—, hiciera el ensayo de salvar el mundo. Pero ocurre que su vida productiva (y en general, su vida epitelial) es tan corta, que en ese caso mi consejo es que se vaya tan pronto como pueda de ese lugar.

En un entorno con esos niveles de contaminación emocional es muy fácil predecir que cada trabajador se va a sentir aislado, disociado de lo que pasa por estar con la idea de éxito demasiado fija en su interior. Y cuando el ser humano está aislado, cuando no siente hacer parte de *algo*, se deprime. Todos sabemos cómo se aprieta el estómago cuando estamos pequeños y el líder del juego resuelve que no nos va a dejar jugar; recuerde lo que se sentía no hacer parte de los chicos populares del colegio. Usted sabe lo incómodo que es no estar vestido para la ocasión; estar en un almuerzo de negocios y no saber exactamente cómo se come la langosta con ese alicate extraño que está en la mesa o ser el único de la oficina al que no le enviaron copia del correo electrónico que todos están comentando. Todos hemos experimentado una sensación equivalente en silencio, aunque no haya sido derivada de las mismas cosas.

Cuando el ser humano se deprime, su cuerpo se debilita y su sistema inmune —sus defensas— se van al suelo. Cuando su cuerpo está así de frágil las enfermedades se aprestan a aparecer: desde resfriados que mutan a bronquitis, pasando por todo el abecedario de la diabetes, hasta el cáncer. En otras palabras, ir a esa clase de trabajo puede terminar matándolo.[14]

Por lo dicho, si la compañía en la que trabaja se ajusta a esta descripción, le reitero mi consejo en el sentido de buscar otra cosa que hacer a la mayor brevedad posible. Y si el lector se encuentra en la condición de dueño de una empresa con estas características emocionales, le pido el favor de que continúe leyendo porque hay mucho por hacer (y otro tanto por *dejar de hacer*). Su negocio puede ser igual o más rentable si los humanos que llevan a cabo la estrategia comercial viven en una atmósfera de fraternidad. Es sabido que tanto los casos de alto desempeño profesional como los episodios de heroísmo que vemos en las noticias suelen tener un mismo antecedente (más o menos inmediato pero siempre definitivo): el amor. Y el amor no se queda por fuera de las empresas cuando los empleados entran al edificio.

Reflexiones finales

Las herramientas de supervivencia emocional para adultos en edad productiva que hemos analizado y explicado hasta aquí tienen precisamente esa finalidad: que usted pueda *sobrevivir* casi en cualquier ambiente pero, no obstante las ventajas de comenzar a ajustar su cerebro y pensar distinto, es muy cierto que la idea es que usted pueda, más allá de *sobreaguar*, experimentar una felicidad genuina con lo que hace; y en ese caso es impostergable que conozca a fondo las demás reglas del juego del oficinista.

---

14   Uno de mis autores favoritos sobre este tema y quien desarrolla precisamente esta idea es Simon Sinek, específicamente en dos libros: *Por qué los líderes comen de último* y *Comienza con "por qué"*. Sus conferencias están disponibles en YouTube con los mismos nombres.

Para empezar, ¿ha pensado en cómo adoptar los códigos de conducta de la oficina sin dejar de ser usted? Insertarse con éxito en el mundo laboral no sólo requiere de capacitación académica; además hay que aprender a fluir; hay que ser capaz de interpretar roles distintos y usted tiene que poder conservar su esencia para mantenerse *creíble* o se estará arriesgando a salir por la puerta de atrás y sin indemnización. De cómo lograr comportarse como un profesional sin traicionarse y a la vez ser feliz es sobre lo que vamos a hablar en el capítulo que viene a continuación.

CAPÍTULO 2

LO GRAVE DE LAS MÁSCARAS CORPORATIVAS NO ES TANTO USARLAS COMO TOMÁRSELAS MUY EN SERIO (LOS CÓDIGOS DE CONDUCTA DEL OFICINISTA VS. LO QUE USTED REALMENTE ES)

Máscara: Figura que representa un rostro humano,
de animal o puramente imaginario, con la que una persona
puede cubrirse la cara para no ser reconocida, tomar el aspecto
de otra o practicar ciertas actividades (…)
Diccionario de la R.A.E.

"Hacerse un espacio en el mundo". Desde la pequeña lucha por sobrevivir que damos a cada respiración, hasta los codazos que repartimos para asegurarnos un asiento entre las personas a las que les va *bien*, la mayoría de nuestras decisiones surgen de ese afán: necesitamos sentir que hacemos parte de algo.

Superados los afanes de la infancia y de la adolescencia, en donde la preocupación en materia de posicionamiento se limitaba a debatirse entre si figurar en la lista de los populares del curso o hacer parte de la banca de los ñoños (de los juiciosos, convenientemente sentados en la primera línea de pupitres del salón de clases), al pasar los 25 años —en promedio— y querer hacer parte del mundo productivo, la lucha es otra. Es como si con el cambio de tercio la vida volviera a barajar las cartas y uno pudiera a decidir nuevamente quién va a ser. A la hora de comenzar a trabajar podemos elegir quiénes seremos en adelante. De esas nuevas versiones de nosotros mismos, de esos sujetos (por lo general remanufacturados), se compone el hábitat laboral del ejecutivo.

Entre los personajes de oficina hay quienes deciden hacerse un espacio a la fuerza, pasando por encima de quien sea. Otros se deslizan por los pasillos manteniendo un estratégico bajo perfil. También hay quienes enarbolan la bandera de los que decidieron cambiar el mundo. En fin, las modalidades de inserción en el segmento de las personas que producen dinero son infinitas pero el asunto de base es el mismo: las circunstancias en que nos desempeñamos nos van animando a fabricar máscaras que garanticen nuestra supervivencia y que, a la larga, nos consigan una mejor posición.

Siendo sinceros, nuestro objetivo en el mundo corporativo es entablar relaciones distintas a las personales; de ahí que se nos dé tan bien eso de la actuación: fingir un poco (o un montón) es una respuesta adaptativa para triunfar. Pensemos en esto: si, por ejemplo, en los asuntos laborales fuéramos tan emocionales como somos en casa, jamás tendríamos el aspecto de alguien profesional.

Otro ejemplo: la actitud impulsiva con que reventamos el cupo de nuestra tarjeta de crédito no puede ser la misma actitud con que manejemos las finanzas de la compañía, ya que esto haría que nos despidieran.

Un tercer escenario: se sabe que nos mirarían raro si camináramos hasta el escritorio de nuestro colega con el mismo *swing* fiestero con el que nos gusta movernos dentro de la discoteca mientras avanzamos hacia la pista de baile. Queda demostrado: más allá de la pregunta moral sobre si es correcto o incorrecto tener varias facetas,[1] el asunto es que no nos conviene ser los mismos en la casa, en el bar o en la oficina. La clave, en fin, es que ante cada situación y cada público seamos y nos sintamos sinceros, al tiempo que seamos capaces de desenvolvernos como corresponde en cada escena que, obviamente, es distinta.

Ahora bien, el recurso de la "máscara" está ahí para usarlo y todo será más fácil si comenzamos por quitar la cara de escándalo frente al tema. Porque la verdad es que usted y yo diariamente actuamos un poco: no decimos todo lo que pensamos; ajustamos el tono de voz, hasta miramos distinto según el objetivo o la presa (sobre todo en el caso de la presa) de la que se trate. Y es apenas lógico: hay que tener una actitud diferente de acuerdo con las circunstancias.

Por ejemplo, al conversar con un empresario que tiene interés en contratarme, yo soy todo lo seria que alguien puede ser pero después, en el desarrollo de mi seminario, en medio de

---

1   A título personal considero que es imposible ser una sola persona todo el tiempo. Es más: si ni siquiera tenemos la misma edad psicológica durante todas las horas del día, ¿cómo vamos a tener las mismas actitudes en todas partes?

una convención corporativa, me paro en un pie y alzo los brazos como *Karate Kid* (literalmente) con tal de dejar claro algún asunto.

Es el mismo fenómeno del que estamos hablando, sólo que ahora está puesto en práctica. Con el cliente necesito construir una conexión profesional a partir de la confianza que puedo inspirarle, con base en mi conocimiento y en mi experiencia. Por otra parte, con aquellas personas que me están viendo en un auditorio necesito interactuar y superar el desafío que genera la distancia física que hay entre las sillas y el escenario. Debo ser capaz de explicarles conceptos tomados de la ciencia sin que los asistentes se aburran o, de otra manera, el mensaje no calará hondo. Para eso es que me han invitado a hablar. ¿Lo nota? Porque mi objetivo no es el mismo, yo no puedo ser la misma. Y eso está bien: ser uno y ser muchos, está bien.

Continuando con los ejemplos personales del párrafo anterior, hay algo que es clave resaltar: ninguno de esos *ajustes comportamentales* se siente fingido porque en ambos casos se trata de la misma persona; son dos caras de la misma moneda: la consultora de oficina y la conferenciante en acción.

Para abundar en razones, consideremos, además, que si ambos personajes fueran iguales, ninguno sería creíble, divertido ni *confiable*. Con lo dicho quiero evidenciar, en resumen, que primero, todos maquillamos un poco nuestro aspecto y nuestra personalidad de acuerdo con lo que queremos lograr (un contrato, posicionarnos mejor, tener una cita amorosa, un permiso, etc.) y segundo, que más allá de que eso esté "bien" o "mal", ocurre que es *indispensable* hacerlo.

> El que esté libre de actuaciones, que lance la primera piedra. **Tweet vía @SylviaNetwork**

El problema no es actuar un poco.
El problema es creérselo demasiado

Con el fin de garantizar la supervivencia profesional, consciente o inconscientemente comenzamos a crear un personaje que va a la oficina con nosotros. Gracias a la relación con mis *coachees*, conozco varios. Muchos, incluso, llegan a tener nombre propio (por ejemplo, la persona se llama "Roberto" y es Roberto quien va a la oficina. Pero su *alter ego* de viernes en la noche se llama "La Barracuda" y con ella —con esa personalidad— es que va de fiesta).

Esos sujetos que creamos, esas *máscaras corporativas* que usamos, se nos van quedando cada vez más fijas y continúan puliéndose a través del tiempo y a medida que su uso nos va consiguiendo lo que queremos. Expuesto de otro modo, al hablar de las máscaras corporativas no quiero decir que un día decidimos convertirnos en alguien más para ir a trabajar y nos transformamos *como por arte de magia* en otra persona, sino que nuestro cerebro, por la forma en que está diseñado, no sólo se va aferrando a la máscara sino que va desarrollando una *"personalidad profesional"* paralela a la que tenemos en la vida real con los patrones de conducta exitosos: *"cuando quise un aumento, hablé de tal modo y me lo dieron"*; *"cuando no tengo idea de qué trata el tema de la reunión, hago cara de disgusto y nadie se atreve a preguntarme nada"*; *"con el traje azul voy a la fija para descrestar"*, etc.

Entender cómo funcionamos los humanos no es tan difícil: dado que uno de los comandos básicos del cerebro es el de *ahorrar energía*,[2] la tendencia a querer volver a hacer lo que nos

---

2 Por eso con frecuencia preferimos la televisión sobre los libros: porque verla no supone ningún esfuerzo mientras que leer un texto, sí. El cerebro privilegia la opción que ahorre energía. No quiere incomodarse.

funcionó en algún sentido es perfectamente explicable (por eso repetimos los chistes que nos hicieron quedar bien, resolvemos los líos de todo el mundo con los mismos tres consejos y seducimos a nuestras potenciales parejas con el mismo guion: porque son estrategias de demostrada eficacia y el cerebro no entiende para qué debería desgastarse modificando algo que ya le funciona bien).

Volviendo al espacio de la oficina, ya sea porque en nuestra mente sentimos que ganamos estatus al comportarnos con un aire sofisticado; porque usando algún término fuimos percibidos como expertos o, incluso, porque hicimos un nuevo amigo acudiendo a la estrategia de llamar al interlocutor por su nombre durante la reunión de trabajo, la consigna del cerebro es salirse con la suya: asegurarse de que permanezcamos vigentes en el mundo corporativo. Por eso le simpatiza tanto la idea de usar una máscara.

Y en cuanto a fachadas corporativas se refiere, hay que decir que la *fauna oficinera* es, por cierto, muy extensa; se encuentran especímenes de todo tipo. Tanto durante mi experiencia como consultora al interior de las organizaciones empresariales como, de nuevo, a partir de las denuncias de infelicidad que recibo en mi oficina, he hecho una división taxonómica de las máscaras de uso más frecuente, así:

» Máscaras adaptativas primarias
» Máscaras adaptativas secundarias o subespecies
» Rezagos de la división taxonómica (fin de la especie)

Antes de avanzar es muy importante hacer una precisión: una cosa son las "máscaras", que vienen siendo equivalentes a "fachadas" profesionales (como vamos a ver a continuación) y otra cuestión muy distinta es la "personalidad" o la forma de ser de cada individuo. Por ejemplo, alguien que lleve la máscara de

"Sabelotodo" puede ser un tipo envidioso o no serlo y en todo caso aparentar ser un "sabelotodo". El deslinde entre un campo y otro (máscaras frente a rasgos de la personalidad) se ha hecho porque a continuación nos enfocaremos únicamente en las primeras; es decir, en las máscaras.

El listado de las fachadas que estamos por analizar, como es natural, no es exhaustivo: las posibles fachadas son muchas más. No obstante, me he asegurado de incluir todas las que se usan con mayor frecuencia en el mundo profesional. Ahora bien, he hecho esta división por categorías con el propósito de que, sin importar si usted es empleado o trabaja por cuenta propia, logre entender mejor lo que se cocina entre un cubículo empresarial y otro. Teniendo en cuenta que las máscaras, como vimos, son apenas *respuestas adaptativas de humanos queriendo sobrevivir*, su uso no está por definición recomendado ni contraindicado: no es necesariamente *bueno* o *malo*. Ser, por ejemplo, "Diva" (hablaremos sobre este personaje en breve) no es bueno o malo de por sí, sino que es conveniente o inconveniente según el objetivo que se quiera lograr.

Por lo anterior, no se trata de que, a partir de estas modalidades que vamos a analizar, usted inicie, manual en mano, una *cacería de brujas* para dejar al descubierto a los colegas (sería una forma muy torpe de ganarse el fastidio de los demás). Lo que sí busco, en cambio, es explicarle cómo funciona el juego interno del poder, ya que entendiéndolo no sólo aumenta las posibilidades de llegar donde ha soñado, sino que, además, lidiar con la gente de esa oficina puede dejar de parecerle una maldición (lo cual ya sería una ganancia enorme).

1. Máscaras adaptativas primarias

Así como en la escuela aprendimos que los colores primarios son amarillo, azul y rojo y que de sus combinaciones se obtienen tonos como verde, morado y naranja, esta división funciona exactamente igual: las máscaras adaptativas primarias son las personalidades básicas entre las que con regularidad se mueve (o tras las cuales se esconde) el oficinista promedio:

a. El Sabelotodo

La pregunta no es si se trata de una persona muy inteligente o no, porque es muy posible que sí lo sea y, de todos modos, para ese sujeto ese asunto no está en discusión. Lo fundamental para él (o para *ella*) es sentir, no sólo que está en lo cierto, sino que su opinión es el argumento de cierre ante cada discusión que surge en la oficina. El estatus intelectual es algo que no está en disposición de compartir.

Terco, obstinado pero con la apariencia de un líder bondadoso que está ahí para compartir todo lo que sabe, detrás del Sabelotodo suele haber una persona petrificada por un perfeccionismo que no le permite vivir en paz. Ese es el problema, pero ahí mismo está la solución para usted. Si convive con uno de ellos, en la medida de lo posible no dé retroalimentaciones que el Sabelotodo no le está pidiendo —y que nunca va a pedir— porque las sugerencias de las cosas que podría mejorar lo ponen nervioso y una persona alterada es —cómo no— más agresiva. Además, tratándose de alguien que de seguro sí tiene una capacidad intelectual más alta que el promedio, al sentirse amenazado afilará con rapidez sus argumentos para que hieran más y para despejar su trono como sea.

Tanto como evitar las retroalimentaciones no solicitadas, resulta definitivo no adentrarse con él en el terreno de las discusiones sobre un tema que pertenezca a su área de experticia (ingeniería, leyes, diseño, innovación, cualquiera que sea). El Sabelotodo, con seguridad, perpetuará el debate con preguntas incisivas o ridiculizando sus argumentos hasta conseguir tener la razón. Tenga presente que estamos hablando de alguien ampliamente capaz de mezclar peras con manzanas en una misma categoría con tal de mantener la supremacía intelectual. Y si la discusión se presenta en desarrollo de una junta o de un comité, será aún más vehemente y recursivo. Podría, incluso, tachar de falso su informe o su posición, mirándolo a los ojos y sin sonrojarse.

No obstante esta descripción, recuerde que el Sabelotodo no es en esencia *malo*. Como cualquiera de nosotros él está haciendo lo que puede con los recursos que tiene en su empeño por permanecer en el podio de los expertos porque, según su mapa mental del mundo, el conocimiento es lo más valioso. Claro, sabemos que podría ser más gentil, menos territorial, etc., pero nuestro objetivo no es el de corregirlo. Ser feliz en la oficina exige de usted el compromiso de recordar cuál es su función y no abrogarse el rol adicional de profesor, de prefecto de disciplina y, menos, el de psicoterapeuta.

Para pasarla tan bien como se pueda en estas circunstancias, procure limitar las confrontaciones intelectuales al máximo y si la discusión ya es inminente, inevitable, por ninguna circunstancia acuda a argumentos emotivos sobre la cuestión porque el Sabelotodo se los derribará en una fracción de segundo. Al contrario, apoye cada opinión suya en cifras y datos. Y ármese de paciencia y esté dispuesto a concederle la razón en alguna materia que para usted no sea tan importante pero que en todo caso tranquilice al personaje. A todos nos gusta que se nos reconozca por nuestras cualidades y como él quiere tener la razón, hacerlo sentir como un verdadero consejero termina siendo el elíxir que endulza su *modus operandi*.

» Si usted es un Sabelotodo

Fantástico: ¿quién no quiere ser una eminencia en muchas cosas? Sin embargo, tener en cuenta los siguientes puntos le puede ayudar a tener mejores relaciones en la oficina:

- A nadie le gusta sentirse tonto: como para usted es muy sencillo calibrar el nivel de conocimientos de las demás personas en pocos minutos de conversación, tiene dos opciones: primero, aplastar a todos con un despliegue de erudición que va a espantar a sus compañeros de tertulia (y los va a espantar por la vía del hastío; no del temor reverencial) o, segundo, modular su charla para hacerla *amena* e *incluyente* usando sólo un par de datos descrestadores y ya.

- Recuerde que todos los cerebros son de primera categoría; no hay de segunda: no subestime a nadie. Luego de que se ha descubierto que existen múltiples inteligencias (matemática, artística, para las letras, etc.), la pregunta no es si su interlocutor es inteligente o no sino cuál es la clase de pensamiento que tiene más desarrollado. Trate a todo el mundo con amabilidad y respeto.

En caso de que no haya podido convencerlo con el argumento de las inteligencias múltiples, le propongo, en todo caso, ser amable porque la vida es cíclica y usted no sabe cuándo va a necesitar un favor de los demás. No le conviene ir dejando heridos por el camino.

b.   Eficientín

Eficientín o Eficientina (porque abundan en ambos géneros), es un ser absolutamente adorable, aunque, más que adorable, a simple vista transmite la sensación de ser sobre todo *inofensivo*. Su nombre se debe a que se trata de una persona que suele terminar sus tareas en tiempo récord. Vive en pos del culto al trabajo bien hecho y concluido con puntualidad. Es el colega que siempre tiene todos los datos a la mano, ya que tiene la gran virtud de ser muy hábil investigando y consolidando información.

Otro de sus atributos más sobresalientes es su entereza moral, ya que suele tener un fuerte catálogo de valores morales y la mezcla de esas dos características, a saber, la *hiperproductividad* y su demostrada solvencia moral, lo convierte en ficha indispensable de lo que hoy llamaríamos un "Equipo de trabajo de alto rendimiento". O, mejor dicho, su doble condición de ser ágil y a la vez correcto lo convierte en el consentido tanto de los gerentes como de la persona que contrató sus servicios como *freelancer*.

El hecho de que su carta más alta sea la de la productividad hace que quienes pertenecen a esta categoría sientan el compromiso personal de estar conectados (con los teléfonos, con los ordenadores, etc.) y disponibles todo el tiempo. *Todo el tiempo.* Fines de semana incluidos porque, en todo caso, durante los fines de semana no acostumbran hacer cosas muy distintas a las que hacen en la oficina.

Hay Eficientines *purasangre* que fueron formados así desde su casa, con refuerzo del mensaje en la escuela o en la universidad, como es el caso de algunos emprendedores criados en altas Escuelas de Liderazgo. También hay otros que fueron convirtiéndose para cubrir algún fracaso personal: llenaron de trabajo una decepción amorosa, aliviaron con logros profesionales la incomodidad que les causa su origen o por ese camino consiguieron distraerse de alguna adicción.

Aunque su *software* les permite tener varias ventanas mentales abiertas a la vez, sabemos que las personas en extremo productivas llevan dentro de sí una bomba de tiempo: descansan poco y se enferman mucho porque para ellos una señal de que están haciendo las cosas al derecho es la de no prestar atención a las alertas del cuerpo cuando se producen. A menudo encontramos este antecedente común en historias de gente muy exitosa que luego de que un infarto casi les causa la muerte, deciden pasar una temporada en India y cambian radicalmente su estilo de vida, regresando en formato Dalai Lama. Este es el caso de Julián Mantle, el abogado protagonista del famosísimo libro de Robin Sharma, "El monje que vendió su Ferrari", por ejemplo.

Para terminar hay que decir que en las personas hipereficientes solteras se va desarrollando un pánico creciente a las relaciones de pareja. Y si el proyecto amoroso involucra hijos, les resulta aún más espeluznante porque eso significaría disminuir su cantidad de horas en disposición para el trabajo y para hacer el doctorado que siempre sienten que les falta cursar.

Si usted es amigo o colega de una persona que corresponda a esta descripción, los límites que no hay que pasar son más o menos sencillos de atender: no le pida irrespetar normas o salirse del libreto porque esta es una clase de tensión que las personas de este tipo no disfrutan. Por otra parte, durante el almuerzo o en las charlas de pasillo, hable del libro que está leyendo; del último artículo tecnológico que vio en una revista; de la nueva aplicación para móviles que permite hacer lo que sea, evitando hablar de cosas para las que esa persona no tiene tiempo o a las que da menos importancia: relaciones de pareja asfixiantes, series de televisión rosa o asuntos médicos.

» Si usted es un Eficientín

• Conteste ahora, con tiempo, esta pregunta que es clave para su felicidad: si, supongamos, se encontrara con que un martes a las 5:00 p.m. ya terminó toda la lista de pendientes del día, ¿qué se pondría a hacer? Admitamos que no siempre tenemos una sobrecarga de trabajo y que muchas veces la decisión de quedarse hasta tarde en la oficina se debe solamente —*tristemente*— a que no sabemos cómo lidiar con nosotros mismos antes del noticiero de las 9:30 p.m.

Antes de encender el computador asegúrese de hacer una lista de prioridades del día, distinguiendo entre estas tres clases de cosas: las que si no se hacen lo van a meter en líos; las que con una llamada o un mensaje continúan avanzando solas (como pedir a su secretaria que busque alguna información —ella se va a encargar del cometido en el transcurso de la jornada y usted ya no tiene que participar más en eso) y las que son asuntos eminentemente administrativos que da igual si se evacúan ya o más tarde.

Aunque esta distinción, por lo sencilla, pudiera dar la idea de que es innecesaria, en realidad es lo mejor que puede hacer antes de ponerse en marcha (un lunes en la mañana, por ejemplo), para evitar caer en la trampa típica de las personas de un alto perfil productivo. La trampa consiste en pasar todo el día haciendo cosas administrativas con tal de sentirse ocupadas pero no haber hecho en realidad algo que hiciera que ese día haya valido la pena.

Aquí entre nos, usted y yo sabemos que hemos dejado pasar oportunidades valiosísimas y también hemos permitido que asuntos pequeños se convirtieran en problemas grandes porque cuando la actividad pendiente de hacer tiene algún grado de complejidad y es de esas que causan *ruido mental*, preferimos tapar la interferencia que nos causa ocupándonos en cosas administrativas.

Esta es una modalidad de autosabotaje de las personas ultraeficientes: de acuerdo con este *software*, si uno está ocupado en algo, está en paz consigo mismo porque siente que está haciendo las cosas bien. Pasar todo un día resolviendo cosas de trámite (o limpiando archivos que no son importantes, etc.) es justificación admisible para dejar de poner el pecho a ese asunto importante y retador que, a la vez, nos da pereza resolver.

Usando este mismo escudo dejamos de llamar a *ese* contacto clave; no enviamos *ese* correo electrónico con nuestra propuesta de negocio; no saludamos a *esa* persona en su cumpleaños… ¿lo recuerda ahora?

- Por último, métase en la cabeza que está bien descansar. Es justo descansar. En últimas, si no le parece que sea adecuado ni merecido, piense que si no descansa (y no estoy hablando de pasar todo el fin de semana durmiendo: si así son sus sábados y domingos, sepa que esa ya es una señal de agotamiento extremo. Me refiero, en cambio, a descansar viendo una película, dando un paseo, yendo a bailar, leyendo algo que NO sea un libro técnico de su profesión, etc.); le decía, si no toma sus espacios de recuperación con seriedad, no va a poder ser tan eficiente como le gusta ser y por ese solo motivo debería mostrarse más entusiasta ante la idea de descansar. Hacer cosas distintas a las de siempre —*pero* divertidas— y dormir lo necesario son el combo que le permitirá ser productivísimo y, a la vez, feliz.

c. El Embajador

A continuación analizaremos a los reyes y reinas de las relaciones públicas tanto personales como corporativas. El Embajador está en el top de la sofisticación, el buen gusto y los buenos modales. Vestido con traje impecable y llevando colores delicadamente coordinados (como, dicho sea de paso, también lo hace el Sabelotodo), el Embajador tiende a ser más audaz y a permitirse elementos de diseño que llamen la atención porque la razón de ser de su magnetismo habita en su persona, no tanto en lo que sabe ni en su estadística de producción que, a propósito, por lo general es estándar o incluso baja.

Se trata de un sujeto que conoce a mucha gente y que ejerce una notable influencia en su medio. Es tan así, que otras personas iguales o más importantes que éste, tanto en la industria privada como en el sector público, atienden sus llamadas telefónicas y le conceden citas con relativa facilidad. Esa capacidad de conexión le da el toque del rey Midas. Por consiguiente, incluso si el Embajador no contara con ninguna cualidad adicional a su encanto, es definitivo tener al menos una persona de este perfil en la organización.

Por otra parte, vale la pena destacar que quienes pertenecen a esta categoría no sólo hacen relaciones públicas sino que, como es natural, también logran metas muy valiosas. Ocurre que a diferencia del estilo de los ultraeficientes, quienes las consiguen por medio de su estrategia de trabajo imparable, los Embajadores las conquistan —gracias a su irresistible don de gentes—, conformando equipos de trabajo de primera línea.

Sin lugar a dudas nos estamos refiriendo, en este caso, a personas con un alto potencial para inspirar a otros en el sentido de que logran ejercer una profunda influencia sobre quienes los rodean. No obstante lo anterior, conviene aclarar que su liderazgo se ejerce por períodos muy cortos, por lo general al inicio de las reuniones, donde deslumbran con ideas innovadoras. Son las estrellas de los primeros quince minutos de las famosas "lluvias de ideas".

La inteligencia social del Embajador es muy alta y se manifiesta en una habilidad que no tiene precio: es capaz de hacer una lectura rápida —y por lo general acertada— de las circunstancias. Con este don compensa su desinterés por las cifras y los datos, ya que a la hora de tomar decisiones se rige por su instinto. Esto explica, igualmente, que el Embajador no sea en realidad muy eficaz vendiendo cosas, como en cambio sí lo es estableciendo alianzas estratégicas y conectando tanto a empresas como a personas entre sí.

Si el lector tiene el gusto de trabajar en calidad de jefe de un Embajador (es un gusto porque —se reitera— son personas en extremo agradables), para que éste pueda desplegar su encanto con holgura asegúrese de darle un puesto rimbombante dentro de la compañía pero absténgase de poner a su cargo un equipo numeroso de personas. Quienes corresponden al perfil del *influenciador* harán hasta lo imposible para evitar uno de los trances más duros que tiene que vivir un líder corporativo: verse en la necesidad de tomar esas decisiones impopulares que son indispensables para evitar o sobreponerse a una crisis empresarial. Él no va a arriesgar el afecto de sus *fans* en una movida de esta naturaleza porque sabe que el encanto es su mayor activo.

Finalmente, para evitar decepciones, con la misma lógica disuasoria del refrán que dice que no se debe "pedir peras al olmo", no espere del Embajador la actitud de un trabajador promedio, razonablemente constante y eventualmente dispuesto a trabajar hasta altas horas de la noche… a menos de que se trate de asistir a un coctel, que es una de las pocas razones válidas que tendría para trasnocharse.

» Si usted es un Embajador

- Recuerde que el efecto colateral de gozar del reconocimiento público que lo caracteriza es que tiene muchos ojos puestos en usted: si con sus acciones reafirma los valores de su empresa (o del grupo económico o político que representa) se puede convertir prácticamente en la imagen corporativa oficial. Sin embargo, tenga en cuenta que como su valor depende en gran medida de su credibilidad, el hechizo se romperá el día en que se le ocurra inventar y poner a circular un chisme. Nada lo desautorizaría más. No lo haga.

- Explotar el carisma y sacar un provecho económico de las relaciones públicas es válido y representa un estilo de vida *per se* pero son atributos que lo hacen muy frágil en el largo plazo. Garantice su permanencia (y, por qué no, su proyección profesional) dando respuesta a esta pregunta: además de contactar personas, ¿qué problema *relevante* soluciona usted a su compañía?[3]

- En caso de que tenga un equipo de trabajo bajo su cargo, es definitivo que adquiera algunas habilidades genuinas de liderazgo: ser empático, trabajar con persistencia en las metas colectivas y estar dispuesto a realizar tareas modestas son actitudes que su gente celebrará y agradecerá. Entienda una cosa: las personas no necesitan verle sudar cargando cajas pesadas; sólo necesitan sentir que usted, si bien no ayuda a moverlas, tampoco se sienta encima de ellas (de las cajas).

- Nunca —pero *nunca*— amenace a quien lo contrata con hacer un escándalo o una campaña de desprestigio: además de ganar la animadversión de la gente (hacerse odiar es un efecto que es más letal que la *kryptonita*[4] para una marca personal que depende de las relaciones),

---

3 Esta respuesta *bien administrada* puede significarle una carrera en extremo promisoria como consultor independiente.
4 Mineral ficticio. Único elemento que tenía la capacidad de anular los poderes de Superman.

acabará con su prestigio. Y en tiempos en que hay tanta gente buena dedicada a hacer las mismas cosas, la reputación es, prácticamente, todo.

d. Modelo de Protocolo

Llegué al concepto del Modelo de Protocolo por casualidad. Una mañana estaba desarrollando un seminario de *Personal Branding*[5] con los miembros de la fuerza comercial de una empresa y había llegado a la parte en la que explicaba la importancia que tiene para el buen persuasor conocer tanto sus fortalezas como sus debilidades. Decía a los participantes que, muchas veces, la presentación de una propuesta de negocio requiere la intervención de varias personas: el que conoce producto desde sus primeras versiones; el que maneja las cifras al derecho y al revés (o el que por lo menos las entiende); el que estuvo a cargo del estudio de mercado, etc.

Precisamente estaba recalcando la importancia que tiene que cada cual se luzca haciendo aquello para lo que tiene un talento natural, al tiempo que insistía en lo positivo que es compartir el protagonismo con el colega que tiene las habilidades que le faltan a uno cuando, de repente, un caballero alzó su mano y dijo:

> Yo, en cambio, ya tengo mi fórmula secreta: si de verdad quiero vender algo le digo a *Fulanita* que me acompañe. Es un encanto. No hay persona que me diga 'No' si ella va.

"No hay *persona* [hombre ni mujer] que me diga 'No' si *ella* va": lo interesante para mí no era que el señor hubiera tenido el valor de admitir delante de sus compañeros que se valía del encanto de su colega para concretar una venta. Lo fantástico es

---

5   Marca Personal: el conjunto de atributos y valores con lo que nos asocian cuando no estamos presentes

que la magia de esta señorita no tenía tanto que ver con su poder de seducción (en el sentido erótico de la expresión), como con su carisma. Y el carisma, de acuerdo con esto, no tenía nada que ver con los procesos asociados al cortejo entre humanos. ¡Eureka!

A partir de ese momento amplié mi rango de observación —para incluir en el radar de personajes de la *fauna oficinera*— a esas personas que tuvieran sobre los demás humanos efectos iguales o semejantes a los de la señora del ejemplo y he incluido a la figura del "Modelo de Protocolo" como una categoría autónoma dentro de las máscaras adaptativas primarias. Aunque estas personas tienen elementos comunes con los Embajadores, su magnetismo se explica de otro modo.

Con la expresión Modelo de Protocolo se designa a esas personas de apariencia hermosa que por regla general están a la entrada de eventos importantes. Ocasionalmente prestan el servicio de acompañamiento de los asistentes hasta sus sillas pero muchas otras veces basta con que adornen el recinto con su presencia.

En el mundo corporativo, el perfil al que me refiero es el de una persona de preferencia joven (llegué a encontrar modelos que cumplían maravillosamente su papel hasta con unos 47 años), generalmente dueños de un rasgo *facial* despampanante (ojos grandes y expresivos; hombres con una hendidura en el mentón —como la que tiene Ben Affleck—; mujeres de facciones angulosas como las de Letizia Ortiz); no siempre más altos que el promedio (el elemento clave en este caso está en las proporciones de la cara, no tanto en la talla) y por lo general, contando con dos características infaltables: un tono de voz agudo (que se percibe inofensivo), y una sonrisa casi perfecta.

Este Modelo de Protocolo habla muy poco y, cuando lo hace, se limita a tener intervenciones breves, cordiales, con acento de adolescente de clase alta. En cualquier caso, conversar no le hace mucha falta porque no requiere usar palabras para ser de todos modos muy elocuente: su estilo moderno, un poco aniñado; su apariencia adinerada (incluso usando joyas, carteras, zapatos, relojes y cinturones de imitación sin ningún reparo) y esa forma de mirar a su interlocutor a los ojos como si no hubiera nadie más en el mundo, hacen el trabajo por sí solos y envían mensajes fuertes y claros.

No corresponden a lo que llamaríamos "maestros de las relaciones públicas" ya que en realidad no es que conozcan a muchas personas notables. No son como el Embajador que puede sostener cualquier conversación —de manera superficial, sí, pero con decoro— sino que se limitan a hacer acto de presencia y, de nuevo, lo que interesa es que la fascinación que causan no pasa por su atractivo erótico, tanto como por la belleza objetiva que saben administrar muy bien. Digamos que, con el simple hecho de estar, pueden subir el estatus de cualquier reunión.

… Y ellos lo saben.

De sonrisa fácil pero difícilmente impresionables, los Modelos de Protocolo transmiten esa vibración que todos en silencio quisiéramos a veces proyectar: su estilo vanguardista, su aspecto saludable, su actitud despreocupada, el gusto que no disimulan por el lujo y su mirada que dice que la vida es bella, nos hace soñar un rato con que sí es posible vivir así.

Si usted trabaja junto a un Modelo de Protocolo, aprenda todo lo que pueda de su estilo, de su concepto estético y, por encima de cualquier cosa, analice esa forma que tiene de abordar a los demás porque en su actitud está gran parte de su éxito. No cometa el error de pedirle cosas que no quiere o que no está en capacidad de ofrecer, como conceptos elaborados ni de mucha altura inventiva, trabajos dispendiosos, participación fuerte en las lluvias de ideas[6] ni nada que se le parezca porque corre el riesgo de frustrarse.

» Si usted es un Modelo de Protocolo

- Necesita soltar la culpa de ser apreciado sólo por su aspecto físico.

  En incontables ocasiones he recibido en mi oficina a *coachees* que se lamentan de no ser tomados o tomadas en serio por sus colegas, ya que tienen la sensación de ser valorados solamente por su imagen. Entiendo que esa es su realidad de este momento y disfrútela en la medida de lo posible. Por supuesto, salvo que usted sea heredero de una fortuna, es impostergable que comience a desarrollar talentos adicionales: volverse un profesional en relaciones públicas; iniciar una actividad económica que se beneficie de su imagen (a los restaurantes, las líneas de productos cosméticos, las cavas de vinos y las joyerías les viene muy bien contar con la presencia de alguien como usted) o bien continuar avanzando con sus programas de educación formal de posgrado.

  Dicho en otras palabras, ser hermoso a rabiar está muy bien pero no confíe excesivamente en esos atributos, que son frágiles porque dependen de factores inexorables como el paso de los años, la ley de la gravedad y la presencia de radicales libres en el ambiente.[7]

---

6 *Brainstorming.*
7 Canas, flacidez en músculos claves y arrugas, son, respectivamente, los efectos del paso de los años, la ley de gravedad y la presencia de radicales libre en el aire y en la comida.

2. Máscaras adaptativas secundarias o subespecies

Continuando con el símil con el que introdujimos las máscaras adaptativas primarias, diciendo que eran equivalentes a los colores azul, rojo y amarillo, de cuyas mezclas obtenemos los demás, a continuación examinaremos brevemente las tonalidades que se obtienen como fruto de las combinaciones de caracteres más impactantes aunque, de nuevo, hay que decir que la lista no estará completa en la medida en que la realidad de cualquier oficina supera en mucho cualquier pretensión taxonómica. Este listado, entonces, es apenas enunciativo:

a.   Embajador + Modelo de Protocolo = Diva

El Embajador suele ir bien vestido, tener contactos de alto nivel y ser un buen conversador. El Modelo de Protocolo es físicamente hermoso, no se involucra demasiado con nada, en realidad no disfruta mucho con las conversaciones profesionales y es muy consciente de la fragilidad de su encanto. La suma de estos dos perfiles nos lleva a la imagen de la Diva (o el Divo, claro), que es un personaje que marca con firmeza su territorio y que, cuando se siente amenazado (bien sea porque apareció en el panorama otra estrella que despierta mayor interés o porque siente que se le están quedando varios deseos insatisfechos en serie), inventa y difunde un chisme, amenaza con sus contactos y puede hasta sabotear un proyecto.

Con el Divo, serenidad y firmeza.

b.   Sabelotodo + Modelo de Protocolo = Ganador del Mundo Occidental

Dado que en cada vez más universidades están formando a los estudiantes con un marcadísimo perfil de liderazgo y que, al momento de la graduación, los chicos van emocionalmente preparados para posesionarse de inmediato como presidentes de compañía, sumado al hecho de que las personas de hoy son más hermosas que nunca antes en la historia (cuando yo estudiaba la mayoría éramos poco agraciados), se está volviendo muy común ver desfilar por los pasillos de las empresas a los Ganadores del Mundo Occidental: jóvenes que por lo general están recién graduados, que traen conocimientos de vanguardia y que gozan de una belleza conmovedora.

Tienen poca o ninguna experiencia profesional pero eso no les importa porque están seguros de cumplir con todos los requisitos del campeón contemporáneo, así que opinan sobre todos los asuntos, crean tendencias de moda, van al estudio de yoga, también hacen *pilates*; con veinticinco años de edad han vivido ya en cuatro ciudades distintas, hablan cinco idiomas, se graduaron de una maestría, tienen un trabajo con un sueldo perfectamente normal pero en sus redes sociales hay fotos de ellos en Dubai y volando en globo por el África.

Los Ganadores del Mundo Occidental son muchachos en extremo interesantes por su versatilidad extraordinaria. Sólo tome algunas medidas preventivas para que no estropeen esas dinámicas de la empresa que estaban funcionando bien antes de su llegada, pero óigalos con atención porque seguro tienen cosas apasionantes por compartir.

c.   Sabelotodo + Eficientín = *Nerd*

¿Imagina el resultado que se obtiene de hacer un injerto entre una persona que tiene la obsesión de tener la respuesta para todo con otra que está demasiado ocupada alcanzando metas, cumpliendo cronogramas y siendo en extremo productiva?

Creo que los dos tenemos en mente el mismo resultado: la mezcla arroja a un ser humano con seguridad agotado, hundido en una lista interminable de cosas por hacer, con muy poco o ningún tiempo para dedicar a su cuidado personal y con una altísima tendencia a sentir desprecio por las cosas que considera superficiales o muy emocionales, así como por las personas que no están en su mismo nivel de competencia intelectual.

Con el *Nerd* no se trata tanto de ser paciente como de aprender a hablar su mismo lenguaje. Recuerde que bajo la máscara de la intelectualidad de línea dura habita un ser normal que tiene los mismos sueños que tenemos todos y que la única diferencia entre esa persona y usted es que tal vez, para él, la felicidad es un lujo que todavía no siente que se pueda permitir. Llévelo con calma y con una dosis redoblada de afecto oficinero. No hay más qué hacer.

d.   Modelo de Protocolo o Embajador + Eficientín = No Existe

Estas categorías son excluyentes entre sí porque tanto los Modelos de Protocolo como los Embajadores están demasiado ocupados en las cosas que consideran más importantes y tampoco tienen la intención de ser ultraeficientes. Es más: el mero concepto de eficiencia les parece casi un sinsentido.

3. Rezagos de la división taxonómica o fin de la especie

Fruto de un proceso desafortunado de adaptación al ambiente se encuentran unos personajes complicados en grado sumo y que se ubican al final de esta división taxonómica. Los he acomodado al final, quizás con la ilusión de que no se reproduzcan más. El calificativo de "Desafortunado" se debe a que se trata de miembros de la oficina que con frecuencia enrarecen el ambiente y dificultan el sosiego corporativo. De nuevo, la lista tampoco es exhaustiva, pero sí da un vistazo panorámico a los personajes más influyentes del final de la cadena:

a. Zombi Corporativo

Lleva tantos años trabajando en la misma empresa que ya hace parte del inventario oficial. Se conoce por su mirada vidriosa y por su andar sin rumbo fijo por entre los cubículos de la compañía. Nada le hace ilusión, reniega de cualquier iniciativa nueva y no tiene ningún interés por involucrarse con las dinámicas de su entorno, lo cual no sería un problema, de no ser por su marcada inclinación hacia la crítica. Es un detractor profesional; para él nada está bien (empezando por el trabajo mismo) y nadie es suficientemente bueno. Su situación es insalvable.

A pesar de que a simple vista pudiera creerse que un personaje de estas características no está destinado a durar mucho en su puesto, al contrario, permanecerá allí para siempre porque su estrategia de supervivencia es tan sencilla como eficaz: hace lo mínimo indispensable para cumplir pero se asegura de hacerlo siempre, de modo que su jefe nunca tendrá un argumento válido para despedirlo... a menos que esté dispuesto a pagar una cuantiosa indemnización a cambio.

b. La Mosquita Muerta

Este particular espécimen tiene una envidiable capacidad para infiltrarse en las conversaciones ajenas y entender con una velocidad pasmosa de qué se trata todo, de manera que pueda comenzar a opinar en el acto y hacer lo que más le gusta: crear virus emocionales y difundirlos (mostrando predilección por dispersar el pánico —anunciando oleadas de despidos, por ejemplo—; fomentar el odio entre compañeros, etc.).

Se caracteriza por hacer uso desmedido de diminutivos en nombres propios, sustantivos, adjetivos calificativos, adverbios, todo (*Marthica, niñito, mentirosito, gordito, rapidito*, etc.) y su habilidad para hacer comentarios crueles y al tiempo lanzar miradas compasivas es inigualable. Nada de lo mencionado en esta descripción resulta tan extraordinario como su fabulosa capacidad de desconectarse de las conversaciones en cuanto se siente amenazada, fingiendo no entender lo que pasa. Y así sobrevive.

c.   Víctima

A diferencia del Zombi Corporativo, a quien nada le importa, a la víctima le afecta todo. Todo es ultra impactante. Nunca puede estar *normal*: según lo que ocurra puede estar muy "bien" o estar muy "mal" (pero no en el medio), o puede estar "mal" o "peor".

De acuerdo con su versión de la vida, todos la atacan. Su rasgo más definitivo es el desconcierto en el que permanece; no entiende en qué momento creció tanto su tragedia personal o profesional y su queja es recurrente: "A qué horas pasó esto", "Jamás imaginé que tú podrías llegar a hablarme así", "Creo que hemos tocado fondo; esto es el fin".

> "En la larga historia de la humanidad, son aquellos que aprenden a colaborar y a improvisar los que más probabilidad de prevalecer tendrán" —Darwin **Tweet vía** **@SylviaNetwork**

La descripción que acabamos de hacer sobre los personajes más altisonantes con los que interactuamos día a día en una oficina *normal* (porque vale anotar que allá afuera también hay empresas que parecen sacadas de los cantos del Purgatorio de la *Divina Comedia*), busca apenas proporcionar algunas luces —tenues, además— sobre el enigma de cómo piensa, cómo siente y cómo actúa un ser humano que está en el plan de hacerse un lugar entre la gente que está en edad productiva.

Esta clasificación, por lo tanto, no tiene el objetivo (ni el alcance) de suministrarle herramientas para que usted comience a hacer terapia a sus compañeros. No sirve para eso, en primer lugar, porque sus colegas no necesariamente requieren ser *curados* de algo y, en segundo término, porque cuando un ser humano tiene la sensación de que necesita corregir su rumbo, ubica un experto y paga la consulta pero en la medida de lo posible no se va a vivir con el psiquiatra. Y no se va a vivir con el terapista porque es muy aburrido tener al prefecto de disciplina al lado. De ahí mi insistencia en que no se abrogue la función de terapeuta. De nadie.

Hago esta aclaración para intentar preservar la armonía de los ambientes que usted frecuenta. Sabemos que pasar mucho tiempo junto a alguien que nos recuerda todas las cosas en las que nos equivocamos y que adicionalmente nos señala cómo podríamos ser mejores es (por decir lo menos) muy *agotador*.[8]

Al contrario, el objetivo que sí busco es el de ayudarle a comprender —por fin— la dinámica del juego de los roles, de manera que pueda entrar y salir de él todas las veces que le plazca y cuando así lo disponga. Es más: la experiencia me ha demostrado (y con seguridad a usted también) que cuando entendemos cómo piensa el interlocutor, la comunicación se facilita y, de manera natural, la convivencia se hace mucho más fluida. Incluso se vuelve agradable.

Ahora bien, por mucho que le divierta jugar a ser el detective que descodifica el mapa mental de sus colegas, le recomiendo tener muy presente que su función en la oficina es llevar a cabo su trabajo; nada más. Su misión no es la de enderezar a las personas que lo acompañan ni menos la de suplir sus defectos de crianza.

---

8   En realidad al decir "agotador" quise decir que trabajar al lado de alguien que siempre nos reprende es desgastante, demencial, molesto e insostenible.

Entender que el otro piensa como un *Sabelotodo* o poder anticipar cómo transcurrirá el diálogo interno de su colega *Víctima* sirve para que usted se tranquilice, sabiendo que el problema de comunicación no es siempre con (ni *contra*) usted. Recuerde que cada uno de nosotros finge atributos que no tiene con la (muy humana) intención de salirse con la suya. En suma, cada cual está haciendo lo que puede con los recursos que tiene. Nada de hacer terapia.

O sí, hágala, pero para usted mismo: una emoción que obstaculiza el paso fluido de su felicidad en la oficina es la del miedo al futuro y sobre ese sentimiento sí que hay que trabajar. En la mayoría de los casos comenzamos a usar cualquiera de las máscaras corporativas (aun cuando sea de modo inconsciente), porque pensamos que con ellas cubrimos nuestras debilidades y, sobre todo, porque sentimos que así logramos garantizar nuestra permanencia en un trabajo que creemos necesitar.

Si mira hacia atrás y piensa en las pruebas más duras que ha superado en su vida, notará con alegría (o con alivio) que usted ha sido capaz de superar obstáculos muy serios. Entienda, por lo tanto, que su seguridad no depende de que las condiciones del trabajo que tiene se mantengan inmutables ni de su capacidad de fingir algo. Su seguridad (¡por fortuna!), deriva del hecho de que usted ha sido capaz de lidiar con todo lo que se le ha cruzado en el transcurso de su existencia. En otras palabras, usted puede estar tranquilo en esa oficina (o en donde sea) no porque el contrato que firmó dice ser "a término indefinido" sino porque tiene dentro de sí los recursos que necesita para afrontar cualquier cosa. Y su recurso más valioso, en caso de que no lo haya notado, es su creatividad.

Tenga esto muy presente para que en el futuro, a la hora de ponerse una máscara (si lo considera necesario), lo haga con la sonrisa pícara de quien está siendo estratégico y no con la angustia del que cree que sin fingir quedaría expuesto a la posibilidad de ser rechazado o despedido.

En el mundo hay dos clases de personas: quienes juegan para ganar y quienes apuestan a no perder. Y entre actuar de un modo para *obtener* algo y comportarse de otra forma para *evitar* un resultado hay mucha (pero muchísima) felicidad de diferencia: la misma que hay entre una persona que lleva un estilo saludable porque le gusta sentirse bien y otra que sigue una dieta estricta y se ejercita tres veces por semana pensando en el terror que le da la idea de tener cáncer alguna vez.

Además de lo dicho, recuerde que una cosa es *actuar un poco* y otra muy distinta es *traicionarse*. Está perfectamente bien engrosar la voz, sentarse con la espalda recta y hablar de desconocidos como si fueran amigos de toda la vida para dar la apariencia de pertenecer al *jet set* (si es que eso pudiera sumar algunos puntos), entre otros comportamientos. Todo eso está bien si su actitud mental es la de quien se pone un disfraz para ir a un baile. Lo que, por el contrario, jamás le aconsejaría, es que haga cualquier cosa en contra de sus convicciones íntimas porque al final del día (o de su historia) acabará exhausto, triste y sintiéndose derrotado al mirar a su alrededor y tener que enfrentar a solas esa realidad que nunca acabó de gustarle.

Y a propósito de las traiciones personales, una que nos cala muy hondo es la de sentir que estamos malgastando nuestra vida yendo cada mañana a un trabajo que odiamos. Si este es su caso, ¿ha hecho el ensayo de intentar establecer exactamente por qué detesta ir allá?, ¿es por lo que tiene que hacer?, ¿son las oficinas?, ¿es su torturante silla?, ¿se trata de los compañeros?... ¿o acaso quedó atrapado en un trabajo al que llegó buscando un *escampadero*?[9].

---

9 Escampadero es cualquier techo donde uno se guarece mientras espera que pase la lluvia.

Por más actitud positiva que alguien pueda tener, un trabajo infame se siente como un trabajo infame. Es cierto. Y, sin embargo, un trabajo malo, por terrible que sea, no puede ser equivalente a una vida completamente infeliz. Su existencia puede pasar de monofónica a estéreo si se toma la molestia de limpiar las telarañas del cerebro que le impiden construir una realidad que valga la pena. Y una de las telarañas laborales más densas está representada en la sensación de estar en un sitio con la actitud de estar sólo solo de paso, sin involucrarse demasiado en nada, sufriendo la resignación de no haber podido conseguir algo mejor. En otras palabras, ver su oficio como un premio de consolación no es exactamente la clase de pensamiento que le va a ayudar a vivir más feliz. Por eso le invito (casi con impaciencia) a continuar la lectura. Me urge explicarle por qué es peligroso ver el trabajo como un escampadero y, a renglón seguido, quiero hacerle algunas propuestas para aumentar su poder personal y ser emocionalmente viable en una oficina sin contagiarse (tanto) de la locura de los que están a su alrededor.

CAPÍTULO 3
EL PROBLEMA DE VER EL TRABAJO COMO UN *ESCAMPADERO*

Escampadero (alero) es cualquier techo de ocasión bajo el que uno se guarece, forzado por la emergencia, a esperar que pase la lluvia. Usando la misma lógica, con la palabra *escampadero* nos referiremos a cualquier empleucho que se acepta, bien sea para sobreaguar las obligaciones de fin de mes o bien para librarse de tener que lidiar con uno mismo cuando, a pesar de no tener un afán financiero, ya está harto de estar en casa con el mismo nivel de ocupación de un pensionado.[1]

Todos en la vida hemos acudido a algún dulce *escampadero* de cualquier tipo: nos hemos embarcado en relaciones amoro-

---

1 Por ejemplo, cuando la industria del petróleo ha entrado en crisis por la baja en el valor del crudo, muchos ingenieros que ocupaban cargos de alto nivel en sus compañías pierden sus trabajos y algunos deciden emplearse en *escampaderos* no por necesidad económica sino por sanidad mental. A casos como este es que me refiero en la segunda suposición.

sas que no nos movían la aguja del entusiasmo ni un milímetro (al menos no hacia arriba); hemos comprado baratijas de relumbrón que parecen espléndidas joyas para salir del apuro de alguna fiesta; hemos regresado a vivir con los padres por algunos meses porque algún plan nos salió al revés y, por supuesto, hemos firmado contratos de trabajo con la misma mirada vidriosa con la que un procesado firmaría su sentencia de muerte.

Dado que estamos hablando de la felicidad a prueba de oficinas, nos detendremos en este último escenario para analizar otra de las principales fuentes de infelicidad del ejecutivo contemporáneo: la de sentir que la vida laboral que tiene en ese puesto de poca monta se compara al caso triste de un Ferrari Testarossa al que la vida ofende impidiéndole que vaya a más de 10 km/h y, como bono adicional, lo pone a circular por una carretera sin pavimento. Subestimado y vilipendiado: así se siente uno yendo cada mañana a un trabajo que aceptó por necesidad.

Tanto si usted acaba de firmar un contrato de esta naturaleza como si lo firmó hace doce o veinte años y, por cualquier razón, le ha ocurrido que lo que comenzó como una solución transitoria se le convirtió en un estilo de vida, es mortal que usted continúe viendo su despacho como un escampadero.

Es mortal, en efecto, porque si al hecho de estar trabajando en algo con la idea de que su permanencia ahí será sólo temporal (o sea, sin involucrarse mucho) le añadimos el devastador ingrediente de la resignación, su pensamiento de base va a ser el de todo oficinista amargado: "Voy a hacer lo mínimo indispensable para cumplir".

Estar dispuesto a hacer únicamente lo indispensable para no ser despedido es la señal más clara de la ausencia de compromiso. Sucede que cuando de verdad uno no está comprometido con un proyecto pero tampoco se va a otra parte sino que sigue ahí, insuflándole pequeñas dosis de oxígeno para mantener las cosas apenas a flote, vive el mismo drama de quien tiene un romance clandestino fuera de su matrimonio (pero no un simple *affaire* sino una historia de amor con todas las de la ley): lo corroe la tragedia de tener que estar de cuerpo presente en un lugar y a la vez sentirse con el corazón en otro lado. Y cuando hemos pasado momentos así, por la razón que sea, con el cuerpo en un sitio y el corazón en otro, nos hemos sentido muy infelices, ¿estamos de acuerdo?

Con los trabajos la situación es muy parecida (acaso la misma): al hacer las cosas sin el empeño que se hacen cuando el vínculo es sincero, hasta el dinero que se recibe a cambio es motivo de frustración porque nunca parecerá suficiente; el pago se sentirá siempre como una bofetada. Y la razón es sencilla de encontrar: ¿habrá una cifra que compense la desdicha que es traicionarse día a día yendo a un sitio que lo hace sentir derrotado apenas pone un pie adentro? Difícil.

Y, presumiendo que su dolor sí tiene un precio y que usted ya fijó la cifra (no me pondré con el miramiento moral de que está mal o bien poner un precio al dolor porque cada quien es libre de decidir esas cuestiones a su antojo, ni más faltaba); suponiendo que sí hubiera un monto que pagara por su drenaje emocional diario, surge de inmediato el siguiente escollo: ¿su jefe estaría dispuesto a pagarle esa cantidad? En ese escenario la cuestión se pone aún más difícil. Gente que pueda hacer lo mismo que usted igual de bien pero con gusto y a cambio del mismo dinero, hay por montones.

Conclusión preliminar: no se justifica quemar su energía vital yendo a un trabajo en el que se siente ajeno sólo en pos de un cheque. En otras palabras, el salario no es suficiente razón para ir todos los días del mes al mismo sitio. Matándose así, no está salvando al mundo ni se está poniendo a salvo usted. Únicamente se está consumiendo y ¡su juventud es un recurso no renovable!

Al contrario de lo que podría pensarse que voy a decir a continuación, no estoy a punto de comenzar a incitarlo a dejar todo tirado y salir a perseguir el trabajo de sus sueños, dado que, en primer lugar, estoy convencida de que "El trabajo de los sueños" no existe (pero, atención: que no exista no quiere decir que no se pueda *crear*. Ese es otro asunto del que hablaremos más adelante).

No me dispondré a lanzar una serie de arengas libertarias e inflamarle el espíritu para que presente su carta de renuncia y salga a perseguir sus sueños (que, aunque fue justo lo que yo hice, no se trató de un arrebato desesperado y mi intención es que usted también haga las cosas al derecho). Lo que sí me propongo hacer es comenzar a persuadirlo de las bondades que tiene amar el trabajo en el que se encuentra porque albergar ese sentimiento por su oficio no es ninguna extravagancia: cambiar de disposición emocional frente a lo que ocurre ahora mismo en su vida puede marcar el comienzo de la mejor época de su carrera.

Puede que su caso corresponda a la primera suposición del inicio de este capítulo (que haya llegado a su trabajo actual buscando un escampadero para cubrir las facturas que se vencen a fin de mes) y que por la cantidad de deudas que tenía —sumadas a las obligaciones que fue adquiriendo sobre la marcha— en este momento le parezca impensable renunciar y tomar un año sabático para buscar un nuevo puesto y (¡por fin!) tener un trabajo que le satisfaga.

Sé muy bien lo que se siente estar atrapado en un cargo (y, en general, en una vida) que no le gusta (que *detesta*, para ser más exactos). Por esta razón recalco tanto la afirmación de que el primer paso hacia una vida mejor consiste en desarrollar un sentido amoroso de su realidad. Tan *cursi* como le pueda sonar la propuesta del "Sentido amoroso de su realidad", esa es la única vía que recomiendo porque no sólo me sacó a mí sino a muchísimos de mis *coachees* de enormes atolladeros mentales.

Lo de invitarlo a pasarse al bando del amor se debe a que durante todo el tiempo que usted tenga su memoria RAM[2] ocupada odiando su trabajo, no va a tener espacio en el disco duro para diseñar algo mejor en qué invertir su vida.

Ningún trabajo es un escampadero (o cualquier trabajo es un escampadero: de usted depende)

Para que la afirmación de que ningún trabajo es una pérdida de tiempo y, en general, para que las soluciones que quiero proponerle en este capítulo puedan hacer su magia, necesitamos de usted una actitud proactiva. Mi trabajo es el de exponerle las posibilidades y desarrollar el argumento mientras que el suyo, querido lector, consiste en que —por favor— haga tres cosas: en primer lugar, dejar de dar crédito a lo que su cerebro le dice sobre lo que está viviendo ahora, si es que está guarecido en un escampadero.

En segundo lugar, le ruego hundir el botón de pausa a la grabación mental que le muestra, como en viñetas del libro del Apocalipsis, cada cosa que odia de su trabajo y, en tercer término, le encarezco (al menos durante el espacio que dedique a la lectura de esta parte del libro) dejar de compararse con los amigos de su edad o que tienen profesiones como la suya. La razón de esta tercera solicitud se explica en el hecho (demostrado) de que cuando uno está en un trabajo que no le gusta, el prado del

---

2   La "Memoria RAM" del computador es la que le da la capacidad de tener varias ventanas abiertas a la vez y ejecutar varios programas. Si hay demasiadas ventanas abiertas al tiempo, la memoria RAM se agota y la máquina se bloquea. Igual pasa con nosotros: demasiadas ventanas abiertas con programas de odio y contrariedad, nos bloquean. Si estamos bloqueados no podemos pensar en una buena solución para superar ese estado.

vecino *siempre* le parecerá más verde y esa perspectiva de las cosas es la que nos tiene donde estamos.

Si consiguió suspender esos procesos mentales negativos, vamos muy bien. Vamos más que bien. Pero ahí no termina su trabajo. Ahora le tengo tres invitaciones: la primera, que ya que ha suspendido la visión *terribilista*[3] de su trabajo, pruebe pensar en éste como un empleo apenas *normal*, que transcurre bajo la lógica de las transacciones: usted hace una cosa y la compañía le paga por eso. Capitalismo básico. Sabemos que no está trabajando en Disneylandia ni en Google ni en Zappos[4] pero tenemos que admitir que su empresa tampoco es un degolladero. Algo pagan.

Antes de pasar a la segunda invitación, detengámonos en este asunto del pago que, por lo general, en los *escampaderos* suele ser bajo, para analizar un aspecto que puede incidir desde ya en su nivel de felicidad autopercibida: a veces nos quejamos de tener un empleo donde para ejecutar las tareas alcanzaría con tener el coeficiente intelectual de una mesa. Se oye a las personas decir *"Es que este trabajo no me desafía"*. Si ese es el caso, tenemos que reconocer que, si el pago es malo, es porque la naturaleza del servicio que usted presta tampoco da para más. En escenarios como ese el problema no es que su jefe sea un tacaño sino que la asignación salarial no podría ser mayor a cambio de una cosa tan mecánica.

Para cerrar esta reflexión tengo que recalcar que no estoy haciendo *marketing guerrilla*[5] a favor de su empleador. Lo que sí

---

3   "Terribilitis" es un término creado por Rafael Santandreu, desarrollado ampliamente en su libro *El arte de no amargarse la vida*.
4   Para el momento en que se escribe este libro estas compañías están catalogadas como "Lugares grandiosos para trabajar".
5   Marketing Guerrilla (*"Guerilla Marketing"*), es un término que se hizo popular gracias a la obra de Jay Conrad Levinson con ese nombre: *Guerrilla Marketing: Secrets for Making Big Profits from Your Small Business (Marketing Guerrilla: secretos para hacer grandes ganancias a partir de su pequeña empresa)*. La expre-

estoy haciendo es exponer su situación en blanco y negro, examinando los pros y los contras sin caretas coloridas que adornen la escena. En resumen y recapitulando lo dicho hasta aquí, si usted está en un trabajo que corresponde a nuestra definición de escampadero, mi propuesta para comenzar a construir una nueva realidad que sí lo haga sentir pleno es que por un instante deje de llamarlo así y piense en él como un empleo *normal*, en el que con seguridad pagan poco pero frente al cual también hay que admitir (en el caso de los trabajos demasiado repetitivos) que la actividad tampoco amerita poner un cero extra a la derecha en el cheque mensual.

La segunda invitación consiste en que ahora que ha dejado de repasar el listín de todo lo que odia de su trabajo, proceda a hacer otra prueba de laboratorio (o de diván): ensaye escudriñar rápidamente en su sistema de creencias para tratar de entender por qué se siente derrotado en ese empleo. ¿Es porque no tienen en cuenta sus ideas?, ¿es por los colegas que viven atenidos a que usted haga las cosas?; ¿es porque la apariencia o la personalidad de su jefe le recuerda a alguien del pasado —o del presente— que le mortifica? (esta es una causa más común de lo que pensaría); ¿es porque nunca ve el sol ni habla con nadie?; ¿es porque tuvo un revés de fortuna y terminó teniendo que presentarse a una vacante para hacer algo que nunca eligió?

Cuando en mi consulta hago este ejercicio con mis *coachees*, el resultado suele ser en extremo revelador y, más que eso, suele ser muy *liberador*: cuando uno entiende que lo que pasa es que está en un lugar donde no aprecian la creatividad, entiende que el asunto no es personal sino que el sitio *es así* y, sobre todo, entiende que no tiene una vida desastrosa ni un trabajo cien por ciento agobiante sino que hay un ámbito muy preciso en el que

---

sión se refiere, en fin, a las estrategias ingeniosas que se emplean para conseguir la difusión de una idea sin acudir a los medios publicitarios tradicionales.

se enmarcan las cosas que le disgustan. Se gana mucho poder personal al entender que lo que pasa es que está en un trabajo que tiene *esa* característica, nada más.

Habiendo precisado qué es lo que le impide estar a gusto en ese sitio, la tercera invitación —que originalmente fue la de dejar de mirar hacia los lados y compararse con sus amigos y colegas— en este punto, consiste en animarlo a que se concentre en usted; en lo que desde siempre le ha gustado y le ha quedado fácil hacer; en lo que haría si el dinero estuviera fuera de discusión.

Le propongo permitirse mirar hacia adentro en lugar de hacerlo hacia los lados, ya que compararse con otros o, lo que es peor, compararse a sí mismo con el "*deber ser*" de las cosas (que es una locura porque el "deber ser de las cosas" sólo existe en la cabeza de la gente y no es el mismo para todos), no es más que una fuga de energía que es por completo innecesaria en este momento.

Repasemos rápidamente los ajustes que van hasta aquí para poder avanzar en orden: primero, piense en su trabajo como una relación apenas transaccional, normal; segundo, busque por qué no le gustan las cosas que le molestan de su empleo y, tercero, precise las cosas a las que sí le gustaría dedicarse.

> Cada cual es libre de hacer de su puesto un escampadero... o un peldaño — **Tweet vía @SylviaNetwork**

El libro *Las 48 leyes del poder* es una de las obras más vendidas en la historia reciente de la industria editorial. Empresarios, celebridades, líderes políticos, artistas: incontables personalidades han leído y comentado estas leyes que representan uno de los trabajos más celebrados de Robert Greene, un escritor y psicólogo norteamericano que, a propósito del tema en comento, bien podríamos bautizar como el "Rey de los escampaderos".

Desde muy joven Greene sabía que quería ser escritor pero no sabía exactamente sobre qué tema. Al terminar la universidad buscó la forma de asegurar su supervivencia y, al mismo tiempo, trató de hacer de la escritura su modo de vida, así que optó por conseguir un trabajo como periodista. Dedicarse a eso no lo inspiraba en lo más mínimo pero le parecía una razonable solución intermedia: escribir para producir textos fácilmente vendibles, como ocurre con los artículos para las revistas y los periódicos (no era con exactitud lo que quería pero por lo menos lo hacía sentir cerca a la producción literaria).

Aunque ser periodista es el sueño de muchos, en el caso de Robert no lo era y su desinterés por ese puesto hizo de ese trabajo su primer *escampadero*. Nota mental: precisar esto es importante porque "resignación" y "pasión" son estados del alma excluyentes; no se pueden sentir al tiempo en relación con el mismo aspecto de un empleo (o de una persona, o de un proyecto ni de nada).

En su conferencia TEDx de 2013 (para ese año ya era una rotunda celebridad), Robert contó su historia comenzando con la anécdota de la vez en que un editor de cierta edad lo invitó a almorzar para comentar un artículo que había publicado en la revista en la que trabajaba. La charla que tuvo con el editor transcurría entre lugares comunes, sin alguna retroalimentación clara sobre el texto. Finalmente, luego de algunos rodeos introductorios (y, sobre todo, después de dar trámite a su tercer Martini), el editor se animó a decir a Robert la verdad acerca de por qué lo había invitado a comer:

> Usted debería considerar seriamente otra carrera. Usted no tiene madera de escritor. Su trabajo es muy indisciplinado; su

estilo de escritura es extraño; sus ideas no compaginan con el lector promedio. Vaya a estudiar Derecho, Robert. Vaya a la Escuela de Negocios; ahórrese ese dolor.[6]

Aunque en el video relata con una mueca de dolor lo mucho que lo lastimó oír ese crudo exhorto (sobre todo porque periodismo era lo que hacía para vivir), Robert dice que justo ahí se dio cuenta de una cosa: estaba quemándose en un trabajo que no le gustaba y permanecía en él creyendo que esa era la única forma de poder escribir y pagar sus cuentas.

Trabajar en esa revista era una forma de realización personal mediocre porque, a decir verdad, aunque sí se dedicaba a redactar cosas, lo cierto es que ese oficio ni le gustaba ni encajaba con su personalidad. Ahí entendió el origen del problema: la baja calidad de sus escritos se debía a su incompatibilidad personal (espiritual) con su trabajo. Tenía que dedicarse a otra cosa.

Decidió viajar a Europa y mientras estuvo por lo largo y lo ancho del continente tuvo más de cincuenta trabajos (de ahí el título nobiliario que le puse como "Rey de los escampaderos"): fue maestro de construcción en Grecia; enseñó inglés en Barcelona; fue recepcionista de un hotel en París; fue guía turístico en Dublín; hizo documentales de TV... Eso sí, durante todos esos años y en medio de todos esos oficios, hubo una cosa que no dejó de hacer: escribir. Escribía novelas y ensayos que no terminaban en nada; pero mantuvo la disciplina. Después de su paso por Europa decidió volver a Estados Unidos (a su natal California), y allí trabajó en una agencia de detectives. También fue asistente de director y ayudante de guionistas en la industria cinematográfica.

---

6 *The key to transforming yourself.* Robert Greene en TEDxBrixton. Conferencia publicada el 23 de octubre de 2013 en el canal oficial de TED Talks en YouTube. La traducción es mía.

¿Imagina lo que pensaban los papás de Robert sobre su saga de trabajos *poco serios* para alguien con 36 años y un título universitario? "Perdido e incapaz de sentar cabeza en algo": así lo describían sus padres, quienes, a propósito, tenían miedo del futuro de su hijo mientras que él, curiosamente, no se sentía en absoluto *perdido*: al contrario, sentía que durante todo ese tiempo había estado buscando (*buscándose*) en medio de cada una de esas experiencias y, lo más importante (cuenta Robert mirando su historia en retrospectiva), es que nunca paró de escribir, que era lo que sí disfrutaba hacer.

Al cabo de las aventuras en América regresó a Italia y fue allá donde conoció a quien se convertiría en la coestrella de su producción literaria: Joost Elfner, el productor de libros que figura en la carátula de sus obras.

Un día, caminando por Venecia en el tiempo descanso de los trabajos temporales de Robert, Joost le preguntó si tenía alguna idea para escribir un libro y fue ahí cuando el protagonista de nuestra historia tuvo un chispazo que cambió el curso de sus cosas: ¡el poder!

Robert mencionó que llevaba varios años leyendo libros de historia sobre ese tema: Julio César, los Borgia, Luis XIV y destacó que todos los relatos de los historiadores coincidían con las cosas que él había visto en primera fila durante sus trabajos por tantas partes del mundo; en todas las latitudes la gente luchaba por tener más poder... "sólo que con menos sangre", precisó.

Durante todos esos años de trabajos informales Robert había acopiado un material valiosísimo para escribir un libro sin precedentes sobre el poder y la hora de sacar a la luz sus ideas estaba por llegar. La pasión con que habló de su proyecto fue tanta y tan envolvente que Joost no pudo menos que hacer *esa* propuesta que en su momento también cambió el curso de la historia de personajes como Nicolás Maquiavelo y Leonardo da Vinci: Joost Elfner se ofreció a subsidiar la vida de Robert Greene por el tiempo que le tomara escribir la primera mitad de su libro. Así fue como comenzó todo.

Tanto por lo que ha sido mi vida como por las historias que he conocido en tantas horas haciendo *coaching* pero, fundamentalmente, por todo lo que podría cambiar su panorama a partir de ahora, tengo muchísimas razones para calificar la historia de Robert como *energizante* e *inspiradora*. El relato que hice hasta aquí es la antesala al testimonio del mismo Greene, por quien concluí que *cada cual es libre de hacer de su puesto un escampadero... o un peldaño*. Él decidió hacer —con casi cuarenta años de edad— que cada uno de esos trabajos locos que tuvo en su vida (trabajos poco tradicionales o incluso mediocres a los ojos de un observador desprevenido), fuera un escalón para liberar su genio creativo:

> "De repente, mientras escribía el libro que se convertiría en *Las 48 leyes del poder*, todas las cosas de mi inconexo pasado parecían hacer clic en su lugar; como si fuera magia, como si fuera el destino. Todas esas experiencias aleatorias como escritor (el periodismo, la televisión, el teatro, las películas), me dieron la habilidad de contar historias y de organizar mis pensamientos.
>
> Toda esa lectura sobre historia me dio un vasto banco de ideas sobre las cuales podría escribir y mi trabajo como investigador me enseñó cómo encontrar la anécdota perfecta. Hasta esos trabajos diferentes, aleatorios, me expusieron a toda clase de perfiles psicológicos y a las esquinas oscuras de la psiquis humana. Incluso los idiomas que aprendí viajando: me enseñaron la paciencia, la disciplina.
>
> **Todas estas experiencias fueron añadiendo ricas capas de conocimiento y práctica que me alteraron de adentro hacia afuera. En mi camino raro e intuitivo me fui dando a mí mismo la educación perfecta para ser escritor** y para aparecer con *Las 48 leyes del poder*. El libro salió en 1998 y fue un éxito y el

curso de mi vida se alteró para siempre (…). La moraleja es la siguiente: nosotros, los humanos, tendemos a fijarnos solamente en lo que nuestros ojos pueden ver (…)".[7]

El error sería creer, después de todo este relato, que la historia de Robert Greene (y la de Steve Jobs, y la de Thomas Alba Edison y la de Albert Einstein, por ejemplo) son antologías de lo que puede hacer la buena suerte en la vida de alguien, ya que cada uno de ellos también pasó una buena parte de su vida en escampaderos.

Es muy inocente de nuestra parte seguir fijando nuestra atención en el libro que terminó siendo un *best seller* sin mirar sus antecedentes. Es muy miope que reduzcamos nuestro campo visual concentrándonos sólo en el éxito comercial de Apple; en la existencia de la bombilla eléctrica como producto terminado o en la Teoría de la Relatividad, sin fijarnos en los cambios lentos que cada escampadero introdujo en la vida de los personajes en cuestión. Sería muy loco de parte nuestra creer que ellos cayeron en paracaídas sobre las construcciones que los hicieron famosos, como si no hubieran tenido que pasar largas temporadas en empleos aparentemente insignificantes ni aguantar la crítica de los demás.

Greene pasó por cincuenta escampaderos para poder escribir con la gracia magnética con que lo hace (personalmente he disfrutado mucho de dos de sus libros). Los padres adoptivos de Jobs gastaron todos los ahorros de su vida en pagar la matrícula de la universidad de Steve y él descubrió a mitad del primer semestre que esa carrera no le gustaba, así que decidió no asistir más a sus clases formales pero siguió viviendo en el campus y se dedicó a tomar cursos libres, como el de caligrafía,

---

7   Robert Greene, "The key to transforming yourself". La traducción y las negrillas son mías.

que años más tarde hizo que el *software* de su ordenador Mac ofreciera unos tipos de letra tan hermosos.

Por su parte, la madre de Thomas Alba Edison pensaba que él era tan torpe que no valía la pena malgastar dinero en su educación, así que él decidió aprender ciencia por su cuenta con los libros prestados que leía mientras salía el tren que lo llevaría diariamente de regreso a casa después de vender los huevos con los que ayudaba al sustento de su familia. También, de no ser porque Einstein consiguió un trabajo de escritorio en la oficina de registro de patentes e invenciones, no habría tenido la serenidad económica para desarrollar sus teorías ni habría estado en contacto tan directo con los avances más vanguardistas de la ciencia para su época. Así de sencillo.

Entonces, en qué quedamos: ¿"escampaderos" o "peldaños"? Depende de usted. Cuando le propuse, algunos párrafos atrás, dejar de compararse con los demás y en lugar de eso hacer el intento de descifrar qué es lo que hace de usted un ser único; de ubicar cuáles son las cosas que le fluyen naturalmente y que, además, disfruta (esta doble condición es fundamental para que su vida sea —por fin— plena: en mi caso, por ejemplo, sucede que me fluye naturalmente la argumentación jurídica que se necesita para ser un abogado exitoso pero no —no y no— disfruto trabajando como abogado. Dicho sea de paso, recuerde que está bien si no le gusta hacer eso que se le da con tanta facilidad. ¡Es su vida lo que estamos definiendo aquí!); cuando le propuse sumergirse en su intuición, buscaba llegar a esta parte del libro: la causa por la que es tan definitivo que se permita ese espacio de introspección es porque, a fuerza de haber pasado mucho tiempo (o toda su historia laboral, quizás) en medio de escampaderos, es muy factible que usted haya terminado desconectándose de su verdadera esencia; que se le haya olvidado que usted también tiene el derecho de *soñar* aunque no lo haya experimentado hasta ahora. Sí, lo estoy animando a *soñar*, con todo lo estrambótica que pueda parecerle la idea.

A veces necesitamos pasar por un trabajo infame para dimensionar cómo sería un trabajo digno; algunos tenemos que hacer algo que no nos gusta para entender dónde está la plenitud. Es posible que necesitemos una temporada a oscuras para ver con claridad lo que *no* somos. También puede que nos convenga pasar por esos campos de entrenamiento (remunerado) para adquirir algunas habilidades que de otro modo nos daría pereza desarrollar. Si vivir este trance es lo que se necesita para hacer de usted alguien más creativo, todo hará parte de una compleja (en el sentido de *rica*, de una *tupida*) ganancia.

"¡¿A cuántas especializaciones estamos de que entiendas que no sé qué hacer con mi vida?!" —Economista de 31 años a su madre

En condiciones ideales de temperatura y presión, cada persona debería tener clarísimo quién es, qué quiere hacer con su vida y qué tiene que hacer para lograrlo… pero rara vez ocurre así. De ahí que lidiar con la presión que ejercen las expectativas sea una moderna habilidad de supervivencia.

Las expectativas que tenemos que aprender a capotear (a *sortear*), se originan en tres fuentes: en primer lugar, las que provienen de las personas que han invertido su amor en nuestra crianza. Luego de una vida dedicada a cuidarnos, estas personas sienten tener clarísimo cómo debería ser nuestra vida. Además, estiman ser autoridades morales para decidir nuestro futuro y nunca nos consultan si esa proyección que nos hacen nos parece bien o no. Sólo disparan opiniones.

En segundo lugar encontramos las expectativas nacidas de nosotros mismos, de los sueños en los que visualizamos la clase de persona que nos gustaría ser.

Y la tercera fuente de presión es un producto de los avances tecnológicos de esta época en la que los acontecimientos sociales, académicos y profesionales se van publicando en tiempo real en las redes, como si fueran pequeñas películas en las que el productor y el editor es uno mismo. Como cada quien decide qué quiere contar de lo que está viviendo, de qué modo lo quiere contar y a través de qué filtro embellecedor lo va a mostrar antes de hacer pública su noticia, esta fuente de presión se concreta en el hecho (casi inevitable) de que acabamos comparando nuestras vidas y nuestros sueños con las presuntas realidades de otros. Comparar nuestra realidad con las fantasías que vemos en las redes sociales es la tercera fuente de presión.

El desafío existencial para la gente en edad productiva de esta época consiste en ser capaz de mantenerse con los pies sobre la tierra. Estar tan conscientes de cómo va el marcador del partido en la vida de los demás (de cómo creemos que va porque, insisto, todos publicamos bellezas pero la verdad es que *la procesión va por dentro*), hace que nos sometamos a algo tan cruel como lo que vive la adolescente que se compara con la modelo de la portada de una revista: estamos comparando nuestra cotidianidad con la vida maravillosa que creemos que están viviendo los demás.

La adolescente, con la revista en la mano, cree que se está comparando con la fotografía casual de una mujer hermosa atrapada por sorpresa en el lente de la cámara, cuando en realidad se está comparando con el algoritmo del Photoshop que hace que la modelo luzca así.

Nosotros, con el Smartphone en la mano, viendo los retratos de las vacaciones del colega o la actualización de estado en la que anuncia su nuevo cargo, estamos peor que la adolescente porque no sabemos en realidad con qué nos estamos comparando: conozco decenas de casos de personas que figuran en LinkedIn[8] como flamantes presidentes de asociaciones y resulta que esas asociaciones sólo existen en internet y el cargo es honorario (sin sueldo) y uno aquí, sufriendo. No vale la pena compararse con alguien que no sea uno mismo.

Pues bien, ante tantos balazos que recibimos contra nuestra autoestima por la vía de la comparación, en ocasiones decidimos emplearnos en cualquier cosa con tal de sentir el consuelo de —por lo menos— estar haciendo *algo*. A simple vista podría parecer exagerado lo que voy a decir a continuación pero no lo es: correr a buscar un escampadero tiene, a la larga, la misma finalidad que drogarse o irse a un retiro espiritual o seguir cursando posgrados compulsivamente. Hacemos cualquiera de estas cosas no como parte de un plan sino para darnos otro compás de espera mientras decidimos qué queremos hacer en realidad con nosotros. La finalidad es, por lo tanto, siempre la misma: aliviar la tensión de no saber qué hacer.

Y hay otro fenómeno pendiente de ser analizado: en mi caso particular terminé renunciando a mi profesión original para dedicarme a trabajar en lo que hacía por horas sin que nadie me pagara. Cuando me distraía y no hacía lo que tenía que hacer como abogada, las tardes se me pasaban estudiando para tratar de entender qué es lo que hace que haya gente a la que le va bien y gente a la que le va mal. Ahora mi trabajo consiste en enseñar justamente eso, dando a las personas herramientas de felicidad. Menciono este aspecto de mi historia porque en la mayoría de los casos lo que hacemos cuando estamos —en

---

8 LinkedIn es una red que, a diferencia de Facebook, que es social, está dedicada a asuntos profesionales. LinkedIn es como un Facebook en materia laboral.

apariencia— procrastinando,[9] es la pasión que podría darnos de comer y pagar nuestras cuentas… sin sufrir.

Porque he estado ahí, sé que es más fácil decir estas cosas que hacerlas. Pero de igual forma sé que es posible volverlas realidad y también tengo claro que no necesariamente debe renunciar a su trabajo o a la empresa en la que está para dedicarse a hacer eso en lo que es bueno y que le gusta hacer, sobre todo porque cada vez son más las compañías que prefieren tener presidentes que se hayan formado en casa,[10] así que la experiencia que ha acuñado hasta ahora puede tener un rédito económico nada despreciable. Irse no tiene que ser la primera alternativa en todos los casos.

Comience por establecer una conexión entre los escampaderos por los que ha pasado en su vida. Mire retrospectivamente hacia sus trabajos y piense qué habilidades ha adquirido en cada uno de ellos. Anímese a hacer el acto de fe de creer en su intuición y, tal vez sin presentar la carta de renuncia, sino apenas entendiendo qué es lo que sí quiere hacer, postúlese para trabajar en un área distinta de la misma empresa en la que está.

Aclaro: mi insistencia en esto de que renunciar no tiene por qué ser la primera cosa a la que hay que apuntarle no se debe a que su jefe me haya pagado una comisión por hablar en estos términos (entre otras cosas porque es muy probable que no tenga el gusto siquiera de conocerlo). Mi empeño disuasivo se explica en el hecho de que la historia de su vida no transcurre por entregas organizadas cronológicamente: primero el Tomo 1, luego el Tomo 2, después el Tomo 3, donde en el Tomo 1 va su formación académica; a continuación, en la segunda entrega, tendrá el tiempo para escribir con calma el Tomo 2 con su

---

9   "Tomando el pelo", "echando globos", "perdiendo el tiempo", etc.
10   Que hayan hecho un plan de carrera profesional dentro de la empresa, comenzando por un cargo de bajo nivel jerárquico y ascendiendo progresivamente

historia profesional. Seguidamente, dedicará ordenadamente el Tomo 3 a su relación de pareja. Más adelante, el Tomo 4 a la crianza de los hijos. Nada de eso: su vida es una obra compleja donde todos los tomos se están escribiendo a la vez. ¡A la vez! Todos somos al mismo tiempo trabajadores, hijos, hermanos, padres y amigos y, para rematar, solemos ser personas con pasatiempos. Y todo esto, en las mismas veinticuatro horas de un solo día. Por ello, debemos cuidar nuestra energía a como dé lugar y dejar todo atrás, lejos de ser la vía fácil, demanda mucha energía.

Mi insistencia en que no hay que comenzar por renunciar al trabajo se debe a que hacer una gran revolución le significará una gran demanda de combustible; y como las otras áreas de su vida también necesitan de su energía vital para ser (bien) atendidas, no vale la pena embarcarse en cruzadas innecesarias.

En otras palabras, procure hacer un uso eficiente de sus recursos: no use una pistola para matar una mosca porque al final del día, cuando de verdad necesite la pólvora (para responder en otra clase de asuntos), encontrará con impotencia que se ha quedado ya sin cartuchos. No renuncie a su trabajo sólo porque hay algunas cosas que le disgustan: hágalo únicamente si en realidad es necesario continuar con su camino en otro escenario.

Dicho de otra forma y como consecuencia de lo anterior, mi propuesta es que dé a la vida el compás de espera que le gustaría que la vida le diera a usted. En serio. Haciéndose amigo de su historia personal va a ser más sencillo (o al menos más *posible*) entender de qué se trata todo y si usted se permite el acto de heroísmo espiritual que implica lanzarse a reconocer qué es lo que le gusta (y lo que no) para dedicarse a las cosas que sí le interesan, las cosas van a comenzar a encajar.

Cuando el engranaje se acomode y el mecanismo se active, encontrará, por la fuerza del mismo efecto, que la gente a su alrededor va a tomar conciencia de su talento, con lo cual las oportunidades aparecerán a través del método de *marketing* que mejor ha funcionado en los últimos diez mil años de la historia de la humanidad: el "voz a voz".

Puede que todo esto le suene demasiado bueno para ser cierto pero, sin ir más allá, es la historia de mi vida. Y, ahora sí, yendo un poco más lejos, es la historia de muchas personas que usted y yo conocemos (personalmente o a través de los libros de ciencias o de historia o que vemos actuando en las películas de Hollywood). Lo único que tal vez no ha hecho a diferencia de otras personas (las que viven realmente felices), es que han precisado cuál es su sueño y han creído lo suficiente en él como para tomar decisiones a partir de esa convicción.

Y, a propósito de tomar decisiones partiendo del estado mental de quien se ha determinado a vivir una vida que sí le guste, antes de aceptar el siguiente cargo o de matricularse a la siguiente maestría o al próximo curso de actualización, pregúntese: "*Esto que estoy a punto de iniciar, ¿lo voy a hacer porque haciéndolo siento que me vuelvo más yo o sólo porque es conveniente?*". En otras palabras, pregúntese: "*Esto que estoy a punto de hacer, ¿me acerca o me aleja de la vida que quiero?*". La siguiente línea del libreto depende de usted pero recuerde que con una sola decisión sincera podrá —por fin— dejar de ser un nómada emocional.

CAPÍTULO 4

LO ÚNICO MÁS CRUEL QUE NO HACER LO QUE LE GUSTA ES OBLIGARSE A CREER QUE LE GUSTA ALGO QUE NO LE GUSTA[1]

(Más peligroso que quemarse en un escampadero eterno es estar en un trabajo que detesta y no haberse dado cuenta)

Si ser honesto con otras personas le ha parecido complicado, espere a que tenga que ser honesto con usted mismo: el asunto se embrollará más. Sin ir a ponernos con miramientos morales sobre la importancia de ser transparentes, la razón de

---

1 Recomiendo decididamente leer el enunciado varias veces porque es el resumen de la tragedia de muchos adultos responsables: en algún momento se forzaron a creer que les gustaba algo que detestaban y hasta ahí llegó su alegría.

ser de esta reflexión está en que por no reconocer a tiempo y ante nosotros mismos que algo nos disgusta, la vida termina volviéndose más complicada de lo que debería ser.

Y es que somos nosotros quienes la enredamos; por ejemplo, negándonos una y otra vez las cosas que nos gustan. El desenlace de una historia de rotundas y sistemáticas privaciones suele ser una temporada fuera de circulación en uno de dos destinos: el manicomio o la cárcel (por no mencionar otros finales todavía menos felices, como el cementerio prematuro). Y enmarañamos aún más la existencia al pecar de inocentes haciendo lo que creemos que corresponde a una persona madura, a un adulto serio: forzarse a creer que le gusta algo que no le gusta. A esto nos constreñimos bajo el [escuálido] argumento de que "es lo que conviene". Ay, ¡cuántas vidas —empezando por como fue la mía— he visto perder su brillo así!

Sin importar la edad que tenga al leer este libro, me atrevo a afirmar con toda seguridad que este mensaje es por completo oportuno: he tenido *coachees* de más de 75 años que han llegado a mi oficina pidiéndome que los acompañe a reformular su proyecto de vida. Reformularlo a los se-ten-ta y cin-co años.

Después de haber visto tantas sonrisas florecer en las caras de más y más personas, la conclusión a la que he llegado es muy esperanzadora y se compone de dos premisas: cuando de rearmar su felicidad se trata (o de quizás ser feliz por primera vez), ni es *muy difícil* ni es *muy tarde*.

La siguiente propuesta va a ser tan sugestiva como invitarlo a tomar un purgante: poco sexy, sí, pero muy depuradora. Comience por escudriñar en el fondo de su alma; desempolve su verdadera identidad y determine si la vida que está llevando le gusta (en el sentido fuerte del verbo "gustar"). La otra posibilidad es que se encuentre —como tantas personas han estado o estuvimos— encerrado tras los barrotes de una serie de decisiones que apenas alcanzan el estatus de *convenientes*.[2]

Si su cotidianidad se desarrolla dentro de los estrictos límites de lo que es adecuado, es casi seguro que a estas alturas su bienestar sea más frágil que un castillo de naipes.

En términos prácticos, mi propuesta al respecto consiste en que, por esta vez, deje de pensar en el "deber ser" de las cosas y en lo fatigoso que podría ser implementar algún cambio en este momento de su vida. Deje de pensar en qué sería *lo correcto* porque, a menudo, el obstáculo de la felicidad no es lo que desconocemos de la vida sino lo que creemos saber sobre ella.

Continúe, pues, en la lectura con tranquilidad ya que no le voy a instalar ningún *software* incendiario en la cabeza; al contrario, quiero proponerle un abanico de ajustes (unos muy simples, otros más sofisticados) para que avance con comodidad en el viaje de su existencia. Supongamos que tomó un autobús para hacer un recorrido largo y que quedó mal sentado (mal acomodado): todo lo que quiero hacer aquí es ponerle un cojín en la espalda para que viaje mejor. Esto mismo pero en su trabajo.

Como venía diciéndole, por favor, ponga en pausa esos dos pensamientos (el de que las cosas deben ser de algún modo en particular y el de que cambiar es lo mismo que rebelarse y que usted está muy cansado para ponerse en eso). Ponga esas ideas "en espera" porque esa rigidez sobre cómo debería ser la realidad por lo general no es más que la respuesta adaptativa del cerebro tratando de mantenerlo a salvo desde el punto de vista emocional ("*Si las cosas se mantienen iguales, con el nivel de riesgo que conocemos, estamos seguros, _ponga aquí su nombre_*". Eso

---

2 Un sinónimo de "conveniente" puede ser "adecuado", mientras que, de otra parte, un sinónimo de "feliz" puede ser "pleno". Recordemos que estamos hablando de su vida. La precisión conceptual se hace con el fin de facilitar la comprensión de lo importante que es este asunto.

dice su cerebro). En efecto, con tal de salirse con la suya, el cerebro llegará incluso a negar las partes de su realidad que no le gustan y que usted sabe que podrían ser distintas. El problema es que toda auto negación es destructiva.

Por muy contrario a la intuición que parezca, no siempre es fácil notar que estamos ante algo que no nos gusta. Y es incluso menos fácil si se trata de poner bajo la lupa (si se trata de cuestionar) la actividad por la que nos pagan con los billetes que usamos para financiar nuestra vida. Nos da miedo jugar con eso. Habría mucho que perder: ¡el pan de cada día!

Con mi propuesta de que establezcamos si de verdad le gusta lo que hace, quiero confrontarlo (poquito pero confrontarlo en todo caso) para que a su cerebro le haga sentido animarse a implementar uno que otro ajuste, de modo que, a la larga, su cotidianidad se sienta más como el paso de un bálsamo que como el tránsito de un papel de lija por su garganta.

Las preguntas

Este ejercicio de nueve preguntas es sencillo y al tiempo muy revelador si usted, antes de empezar, suelta esas sensaciones de urgencia y de obligatoriedad que nos acompañan día y noche a los adultos. Siempre sentimos que tenemos que llegar a algún lado, que vamos tarde y que hay otra cosa más urgente que se nos está olvidando atender (¿a qué horas nos pasó que lo único que no tenemos es *tiempo*?).

En fin, concédase unos minutos y responda con toda la sinceridad que sea capaz de juntar[3] y con tanta contundencia

---

3   En caso de que vaya a prestar este libro a alguien más tal vez convenga que conteste en una hoja aparte para no quedar como un loco si otra persona ve sus respuestas; así hago yo con todos los ejercicios que plantean los libros que tengo en mi biblioteca.

como pueda. Sin discursos. Nada: responda en una frase que sea certera como un cañonazo:

1. ¿Cómo son los domingos en la tarde para usted?, ¿cómo se siente frente a la idea de cada lunes que se avecina?

_____

_____

2. Entre semana, ¿qué se dice sobre su trabajo mientras toma el desayuno?

_____

_____

3. ¿Qué tanto le interesa su atuendo para ir a la oficina?
   - Mucho: *la oficina es mi pasarela* ( )
   - Normal / Mucho: *tengo una reputación que cuidar* ( )
   - Normal: *me interesa verme profesional y listo* ( )
   - Normal / Poco: *me visto por sentirme bien pero sé que mis compañeros ni se fijan en lo que llevo puesto* ( )
   - Nada: *me siento derrotado yendo a esa oficina y reconozco que [al menos inconscientemente] elijo una ropa fea para completar la sensación de desgracia* ( )

4. Si le preguntara de qué se trata, en qué consiste su trabajo, ¿qué me diría?

_____

_____

5. ¿Un robot o un *software* podría hacer su mismo trabajo con la misma o mejor calidad de lo que usted lo hace?

_____

_____

6. ¿Hasta qué punto considera que usted y sus opiniones son tenidas en cuenta por parte de sus colegas y jefes?

_____

_____

7. Usted y la empresa, ¿creen en lo mismo o por lo menos tienen valores compatibles? En caso de que no, ¿en qué se diferencian los suyos de los valores organizacionales?

_____

_____

8. Con qué sistema se avanza en su empresa: ¿por meritocracia o por favoritismo?

_____

_____

9. Su salario, ¿compensa su esfuerzo?

_____

_____

Con seguridad algunas preguntas lo sacudieron más que otras. Aunque intuitivamente usted ya podrá haber notado si está en el trabajo equivocado, le voy a decir por qué cada uno de estos nueve puntos es tan neurálgico para su felicidad, al tiempo que miraremos qué tan grave es el asunto.

1. *¿Cómo son los domingos en la tarde para usted?, ¿cómo se siente frente a la idea de cada lunes que se avecina?*

La resaca emocional de domingo es perfectamente normal. Aunque estemos en un trabajo que nos encante; aunque hayamos optado por la modalidad del teletrabajo y no tengamos que ir al día siguiente a una oficina o, incluso, si nos encontramos liderando algún emprendimiento que rebosa pasión, es normal sentir un poquito de desasosiego mientras avanza la tarde dominical. Es normal. Lo será tanto, que he conocido a gente que me ha dicho que se ha casado únicamente con tal de no vivir ese trance semanal sin compañía. De nuevo: es normal.

Y no obstante el hecho de que es común tener ese nivel *moderado* de nostalgia porque se acaba el fin de semana, hay signos que deberían activar sus alarmas, como los siguientes:[4]

» Estar tan frustrado por la inminencia de la llegada del lunes que no pueda disfrutar desde el almuerzo de domingo en adelante.

» Sentirse tan agotado que su idea de descanso sea sólo dormir todo el fin de semana, sin incluir otras actividades que le resulten divertidas.

» Sentir ganas de llorar de pensar en que al día siguiente estará en su oficina.

» Sentir odio recorriendo su cuerpo; jaqueca o cualquier otro síntoma físico desagradable al pensar en su jefe (como náuseas, dolor de estómago o palpitaciones).

2. *Entre semana, ¿qué se dice sobre su trabajo mientras toma el desayuno?*

Del mismo modo en que es común hablar de la fiesta mientras se viste para ir al club donde se celebrará o así como es normal hablar acerca de la reseña que leyó sobre la película cuando va de camino al cine, es frecuente que a la hora del desayuno mencionemos algún asunto de los que vamos a resolver durante el día en la oficina. Aclaro que es *común* porque la sola circunstancia de sentir que necesita hablar de su trabajo no es una señal de que ese sea un factor mortificante en su vida, como le he oído concluir a algunas personas: "Si hasta hablo de mi trabajo

---

4   Todos estos síntomas han sido tomados de las historias de mis *coachees*.

al desayuno". Tampoco se arme una película de terror donde no hay con qué: ¡es normal hacerlo!

Lo que ya no es tan normal y debería llamar su atención es lo siguiente:

» Sólo habla de problemas porque cuando piensa en la oficina lo único que viene a su cabeza son líos.

» Siente que las complicaciones que tiene son tantas que necesita pedir el consejo de su familia con la misma seriedad como si se tratara de un cónclave para decidir si se cambian de ciudad.

» Si vive solo, mezcla con rabia el café y toma sin ganas los alimentos que usted mismo eligió comer.

» Se siente tan mortificado con la idea de ir a trabajar que le vienen a la mente pensamientos de estos que (en compensación) le autorizan a comer mucho más de lo que usted sabe que es razonable, o pierde el apetito en cuanto piensa en su trabajo.

» Al levantarse de la mesa siente como si no hubiera comido nada (porque por estar rezongando se perdió de la oportunidad de disfrutar lo que masticaba).

» Abusa del café o siente que debe comer más, como quien se aprovisiona para entrar en un campo de batalla.

3. *¿Qué tanto le interesa su atuendo para ir a la oficina?*

- Mucho: *la oficina es mi pasarela* ( )
- Normal / Mucho: *tengo una reputación que cuidar* ( )
- Normal: *me interesa verme profesional y listo* ( )
- Normal / Poco: *me visto por sentirme bien pero sé que mis compañeros ni se fijan en lo que llevo puesto* ( )
- Nada: *me siento derrotado yendo a esa oficina y reconozco que [al menos inconscientemente] elijo una ropa fea para completar la sensación de desgracia* ( )

Este indicador funciona con la misma lógica de la pregunta sobre qué tanta atención presta —conforme han ido pasando los años— a acciones como ponerse perfume, acicalarse o al menos asearse para compartir con su pareja: la preocupación por el aspecto es, en esencia, un indicador de interés.

En este punto hay dos extremos que deberían llamar su atención: si se siente interesadísimo en cómo luce para ir a la oficina porque en realidad disfruta mucho del ritual de preparar su puesta en escena, me parece regio; fenomenal. Pero si la devoción por el arreglo se debe no al gusto del arreglo en sí sino a que en realidad se está desviviendo por encajar a la fuerza en el parecer de los demás (he tenido *coachees* para quienes es definitivo mandarse peinar y maquillar a diario en el salón de belleza so pena de sentirse expuestas a la crítica), la cuestión es bien distinta.

Arreglarse en exceso es una señal de alarma porque si usted siente que tiene que esforzarse demasiado para ser aceptado por los colegas, en realidad no se está "arreglando" para ir a trabajar sino que, sin notarlo, se está "camuflando" para ser viable en un entorno que usted percibe como hostil. En un escenario así de exigente no hay que ser Sigmund Freud[5] para saber que un humano normal no puede sentirse feliz.

El otro extremo del que hay que cuidarse es el del absoluto desdén por su imagen porque volvemos sobre el ejemplo inicial de las parejas: cuando usted ha perdido por completo el interés en perfumarse y componerse para ir a cenar con su esposo o con su esposa, usted se ha relajado ya hasta el punto de la indiferencia. Y la indiferencia (entendida como desinterés supremo) es un anuncio de neón que indica que hay que tomar medidas con urgencia. En su cabeza, estar en ese lugar, es casi equivalente a

---

5   Sigmund Freud (1856—1939): médico neurólogo, padre del psicoanálisis.

estar malgastando su tiempo. Y, bueno, la pregunta que sigue ya estará de antemano contestada por usted: cuando siente que está perdiendo el tiempo en algo, ¿se siente muy feliz?[6]

4.   *Si le preguntara de qué se trata, en qué consiste su trabajo, ¿qué me diría?*

Incluso si su trabajo consiste en atender el mostrador de una ferretería ("atender el mostrador de una ferretería" fue el ejemplo deliberadamente menos poético que conseguí para ilustrar la reflexión), esta pregunta puede tener, en términos generales, tres modalidades de respuesta:

a.   *"Si quieres saber cómo es el limbo, pásate por el local: estoy encerrado de ocho a cinco con un montón de hierros que no me dicen nada, recibiendo y despachando maestros de obra mientras que espero a que venga el panzón de mi jefe a reclamarme por qué no he vendido más".*

b.   *"Bueno, es un trabajo como todos. Las tuercas y los tornillos no es que hablen mucho pero es cierto que a veces llegan tremendos personajes a comprar cosas y me río un rato. La otra cosa buena es que, de paso, estoy haciendo el curso de auxiliar contable porque tengo que revisar las cuentas y el inventario todos los días. Aprendo, me río y me pagan: no está nada mal".*

c.   *"Es lo máximo: tengo que encontrar el hierro que solucione el problema de cada personaje que asoma por acá y por el camino aprendo algo de cerrajería o de construcción. Esto es un negociazo. Un día quisiera tener mi propia ferretería".*

Dentro de las cien mil descripciones que la gente podría hacer de su trabajo estas son apenas tres posibilidades de respues-

---

6   La respuesta es "NO". Por si acaso.

ta. Cien mil o más descripciones y todas serían válidas; ninguna es adecuada o incorrecta: ¿quién nos podría decir cómo deberíamos sentirnos en nuestro trabajo? Al tiempo con esta precisión, es de anotar que si su respuesta se parece más a la *a)* que a la b) o a la c), hay que admitir, incluso si el salario fuera aceptable, que lo conveniente es buscar otro horizonte laboral porque hablar así del sitio que usted frecuenta cada día es un síntoma escandaloso de lo mucho que se está drenando su energía allí.

5. *¿Un robot o un* software *podría hacer su mismo trabajo con la misma o mejor calidad de lo que usted lo hace?*

Si es casi obvio que un robot podría hacer lo mismo que usted o incluso entregar resultados mejores por menos dinero, dígaselo a su jefe y busque otra cosa a qué dedicarse. En serio. Quedará como un príncipe (por lo honesto y lo comprometido) al tiempo que hará mucho por su sanidad mental.

Sobre todo lo segundo: hará algo muy bueno por su salud psíquica. En la estructura de nuestra felicidad pesa mucho el sentido del propósito en lo que hacemos: preguntas como "Para qué sale de la cama cada mañana" o "Qué aporta usted al mundo yendo al mismo sitio de trabajo todos los días", etc., revelan el sentido que usted encuentra en lo que hace.

Y aunque una corta temporada haciendo labores aburridas y mecánicas a cambio de algún dinero no hace mal a nadie, proyectar esa circunstancia a lo largo de toda su vida no logrará sino arrugarle el corazón. El suyo y el de cualquiera. En la medida de lo posible invierta su energía vital en una ocupación con algún grado de desafío intelectual para usted.

Si su respuesta fue un "Sí" al contestar a esta pregunta sobre si es usted fácilmente reemplazable por un robot y si, por sus circunstancias actuales, siente que no puede cambiar de trabajo en el corto plazo, hay un dato que puede aligerarle el peso de saber que un ordenador podría estar en su lugar: aunque es cierto que la eficiencia de las máquinas en muchas ocasiones es superior a la nuestra porque no lidian con variables como las de los sentimientos o el agotamiento físico, es igualmente cierto que hay algo en lo que los computadores actuales no pueden superarnos y es en la capacidad de reaccionar ante lo imprevisto. Punto para los humanos.

En efecto, un computador es muy eficiente en todo cuanto tenga que ver los con algoritmos que el programador le haya instalado o, en otras palabras, el robot es muy bueno, pero sólo en eso, usando los comandos que un humano le enseñó. Si ocurre alguna situación que no hubiera estado prevista por el diseñador del *software*,[7] si algo se le sale del libreto, el aparato se bloquea y no funciona como debería. Usted, en cambio, no se anula por eso.

Fíjese: nosotros, los humanos, solemos ser brillantísimos a la hora de lidiar con variables inesperadas. Eso es lo divertido, por ejemplo, de jugar al tenis o de bailar con una nueva pareja: no saber qué sigue a continuación y, sin embargo, estar seguros de que tenemos la destreza para contestar a lo que el otro jugador o la pareja de baile plantee. Esas situaciones nos dan placer porque uno de los comandos básicos del cerebro es el buscar felicidad a partir del hecho de sentirse inteligente, creativo.

Entonces, volviendo al punto inicial, si siente que su trabajo podría ser desarrollado igual por una máquina y le es posible, cambie de posición. Si no le queda tan sencillo, recuerde esto de que hay algo frente a lo cual nosotros todavía somos mucho mejores que las máquinas (a mí me alivia cuando siento que quisiera ser más eficiente y no puedo) y opte por uno de dos caminos: o

---

7   Salvo que se trate de un *ordenador cuántico* pero a la fecha en que se escribe este libro esos ordenadores aún no están tan desarrollados y mucho menos se encuentran en el mercado.

desarrolle una *marca personal* que deje una impronta tan fantástica en lo que hace, que aunque su trabajo pueda ser hecho por un androide, la gente lo siga prefiriendo a usted o, dos, comience a poner en su radar nichos de actividad en los que contar con usted como ser viviente sea un plus. Nichos vírgenes; inexplorados por la robótica. Emprendimiento a otro nivel.

Ah, una tercera invitación (esta es para su estabilidad emocional): tenga algún pasatiempo que le permita jugar un rato con la incertidumbre.

Examine la propuesta de tener un *hobby* dentro de un marco más amplio: va a notar que su vida será mucho más feliz si no sólo deja de evitar sino que, además, se anima a *promover* de vez en cuando una que otra oleada de incertidumbre… de esa que hace que nos sintamos vivos: vaya a un lugar desconocido; tome un curso sobre algo completamente nuevo o, lo más simple, vea una película de un género que no sea el que suele preferir. Y deléitese sintiendo cómo ocurre la magia (sin bombos ni platillos verá cómo su creatividad se lo agradecerá).

6. *¿Hasta qué punto considera que usted y sus opiniones son tenidas en cuenta por parte de sus colegas y jefes?*

Si cuando usted propone una idea la actitud de sus interlocutores es la misma de quien oye llover, ¡cuidado! Bien sea porque al interior del grupo se han puesto de acuerdo en aburrirlo para que renuncie sin tener que pagar el monto de la indemnización o bien porque en realidad les tiene sin cuidado lo que usted tiene para decir, hay que hacer algo.

Comience por tomar el pulso a su estrategia de comunicación: ¿sus ideas son objetivamente *relevantes* (y por relevantes quiero decir *pertinentes, novedosas* o al menos *propositivas*)? A veces nos ganamos la indiferencia de los demás a fuerza de decir cosas sólo por decir *algo*. Ese es el caso de la gente que publica tantas cosas sin sentido en sus redes sociales que no dejan ninguna alternativa distinta a hundir el botón de "Silenciar" para que no estorben.

Por otra parte, cuando los demás lo han ignorado, ¿ha hecho el ensayo de recordarles con amabilidad y firmeza que usted estaba en su turno de hablar y ha tenido el valor de exigir un poco de respeto?

"El mono sabe en qué palo trepa": todo el tiempo los seres humanos estamos tanteando el terreno que pisamos. Si desde el principio usted ha tolerado las faltas de respeto, puede que el asunto no sea del todo personal; es posible que baste con que muestre sus colmillos o, dicho de modo más civilizado, puede que sólo haga falta una dosis de carácter de su parte. Hágalo con estilo, con tono resuelto y sin temor. Diga qué quiere que pase y verá como los demás, lejos de sentirse ofendidos, comenzarán a mirarlo con nuevos ojos.

Por último (y he dejado adrede esta opción para el final, porque es casi mandatorio comenzar por agotar primero las dos posibilidades anteriores), puede que en definitiva usted sí se encuentre en medio de un ambiente tóxico, reactivo, que fomenta la competencia extrema y el irrespeto, y en ese caso sí conviene buscar un nuevo rumbo. No necesariamente fuera de la empresa. Muchas (pero muchísimas) veces basta con solicitar un cambio de área. Pero por lo que más quiera, si este es su caso, ¡salga de esas cuatro paredes!

Ante el rechazo sistemático no hay pensamiento positivo que valga: aunque usted se esmere en poner buena cara a la vida y en hacer como que no pasa nada, su cerebro sí está sintiendo la indiferencia del grupo y, como dijimos hace algunas páginas, la indiferencia nos pone tristes; cuando estamos tristes se nos bajan las defensas y cuando esto ocurre nos enfermamos de cosas muy feas. Hay que salir de ahí.

7. *Usted y la empresa, ¿creen en lo mismo o por lo menos tienen valores compatibles? En caso de que no, ¿en qué se diferencian los suyos de los valores organizacionales?*

A esto es a lo que se refieren los gurús de la gerencia en talento humano cuando usan la palabra *"Alineación"*, explicando lo que van a hacer en el proceso de consultoría que van a iniciar.

Conseguir que la gente esté de acuerdo en unas verdades fundamentales es la *quintaesencia* que permite preservar la salud emocional en cualquier entorno. Este grado de alineación es clave también para lograr ese sentido de identidad que es tan valioso para los seres humanos; no en vano cada religión tiene su propio credo.

Y, a propósito de credos, ¿conoce el de su compañía?, ¿lo ha comparado con el suyo? Por más de que las instalaciones de la empresa sean agradables (y ecológicas y todo lo demás) y por más de que el salario sea interesante, si su compañía se dedica a algo en lo que usted no sólo no cree sino que —aún peor—, el objetivo que tiene es hacer algo frente a lo que usted se encuentra en manifiesta oposición, tenemos un problema.

El lío en este caso es el que sigue: una cosa es hacer algo que le disguste (o que le aburra) pero que inevitablemente hay que hacer a cambio de una meta que para usted es significativa, pero otra cosa es dedicarse a hacer algo con lo que cada día usted siente que se está traicionando un poquito más.

Un ejemplo de la primera hipótesis sería este: pensemos en un estudiante universitario que detesta madrugar pero que tiene que hacerlo para asistir a las clases. Además del precio de levantarse temprano, nuestro estudiante tiene que trabajar para pagar sus estudios. Todos los días pasa cinco horas en un empleo informal que no tendría, de no ser por la física necesidad que tiene de recibir el sueldo. En este escenario la meta de graduarse como profesional en la carrera que el personaje eligió es un motor suficiente y poderoso para hacer esas cosas. Al pensar en sus sueños, madruga y trabaja hasta con gusto... o por lo menos sin rezongar.

El segundo caso es distinto; muy distinto. Sin entrar a juzgar si una empresa es por definición mala o buena o si hay empresas mejores o peores que otras (básicamente porque no nos corresponde decidir eso ni es el objetivo de este libro), vamos a analizar este escenario pensando en que lo que nos interesa es poder entender la dinámica y el peso que tienen los valores dentro de la estructura de nuestra felicidad.

Examinemos, pues, esta hipótesis: si, por ejemplo, yo hiciera parte del ala ortodoxa ultraconservadora de la Iglesia y me identifico hasta la médula con los valores tradicionales de mi fe, con seguridad no voy a estar a gusto prestando mis servicios a una empresa que fabrica anticonceptivos porque, de acuerdo con mi comprensión de la vida, la reproducción es un regalo de Dios que no debe ser interrumpido por medios artificiales.

Otro caso para ilustrar la misma idea: supongamos que estudié educación física y deporte porque creo en el desarrollo físico como un estilo de vida. Sin importar que mi trabajo consista en diseñar programas de ejercicio para llevar una vida saludable (que es lo que me gusta hacer), no estaré del todo a gusto trabajando y desarrollándolos para una tabacalera que quiere hacerse publicidad poniendo sus anuncios en medio de programas de ejercicio y nutrición. Y así sucesivamente.

Ahora, tenga en cuenta un elemento de juicio adicional: la empresa donde usted trabaja no es un ser humano y por lo tanto no debe (casi cabría decir que no *puede*) estar al 110% alineada con sus valores y sus convicciones. En consecuencia, evite tener una actitud demasiado purista en este sentido porque se volverá inviable: ¿quién va a querer estar ocho horas junto al paladín del *deber ser*? Enfóquese en lo que importa; en los valores fundacionales de la compañía y en los valores centrales suyos. No se vaya por las ramas porque se enreda.

Es que ni siquiera en el caso de las parejas es posible (además que quizás sería muy aburrido) conseguir que dos humanos crean con exactitud en lo mismo. Partiendo de esa realidad incontestable, para la vida que sigue, tanto en sus trabajos como en sus relaciones personales, asegúrese de estar de acuerdo en lo fundamental; en los principios y los valores básicos. Y dese por bien servido, que eso ya es tremendo logro. Estar de acuerdo en los mínimos esenciales es lo que hay que entender por "Afinidad" y la afinidad es el cemento que cohesiona una relación duradera y saludable.

Si este elemento no está presente o, aún más, si no sólo no hay afinidad sino que los valores suyos y los de su empresa son excluyentes, es mejor considerar un cambio porque, a la larga (ya me dará la razón al cabo de unos diez años) el resentimiento aflorará y con él vendrá la sensación de haber desperdiciado una parte muy valiosa de su vida.

8. *Con qué sistema se avanza en su empresa: ¿por meritocracia o por favoritismo?*

No tanto por la empresa en términos *macro* sino, en realidad, por el perfil personal de sus líderes, el sistema de promociones y ascensos de una compañía puede basarse en una de dos causas: el mérito o el padrinazgo.

Atención: su rol no consiste en terminar de criar a su jefe ni mucho menos en darse a la tarea de corregir sus defectos de crianza, así que tenga en cuenta que lo que leerá a continuación no busca enderezar el estilo de liderazgo de él sino conseguir que tanto él como usted puedan vivir armónicamente... dentro de lo posible.

Si el sistema para avanzar en el plan de carrera de su compañía se basa en el favoritismo, antes de iniciar revueltas, golpes de estado y cosas de esa naturaleza; antes de lanzarse a derrocar al tirano (porque si el tirano es demasiado poderoso el derrocado será usted), haga el ensayo de entender cómo funciona la vida en la cabeza de él y, mientras *no* afecte sus convicciones íntimas, sígale la idea.

En el mundo de los negocios, nos guste o no, "la regla de oro es que quien tiene el oro pone las reglas" y en este caso el jefe tiene la posibilidad de decidir quién se queda y quién se va. Dejémonos de idealismos: cuando una relación nace desbalanceada por el efecto natural de las jerarquías, el poderoso es quien tiene la sartén por el mango. En ese caso lo más antiestratégico de su parte sería tratar de hacer un pulso para medir quién es más fuerte entre su jefe y usted porque con seguridad la escena será la misma que si sentáramos a un mico y a un elefante sobre una canoa en un lago. Y adivine quién vendría siendo el mico que saldría volando por los aires.

Ese planteamiento explica mi propuesta: en cuanto no signifique para usted un acto de traición personal, pruebe jugar un poco el juego del jefe, dejándole sentir que tiene el control del ajedrez o, en otras palabras, entienda qué es lo que él pondera por encima de otras cosas y *hágalo, represéntelo* o *déselo*.[8]

Por ejemplo, si para su jefe es más importante la estética que la rapidez a la hora de valorar su informe, esmérese en decorarlo con un buen diseño. Si para él es más importante ser llamado "*doctor*" en público que entender el objetivo de la reunión, di-

---

8   Hágalo: sea ágil si para su jefe es más importante "rápido" que "bien hecho". Represéntelo: encarne la clase de persona con la que su jefe se siente seguro (un conocedor de cifras, un mediador de relaciones públicas, etc.). Déselo: si su jefe siente fascinación por los reportes escritos, entréguele un reporte quincenal o en el formato que más le guste (tablas, párrafos, gráficos). Complacer estratégicamente siempre trae una recompensa.

ríjase a él con el trato ceremonioso que lo tranquiliza y con los demás asistentes lleve a cabo la agenda del día.

Entienda una cosa: esto no es ser hipócrita; esto es ser estratégico. Hipócrita sería estar en profundo desacuerdo con su jefe y alabarle sus ideas y en eso no consiste nuestra estrategia. Sí consiste, en cambio, en manejar el dulce arte de la diplomacia hasta donde sus convicciones morales le permitan actuar con comodidad. Punto.

Por otra parte, si en definitiva usted ya ha verificado que se encuentra fuera del Club de los Elegidos, no pierda su tiempo: busque un traslado pronto y salga de ahí discretamente; hasta con elegancia, si puede: un par de frases de cortesía en reconocimiento de la oportunidad brindada y listo. No cace un pleito ni aproveche que va de salida para "cantarle las verdades en la cara" al exjefe. No sabemos qué vueltas dé la vida, así que por el sólo hecho de que ya no está bajo la égida de su anterior gerente o porque ya consiguió ubicarse en otro lado, no se le ocurra ir a ofenderlo. Con el tiempo se sentirá más feliz (y notará que fue más rentable) salir con la actitud de un lord que con la de un presidiario recién liberado.

Créame: una de las cosas que más me gusta de mi trabajo es que, a pesar de mi juventud, la mayoría de mis *coachees* tienen en promedio quince o veinte años más que yo,[9] con lo cual puedo adelantarme bastante en el desenlace de la película de la vida del oficinista promedio y el caso es que todos los que han hecho así (comportarse a la altura hasta el último minuto), se alegran de haber elegido morderse la lengua antes que haberse permitido ofender a una víctima poderosa. Al revés, les pesa.

---

9 Para el momento en que estoy trabajando en el manuscrito de este libro.

9. Su salario, ¿compensa su esfuerzo?

El punto no es si su salario es *abultado*, apenas *suficiente* o *escaso*. La cifra será lo de menos mientras usted no haga el ejercicio de definir con anticipación a cuánto asciende la suma que lo haría sentir satisfecho.

Uno de los gerentes más interesantes que conozco me dijo una vez durante un almuerzo: "Cuando tengo que contratar a alguien, hay una pregunta que me encanta hacer durante las entrevistas de trabajo porque me deja entender a quién tengo al frente: ¿con cuánto dinero le bastaría para ser feliz?". Y agrega: "La mayoría de las personas enmudece. Luego de vacilar unos segundos, dicen una cifra pequeña, modesta, como para que yo no piense que son unos ambiciosos, y en ese punto aprovecho para indagar un poco más: "¿En serio le alcanzaría con eso?". Ahí es donde más se enredan, se sonrojan, pero en fin llegan a una cifra razonable para pagar sus gastos mensuales. La cuestión es que la gente no sabe con cuánto le bastaría para ser feliz". Necesitamos calcular cuál sería nuestro ingreso mínimo vital (mínimo pero suficiente) para construir nuestra libertad financiera (y, cómo no, nuestra felicidad).

La mayoría de nosotros alucina con la idea de tener más dinero sin antes haber logrado controlar la aguja del propio tanque de combustible; sin entender bien cómo funciona.

Qué peligro: el riesgo de ir mecánicamente a reclamar el desprendible de pago de nómina sin sentirnos en real control de nuestras finanzas (que es tan sencillo como saber cuánto necesitamos al mes, cuánto recibimos y cuánto estamos gastando en la práctica), el riesgo de no hacer esos cálculos es que terminamos viviendo con una de dos sensaciones: o que estamos siendo sobreestimados (es poco frecuente pero sí pasa: hay quienes experimentan un pequeño bochorno interno al cobrar porque saben que en realidad lo que hacen no da para recibir ese sueldo) o, yendo al otro extremo, vivimos eternamente agraviados por sentir que estamos entregando más de lo que deberíamos a una empresa que ni siquiera es nuestra.

Anímese, haga sus cuentas. Para empezar, calcule sus ingresos y sus egresos de manera realista; empiece por poner su vida en cifras conservadoras (después, cuando ya entre en el terreno de los que quieren activar la Ley de la Atracción a su favor y vaya a comenzar con sus declaraciones diarias de abundancia, sí haga otra clase de cuentas y ponga otro cero a la derecha en la cifra final si quiere, pero comencemos con los pies en la tierra, estimando a cuánto debería ascender su mínimo indispensable para vivir).

De la severidad de estos números surgirá su independencia económica y aumentará su poder personal porque ahora no le bastará con que otra empresa, aparecida de la nada, le ofrezca un pálido diez por ciento más para que a usted se le acelere el pulso y salga corriendo hacia allá: sus alegrías ya no serán las de un perro flaco que se entusiasma con la foto de un hueso. Si, en cambio, sabe con exactitud cuánto suman sus cuentas del mes, acabarán los cantos de sirena en su cabeza: una propuesta mediocre no lo deslumbrará nunca más.

Para que el ejercicio esté completo, incluya las facturas que por fuerza tiene que pagar (alimentación, educación, vivienda, transporte, salud) y lo que le cuesta tener un espacio sensato de esparcimiento con su familia (ir al cine, dar paseos, comer fuera de casa). Contando con esas cifras duras, revise su salario. Si lo que está recibiendo no le alcanza, quiere decir que, en la práctica, ¡está *subsidiando* a la empresa para la que trabaja! La caridad es linda cuando va hacia personas de verdad necesitadas, no hacia bolsillos empresariales perezosos.

Salvo que usted cuente con una herencia; que tenga otras fuentes de ingreso o un contrato nupcial con alguien que esté eterna e incondicionalmente dispuesto a financiar su proyecto de vida, si su trabajo no le permite atender sus necesidades básicas, llegó la hora de pedir un aumento o de buscar otra plaza. Y hágalo sin pena: nadie trabaja para que lo vean. El salario es la consecuencia lógica y legítima del tiempo y del esfuerzo que hizo durante el mes.

En este punto la cuestión no es de ponerle buena actitud a la vida sino de sacar la calculadora y mirar: ¿le alcanza o no con lo que gana?

> "Cuando pienso en mi vida no me preocupa tanto lo que soy como lo que estoy dejando de ser" — **Tweet vía @SylviaNetwork**

Contestando sinceramente a estas nueve preguntas se ha ahorrado una que otra terapia con el experto en vocación profesional o con su *coach* de confianza. Sé que lo que para mí sólo tomó un minuto escribir (que fue lo que demoré en mecanografiar la línea anterior sobre el ahorro en terapia), es en la práctica muy duro de hacer porque no hay nada que exija tanto valor como permitirse ser usted mismo y, más allá de ser quien en realidad es, lo desafiante es permitirse vivir una vida en la que honre sus sueños.

Considere esto: si su aspiración máxima es la de ser una persona "normal", quienes lo rodean nunca van a poder disfrutar a plenitud de la fortuna que es estar junto a usted.

Pongamos un poco de mística al asunto: dejando de ser lo que usted en realidad vino a ser en esta experiencia humana (o *siendo inferior a sus circunstancias*, que es lo mismo), técnicamente, usted nos está *robando* felicidad. ¿Imagina cómo sería su vida si su cantante favorito no hubiera escrito *esa* canción o si su actor favorito hubiera rechazado el papel de ese personaje que lo ha inspirado tanto? Nada sería igual, ¿cierto?

Es verdad que asfixiar con una almohada hasta matar un talento sólo porque usted cree que no es la hora adecuada para explotarlo nos puede estar causando mucho daño a todos: nos está robando felicidad.

Yo no quiero ni pensar cómo sería mi vida sin las miles de personas que me han regalado una mirada linda al bajarme de tantos escenarios. Tampoco quiero imaginar cómo sería la vida de la gente que se acerca al final de una conferencia para contarme que me sigue en las redes desde hace años y cómo una reflexión hecha por mí en el momento oportuno le cambió su forma de ver la existencia o de hacer las cosas. He recibido toda clase de testimonios y, oyéndolos, me he sentido más feliz que nunca.

Por la misma razón, cada mañana, al despertarme y antes de meditar, más que repasar la lista de cosas que tengo que hacer durante la jornada me pregunto qué otro botón tendré que hundir para asegurarme de ser en verdad todo lo que vine a ser: a quién más me conviene contactar; qué servicio debería contratar; qué clase debería tomar; en qué otro lío debería meterme. Quiero ser todo lo que viene a ser; nada menos que eso.

Como le he dicho con insistencia, no se trata necesariamente de presentar la carta de renuncia (entre otras cosas porque irse de su trabajo no le garantiza que será feliz. Mientras no solucione el lío de fondo, todo será igual. En un nuevo trabajo pero en esencia igual). Se trata, por lo tanto, de asumir un riesgo mucho más grande que ese: levantar su cabeza y salir a hacer eso para lo que usted es extraordinario, por modesto o inusual que le parezca su talento.

Para terminar, no cometa el error de sentarse a esperar esa oportunidad perfecta para ser contratado en el trabajo de sus sueños. Puede que a algunos les haya ocurrido así pero, siendo honesta, no conozco a nadie con esa historia (ni a mis amigos ni a mis *coachees* han ido a buscarlos hasta su casa para decirles que llegó la hora de ser felices). La historia del Trabajo Ideal va por otro lado y de eso es que quiero hablarle en el siguiente capítulo: qué hacemos con lo que creemos que es justo que nos ocurra frente a las cosas que en realidad nos pasan. Sí, vamos a adentrarnos en los mitos y las verdades del Trabajo de los Sueños.

CAPÍTULO 5

SI NECESITARA OTRO TRABAJO, TENDRÍA OTRO TRABAJO. LA IMPORTANCIA DE CAMBIAR DE ENFOQUE ANTES QUE DE PUESTO

"Somos esclavos de todo lo que no logramos entender"
—Vernon Howard

Siendo tan grande el mundo, *¿por qué* justo fue a dar con ese trabajo? Con la expresión *ese trabajo* quiero decir *por qué fue a dar usted en ese cargo*, con *esos colegas*, con *ese jefe*, a cambio de *ese sueldo*, en *esa ciudad*, con *esas reglas de juego*, todo. Tiene que haber una razón más interesante que la buena o mala *suerte* para explicarnos el hecho de que usted se encuentre donde está.

Hasta este punto, entre los dos (entre usted y yo), hemos venido construyendo un andamiaje de felicidad que ahora nos tiene listos para hincar el diente a la delicada cuestión que traíamos anunciada: entraremos en las catacumbas del Trabajo Ideal.

Mi misión del momento se habrá cumplido si al final de este capítulo usted ha logrado dejar de poner su atención (que es su principal centro de poder) en las cosas equivocadas. Busco ser su compañía para comenzar a pensar al derecho... o al menos de un modo más funcional. Me propongo que usted, al terminar la lectura de este libro, tenga la capacidad de construir una realidad satisfactoria; una vida en la que la sensación de ser un títere que el destino maneja a su antojo se convierta apenas en un pálido recuerdo. Si es que acaso llegara a quedar algo de eso.

Sin importar (le aseguro que no importa) cómo esté viviendo ahora mismo, estará un paso más cerca de su felicidad en el instante exacto en el que entienda que si necesitara otro trabajo, tendría otro trabajo (y aquí puede aprovechar para cambiar la palabra "trabajo" por "relación de pareja", "forma de cuerpo", "tipo de pelo", "suegra" o lo que sea que le esté atormentando al día de hoy porque las reflexiones que estoy a punto de hacer obedecen a una lógica universal).

Insistirle en la hipótesis de que usted se encuentra justo donde tiene que estar puede parecer *absurdo* o, por lo menos, desafiante. Sé que esto de que usted está donde tiene que estar lo hará sentir incómodo, sobre todo si en su caso se encuentra en medio de una realidad que hace mucho dejó de ser *aburrida* para convertirse en una vida que prácticamente detesta.

Hubiera querido poder decirlo de un modo más ácido para sonar *cool* pero no encontré la manera, así que, a continuación, voy usar uno de los postulados centrales de la autoayuda para activar el pensamiento que posibilita el verdadero cambio (tratándose de su bienestar, le aseguro que voy a recurrir a todas las herramientas de comprobada eficacia que estén a mi alcance, incluso si debo pasar por la vergüenza de sonar cursi): *para poder cambiar la realidad hay que asumirla tal cual es*. Se lo dije: autoayuda al cien por ciento. Pero va a valer la pena.

Continuemos con la idea: el hecho de asumir las circunstancias actuales es sólo el kínder, el prescolar, así que iremos un poco más allá. De lo que se trata es de no sólo *aceptar* su mundo como es sino, además, se trata de *congraciarse* con cada cosa que está pasando en su vida porque, desde cualquier ángulo que lo aborde, es lo más estratégico que puede hacer. A continuación voy a explicarle por qué.

La fase de *aceptación* es apenas el prescolar de la autoayuda. Nos urge aumentar el voltaje

Si preguntáramos a un gurú serio de la superación personal cómo dejar atrás una situación indeseada para pasar a una que sea satisfactoria, nos haría más o menos el siguiente planteamiento:

Las preguntas que nos hacemos crean el marco de nuestra realidad. Por lo tanto, un error gravísimo ante algo que nos mortifica es preguntarnos "¿por qué me pasa esto a mí?". Cuestionar el "por qué" de lo que pasa es una medida equivocada y peligrosa, ya que esa pregunta siempre la contesta el ego. Y el ego no quiere incomodarse asumiendo responsabilidades de nada sino que, por el contrario, tiene una tendencia natural a buscar la explicación de las tragedias afuera. Siempre afuera.

En ese orden de ideas, si, suponiendo, usted odia a su jefe y se pregunta "¿Por qué me tocó este jefe a mí?", su ego de inmediato contestará algo como "Porque ese es el suplicio que tengo que pasar en esta vida. Porque nunca he tenido buena fortuna. Porque esa es la vida: pasar gimiendo y llorando en este valle de lágrimas, etc.".

Y concluiría nuestro gurú imaginario:

Así las cosas, la pregunta en verdad inteligente que debe hacerse es *"para qué"*. Para qué le está pasando esto a usted. ¡Busque qué es lo que puede aprender de esta situación!

A título personal debo decir que estoy de acuerdo con *casi toda* la reflexión del gurú. Es más: pensando de esa forma logré dejar atrás resentimientos que me condenaban a ir como un loro, recorriendo de aquí para allá y de allá para acá la misma estaca, contando la misma historia: la característica central de la rabia es el repaso irracional de las cosas que nos lastimaron. Ese circuito mental es lo que impide avanzar.

Preguntarme *"para qué"* sirvieron los episodios que viví me sacó hace varios años del primer lío (el de los pensamientos rumiantes) pero se quedó corto cuando quise estrenar un esquema mental que permitiera el paso fluido de la felicidad. Así, con el tiempo (y con las lágrimas y con los estudios y con la soledad y con la vida), conseguí llegar a una conclusión más interesante y puede que ahora sea su turno de acariciar este tesoro de libertad: *la vida cambia cuando usted cambia lo que se dice sobre la vida misma.*

Ni el mundo tiene que cambiar ni usted tiene nada que aprender para ser feliz. Eso sí, asegúrese de tomar las riendas de su realidad emocional y no las suelte ni aunque lo amenacen: NO. LAS. SUELTE.

Ver la vida como una escuela es una gran equivocación. La vida no es un instituto. ¡No puede serlo! Si así fuera, levantarse de la cama cada mañana sería un acto heroico. Pedirle que comience sus jornadas con una actitud positiva sería una solicitud desquiciada: ¿quién va a salir sonriente sabiendo que está a punto de ir a jugarse el pellejo en una carrera de obstáculos?

De seguir con la idea de que esto es una escuela, nuestra realidad sería igual o más triste que la que se vive en esos laberintos de laboratorio donde someten a los ratones a electroshocks, con el fin de estudiar cómo inducir una conducta en un ser vivo.

Sí, sería igual de triste porque si todo el sentido de la vida se redujera a superar nuestro analfabetismo, lo único que podríamos hacer en nuestro paso por la Tierra sería resignarnos, nunca soñar, respirar hondo y esperar a que venga la siguiente descarga eléctrica para que —gracias al dolor— aprendamos una nueva lección y así poder avanzar unos centímetros más en el laberinto de la vida. Así, como si fuéramos ratones de dos patas en el gran laboratorio de algún loco.

Si giramos la perilla hacia la derecha para aumentar la picardía y añadimos a este relato el concepto de "libre albedrío" (a esta sazón parecería una broma eso de *poder elegir*), de inmediato deberíamos sentirnos aún más miserables: en el laberinto de los ratones la autodeterminación no existe. Continuando con la idea, si fuera cierto que nuestra vida es un carrusel de cosas por aprender, lo único que podríamos hacer sería elegir entre tomar la lección ya y comprar con eso unos minutos más de paz (hasta la siguiente prueba) o seguir electrocutándonos en el mismo punto.

¡Qué tal que eso fuera todo! Por eso urge tanto revisar lo que nos decimos sobre la existencia en sí misma: porque esta *no es* una *escuela* donde usted necesita *aprender* algo cada vez que tiene un desafío. La propuesta que tengo para hacerle es infinitamente mejor.

Una manera mucho más amistosa de entender las cosas (o algo más cuerdo en qué pensar antes salir de la cama cada mañana), consiste en asumir la vida como un escenario en el que usted tiene la posibilidad de vivir en carne propia las cosas que un espíritu sin un cuerpo no podría sentir (la *emoción* de un proyecto; el *frío* del clima; el *sabor* de su comida favorita; las lágrimas que han *rodado* por sus mejillas; la anticipación de una fecha que se aproxima; las *mariposas* del amor...).

Hay una aclaración que en este punto resulta esencial: la idea no es inducirle a como dé lugar un positivismo de comedia ni mucho menos sugerirle que se entrene para negar sus circunstancias. La idea sí es que comience a poner su atención en las cosas correctas. No es negar la realidad; es usar las neuronas en cosas que valgan la pena. Son asuntos parecidos pero distintísimos.

Si la percepción humana fuera ilimitada no tendríamos tanto en riesgo y yo no estaría arriesgándome a ser tan insistente.[1] Cuando su capacidad apreciativa está atareada en asuntos de los que es inútil ocuparse (porque los adultos sabemos que de nada sirve forcejear contra las cosas que escapan a nuestro control —lo *sabemos*, ¿verdad?); si despilfarra sus neuronas en lamentarse por cosas que no dependen de usted, resulta que, literalmente, "no tendrá *cabeza*" para hacer algo mejor con su realidad.

En otras palabras: teniendo en cuenta que no somos máquinas multifuncionales y que sólo podemos tramitar un pensamiento *consciente* a la vez, más nos vale cerciorarnos de elegir el asunto correcto. Ese es el inicio de una realidad mejor.

A propósito de la realidad, aprovechemos para juntar aquí los dos cables que están sueltos en relación con las dos ideas que hemos estado analizando: primero, la vida no es una escuela;

---

1   Es que la percepción humana es muy limitada. En lo que se refiere a la percepción de imágenes, por ejemplo, sabemos que nuestros ojos sólo pueden captar veinticinco imágenes por segundo. Lo demás va directamente al subconsciente. Descubrir esto dio origen a conceptos como el de "mensaje subliminal", que por muchos años fue el Santo Grial de la publicidad.

segundo, tenemos que convivir con vicisitudes sobre las que no podemos decidir.

En efecto, sabemos que hay muchas cosas de nuestra vida que están ahí como impuestas por alguien más; como fijadas arbitrariamente por un libretista que quería divertirse con algo (pensemos en elementos como el aspecto físico, la familia, el colega del escritorio de al lado, el conductor del taxi, en fin). No elegimos esas cosas pero hacen parte de la vida y, muchas veces, representan verdaderos desafíos para la felicidad.

El punto es este: teniendo en cuenta que hay muchas cosas que tan solo "son como son", aunado al hecho de que "la vida no es una escuela", llegó la hora de innovar.

En concreto le propongo modernizar las preguntas que se hace. ¿Qué tal si a partir de ahora, frente a algo que usted quisiera que fuera distinto, en lugar de desesperarse buscando las respuestas afuera, prueba consultar el tema con su maestro interior?[2] En términos prácticos se trata de esto: en vez de indagar "Qué es lo que me falta aprender aquí", pregúntese "De qué es que me estoy olvidando aquí"; "Qué es lo que necesito recordar aquí".

Para entender la dinámica que quiero plantear, supongamos que usted siempre ha dicho ser una persona amorosa y justo dio con un colega pesadilla: ¿no es amor, pues, lo que se necesita para estar junto a alguien como su compañero de cubículo? Digamos que usted siempre ha sentido que es un líder: ¿no es desplegando su liderazgo —precisamente— como podría conseguir ubicarse en un mejor puesto? Quizás desde pequeño ha sido una persona creativa: ¿no es justo un creativo extraordinario a quien necesita para poner un poco de gracia a su trabajo

---

2   Con la expresión "maestro interior" me refiero a la voz de la intuición que todos —absolutamente todos— llevamos dentro. Hablamos de "intuición", entonces, para no limitarnos al concepto fisiológico de "cerebro".

de siempre? Tal vez desde niño fue el rezagado del grupo de amigos y del grupo de primos: ¿no va a aprovechar para —por fin— decir ahora en voz alta cuando algo le disgusta?

Llegará el día en el que se pueda almacenar un poco de la energía que uno siente en un momento y embotellarla para sentirla después. Lo digo porque ahora mismo estoy hundiendo cada tecla con una alegría difícil de describir: ¡¿es consciente de la dimensión que tiene el asunto que estamos tocando?! Ya no se trata de pensar en usted como un eterno niño—aprendiz condenado a vivir bajo la sombra de un maestro invisible (como una suerte de *Gran Hermano*[3]) que sabe todas las cosas.

Por fin ha llegado el momento maravilloso de entender (porque ya vimos cómo funciona el engranaje completo) que todas las herramientas que usted necesita para ser viable en ese trabajo (o, en general, en cualquier escenario de su vida) están dentro de usted y sólo dentro de usted y ¡esto es lo más cierto que su Yo Escéptico haya oído en mucho tiempo!

La clave de todo (claro: *sin acertijo no hay encanto*) está en que, ante cada encrucijada, se asegure de precisar muy bien cuál es el atributo *suyo* que lo va a poder sacar del lío porque lo cierto es que tendrá que salirse solo. El éxito de un proyecto de felicidad de largo alcance está en recordar que nadie va a venir a rescatarnos.

Al tiempo con estas consideraciones le ruego que comprenda que no se trata de irrespetar sus límites. Estos cambios no exigen una sapiencia emocional que con seguridad sentirá que no tiene (todos lo sentimos así). Lo que sí le propongo (y lo hago con mucho entusiasmo, además), es parar de quejarse de

---

3   Gran Hermano (The Big Brother), es un reality show de televisión en el que los participantes conviven encerrados en una casa por tres meses siguiendo las instrucciones de una voz (la del Gran Hermano), quien, además de decir qué deben hacer, resuelve quién se queda y quién se va del estudio.

lo desilusionado que está de la existencia. El de quejarse es un vicio que, cuando se erradica, abre el camino para iniciar la acción más heroica que un hombre o que una mujer haya emprendido nunca: la de hacerse un espacio en una vida que por fin se sienta suya; una vida *propia*.

> El dueño del circo sabe que arrastrar al viejo elefante es más agotador que montar un nuevo espectáculo desde cero — **Tweet vía @SylviaNetwork**

Admitámoslo: en el largo plazo se necesita más fuerza para seguir arrastrando *eso* que no le gusta que para construir algo que sí sea de su agrado. Lo que pasa es que nos da pereza poner el pecho a (soportar) la zozobra de iniciar una revolución personal; de cambiar. Es la incertidumbre lo que nos acobarda; no la falta de fuerza. Si de pujanza se trata, ya mucha demostramos al llevar a cuestas una vida incómoda.

El argumento sólo estará completo al tomar en consideración otro axioma fundamental: "Todo lo que se combate, se refuerza". Bien sea porque se trate de su caso o porque conozca de cerca el de alguien que, por ejemplo, haya estado en un régimen de alimentación, sabemos que en el momento preciso en que comienza la dieta, se dispara la sensación de hambre. La respuesta de todas las personas que han tenido éxito perdiendo peso (de modo saludable) suele ser "En realidad no hice una dieta: cambié mi estilo de vida". Dicho y hecho: la clave está en cambiar de estructura mental porque es cierto y, cada vez más, que "Todo lo que se combate, se refuerza".

La razón neurológica detrás de esto está en que *ignorar no es un proceso inconsciente*. Una vez nuestra atención se enfoca en algo porque nos gusta mucho o porque nos fastidia, omitir que ese *algo* sigue ahí, se convierte en una misión imposible.

No podemos dejar de notarlo; no podemos hacer como si no existiera. Lo único que sí funciona en esos casos es fijar la atención en algo que sea más o por lo menos igual de inspirador.

Continuando con el ejemplo de quienes han disminuido su peso, otra trampa mental en la que evitan caer los que triunfan es la de repetirse "No tengo hambre", básicamente porque sí la tienen. Se siente. Nos *muerde*. En ese caso, un pensamiento mucho más funcional es el de visualizar la fabulosa prenda de diseñador que —por fin— podrá usar, ya que esa imagen es mucho más poderosa (en el sentido de "más *estimulante*") que el hambre que no puede negar que sigue sintiendo.

Es que, de nuevo, se impone la misma lógica: ignorar no es un proceso inconsciente. La estrategia no es tratar de cortar la cinta en la parte de la película que no le gusta. La astucia está en enfocarse en algo que le seduzca más; en un escenario que brille más que ese agujero negro en el que está parado hoy.

De ahí el título de este capítulo: "Si usted necesitara otro trabajo, tendría otro trabajo". Por eso la cita de Vernon Howard que vuelvo a incluir a continuación: "Somos esclavos de todo lo que no logramos entender". Mientras su trabajo siga siendo su gran fastidio o su mayor contrariedad, lo único que va a ocurrir es que esa sensación siga creciendo sin parar.

Por el contrario (y me encanta ser portadora de buenas noticias), si usted se anima a considerar que ese trabajo es justo lo que necesita vivir para poder recordar alguna de sus habilidades originales, el cambio se producirá con naturalidad. Esas "habilidades originales" (ser amoroso, paciente, creativo, persistente, lo que sea) a veces quedan sepultadas bajo alguna conclusión a la que llegó por algo que le pasó ("Quedé como un tarado. No vuelvo a participar en la *lluvia de ideas* de la oficina"). Otras veces se archivan como consecuencia del consejo —de seguro bienintencionado— que le dio alguna persona años atrás (frases del estilo "Nunca confíes en extraños", fueron el fin de nuestra confianza en la intuición, por ejemplo). Son muchas (y muy sutiles) las formas como llegamos a dejar en pausa nuestros talentos naturales.

En suma, la cuestión que importa es que si usted para de odiar su trabajo y hace el ensayo de encontrarle alguna utilidad práctica a esas ocho horas diarias de terapia no—voluntaria, las cosas comenzarán a cambiar. Y no como por arte de magia: las cosas comenzarán a cambiar porque usted va a poder usar sus conexiones sinápticas[4] en algo más elevado que criticar su entorno. Entender el verdadero significado de su trabajo es la operación mental que lo liberará del yugo que venía representando ese mismo trabajo en su vida.

Pero, ¿para qué me esfuerzo en aplicar todo eso si, al fin y al cabo, el trabajo ideal no existe?

¡Que no exista no quiere decir que no se pueda crear! La clave está en comenzar a pensar al derecho o, por lo menos, con un orden. El método de pensamiento que estamos siguiendo funciona igual de bien que el engranaje de un reloj suizo y se resume en tres puntos:

1. *Todo lo que se combate, se refuerza (ignorar no es un proceso inconsciente)*; por lo tanto, *comience por asumir que usted está donde tiene que estar.*

2. Al tiempo es importante recordar que *no se trata de negar la realidad sino de poner su atención en las cosas que sí valen la pena*, dado que *nadie va a venir a salvarlo*. Si esta historia puede tener un héroe, ése es usted.

---

4 Sinapsis es el proceso de comunicación entre las neuronas; es el fenómeno eléctrico que permite que circule la información dentro de nosotros.

3. ¿Hacia dónde vamos con todo esto? Hacia su felicidad, claro, sabiendo que el *trabajo ideal no existe* y que, a la vez, es muy cierto que *el trabajo ideal sí se puede crear.*

Comenzando por el final, y sólo por si se lo está preguntando, no, no estoy a punto de animarlo a renunciar a su empleo para poder tener el trabajo ideal. O por lo menos no lo haga si no es en definitiva indispensable. Es muy posible (pero "muy" es "muy posible") que su vida fluya con más *gracia* cambiando de enfoque antes que de puesto.

A la mayoría de adultos, tarde o temprano, nos embarga la sensación de que hemos llegado a un punto ciego de la existencia en el que nada *parece* funcionar bien (trabajo, salud, vida personal, deudas, hijos, profesión equivocada, todo mal), con lo cual la conclusión que se impone es una sola: "Necesito dar un vuelco total". También hay quienes dicen lo mismo de un modo más coloquial: "Tengo ganas de dejar todo botado y poner un bar en la playa".

Siendo innegable que la idea del bar en la playa (o su equivalente en el destino turístico favorito y en compañía de un ser humano más bronceado, más tonificado y más interesante que el que está a su lado en la actualidad) nos ha rondado la cabeza varias veces en la vida y, estando muy de acuerdo en que el planteamiento no sólo es divertido sino que, además, puede ser completamente válido, me gustaría proponerle un paso adicional antes de dar un salto al vacío. Este puede ser, *nada más y nada menos*, el paso que lo libre del pesar de tener que desencantarse de los aldeanos de la playa (y del amor de verano), quedar en banca rota y regresar apaleado donde su anterior jefe, rogándole que lo contrate de nuevo por cualquier sueldo.

Cuando parece que todo está mal en la vida es muy posible que el problema no es que usted sea un desastre sino que usted está demasiado comprometido con un único aspecto de su existencia (por favor lea este párrafo una vez más; despacio, porque tiene un alto contenido de verdad que no se aprecia a simple vista).

Dado que estamos hablando de cómo construir una felicidad a prueba de oficinas, le propongo usar el trabajo como ejemplo: si su empleo se siente como una carga en extremo fatigosa, de seguro lo es porque esa es el área de su vida en que se está fijando con demasiado rigor o porque cree que es el único de sus roles que hay que tomar con una seriedad radical.

Verá: si se permite hacer el ensayo de ponderar como asuntos igualmente valiosos el manejo de sus finanzas; ser un buen amigo (tener relaciones significativas con otros humanos distintos a sus parientes —y por "significativas" quiero decir "relaciones que incluyan ir a tomar un café de vez en cuando y no sólo hablar por mensajes de texto"); ser un padre activo (no de aquellos que delegan por completo el asunto de la crianza en el colegio); divertirse (sí, divertirse es una *necesidad*, no una *opción*); ser una pareja amorosa; ser un hijo independiente pero presente; gestionar su buena salud, tener excelentes resultados en su trabajo y conservarlo, etc.; si usted hace el ensayo de pensar que todas estas áreas de su vida son, en un mismo nivel, importantes y valiosas, algo muy inesperado (y agradabilísimo) puede pasar.

…Claro, algo agradabilísimo le puede pasar, sólo si es cierto que usted ha *decidido* ser feliz.

Si he logrado persuadirlo con alguna profundidad sobre los beneficios que trae la felicidad (recuerde que en el primer capítulo vimos cómo el cerebro no siempre tiene interés en que usted sea feliz, así que en realidad *hay que* tomar la decisión de serlo), si mi esfuerzo persuasivo ha tenido éxito, usted habrá renunciado ya al letal perfeccionismo.

Si no lo ha hecho, nos urge que lo haga porque, para un perfeccionista, una propuesta como la que le hice unos renglones arriba puede ser devastadora: un cerebro perfeccionista, en lugar de entender "Tómese en serio por igual su rol de hijo, de amigo, de padre, de pareja, etc.", entenderá "Haga lo que toque con tal de ser el hijo perfecto, el padre perfecto, la pareja perfecta, etc." y ese sería el estruendoso fin de nuestro experimento de felicidad.

Si, por el contrario, usted ha interpretado mi propuesta al derecho, a estas alturas de seguro llevará algunos segundos asintiendo con su cabeza porque habrá notado que si comienza a repartir su atención entre ser un *razonablemente buen* padre, *razonablemente buen* amigo, *razonablemente buen* esposo (o esposa), divertirse *razonablemente* y ser un *razonablemente buen* trabajador, su trabajo, de inmediato, dejará de ser una pesadilla del tamaño de una catedral, ya que usted ha adquirido el compromiso personal de ser bueno en muchas otras áreas también primordiales, así que no tendrá tiempo de escarbar y menos aún de rumiar las cosas que detesta de su oficina.

¿Lo nota? Repartiendo su atención en otros aspectos que, a no dudarlo, son muy importantes para cualquier ser humano cuerdo o, en otras palabras, dejando de enfocarse con torpeza en su trabajo (que tan solo es un medio para lograr cosas, no un fin en sí mismo), su vida cambiará con naturalidad.

Me importa mucho (me importa al punto de obsesionarme) resaltar que esta *no* es una modalidad de autoengaño: no le estoy proponiendo que cuando pase algo que le disguste en la oficina, haga como si no estuviera pasando nada, llame por teléfono a su pareja o se vaya al cine para cumplir con las dimensiones "vida de familia" + "descanso".

No se trata de eso. Como sabemos, negar la realidad no será nunca una forma sana (y menos *sostenible*) de tener una vida feliz. Una cosa es proponerle que atienda con seriedad (y con entusiasmo, mejor) las demás áreas de su vida, de modo que no tenga tiempo de *sobre—pensar* los asuntos laborales, y otra cosa muy distinta sería sugerirle una estrategia tan gastada (e infantil) como la de que cada vez que algo le moleste en su trabajo, huya cerrando los ojos e imaginando que está en una playa paradisíaca o en el Jardín del Edén.

Creer que con visualizar cosas bonitas en lugar de trabajar con arrojo para crear un nuevo escenario es lo que va a resolver sus problemas es exactamente a lo que se refieren mis amigos españoles cuando usan un dicho que me encanta: "Esto es pan para hoy y hambre para mañana". Esa no es la idea.

Volvamos a la idea original: a menudo, cuando siente que todo en su vida está mal, lo que ocurre es que está demasiado comprometido con una única área de su vida. El desafío de esta propuesta (que, en general, es el mismo desafío de todas las buenas propuestas) radica en que sólo surtirá su efecto mágico si se lleva a cabo. No basta con entender qué hay que hacer: hay que ponerse en acción.

En otras palabras, la única posibilidad que tenemos de saber si quitando energía de un lado para distribuirla mejor, de un modo más equitativo entre los otros, lo va a hacer más feliz, es probando. Las perspectivas de éxito en este ensayo son altas por dos razones: por una parte, porque incrementando su nivel de compromiso con su desarrollo intelectual y espiritual, así como con la calidad de sus relaciones con otra gente, tendrá como resultado directo que las personas a su alrededor apreciarán más su presencia y usted tendrá, en general, más episodios gratificantes que de costumbre, con lo cual ya habremos ganado mucho.

La segunda razón por la cual anticipo que el resultado será positivo, es por el efecto colateral: si usted toma en serio el tiempo que dedicará a sus demás dimensiones (de momento como un compromiso con usted y conmigo; después por la inercia positiva del hábito adquirido), teniendo en cuenta que el día sigue durando las mismas veinticuatro horas, no tendrá ocasión de dedicar tanto tiempo a cosas que sólo queman su energía.

A título personal me funcionan muy bien los ensayos de una semana, así que a eso es que le animo en este momento: pruebe, por siete días, ser un usted "*razonablemente* bueno" en varias áreas, en lugar de estar "*extraordinariamente* comprometido" con una. Así sabremos qué pasa: si se estresa, explota y se funde (para evitarlo dijimos que la clave es asfixiar cualquier muestra de perfeccionismo) o si, por el contrario, se desengancha de los menesteres que no deberían acaparar toda su atención. En ese caso la aguja de su felicidad debería moverse hacia arriba.

Ventajas de las impresoras láser: *"Velocidad. Calidad. Precio. Escoja dos"* — Las razones para permanecer en un trabajo

Josh Weltman es a la publicidad lo que Neil deGrasse Tyson es a la astrofísica: un genio que desenmaraña conceptos y un revelador de secretos. Weltman, a quien admiro profundamente, (a Neil deGrasse Tyson también; pero en esta ocasión me referiré a la *opera prima* de Weltman), escribió un libro fascinante llamado *Seduciendo extraños*, la biblia sobre los secretos de la publicidad.[5] En el capítulo dedicado a explicar las motivaciones por las cuales un creativo aceptaría un trabajo en su campo,[6] usa un ejemplo que encontré encantador: cuenta que en todos los locales que visitó para imprimir sus trabajos, siempre veía

---

5   Weltman, Josh. *Seducing Strangers*. Workman Publishing, Nueva York, 2015.
6   Weltman, *Op.Cit.*, *"Tres razones para tomar un trabajo. Elija dos"*, p.122

un anuncio que decía *"Velocidad. Calidad. Precio. Escoja dos"*, dejando clarísima la relación entre tiempo, resultado y dinero en el servicio de una imprenta.

Weltman menciona ese letrero para introducir las que, en su criterio, son las tres razones por las que alguien puede llegar a aceptar un trabajo en el mundo publicitario: dinero, oportunidad de lucirse y control sobre el proceso creativo.

Ya que el espectro de este libro es más amplio (en el sentido de que no está dedicado sólo a miembros de una única profesión), diremos que, en términos generales, las razones por las que una persona toma un empleo o acepta un encargo son estas tres: dinero; realización personal; seguridad.

Siguiendo la dinámica del anuncio de las imprentas a las que iba Weltman, ahora que estamos pensando en qué se puede esperar de un trabajo, lo sensato también es que apuntemos a dos de esas tres razones para dedicarnos a él. Elijamos dos, no como quien acepta un premio de consolación resignado a nunca atinar al premio gordo, sino como personas equilibradas que entienden que es muy difícil tenerlo todo. En efecto, lo habitual es que la suma de cualesquiera dos de las tres razones señaladas, excluya la tercera.

Admitámoslo: la primera razón para aceptar un trabajo suele ser lo que pagan. Si la suma es seductora, esa puede ser (sabemos que muchas veces *es*) la única causa que anima a firmar el contrato.

Realizarse profesional y personalmente, de otra parte, es un privilegio que se vive en esas empresas donde además de que cada funcionario disfruta las actividades propias del cargo, resulta que el catálogo de valores corporativos bien podría ser el catálogo de valores profesionales de uno mismo y, por lo tanto, hacer parte de ese equipo es una fuente poderosísima de satisfacción y orgullo.

La seguridad, en tercer lugar (que puse por azar de tercera ya que en realidad no existe un orden de importancia), es la característica de los contratos a término indefinido, que por norma general corresponden a los cargos operativos e intermedios. Es el elemento que va disminuyendo a medida que se asciende en el organigrama de la empresa: a más poder, menos seguridad de permanecer en el cargo. *Seguridad*, por otra parte, es la característica que prácticamente desaparece en el caso de los emprendedores y *freelancers*.

Dinero. Realización personal. Seguridad. Hay que elegir dos porque es muy extraordinario (recuerde que "extraordinario" no es sinónimo de "imposible", pero en realidad sí es muy raro) lograr juntar todas las tres. Lo importante es que usted comprenda su forma de ser, decida qué le interesa más y mueva sus fichas hacia el escenario que le resulte más agradable o más funcional:

> » **Dinero + realización personal:** *"Tengo un trabajo que me encanta y recibo muy buen dinero a cambio pero no tengo muy claro qué va a ser de mí en el largo plazo".* Esto porque quizás tiene un cargo directivo (de esos que en la parte superior del contrato dicen en letras mayúsculas *"Cargo de libre nombramiento y remoción"*); o bien porque es un emprendedor por cuenta propia.

> » **Dinero + seguridad:** *"Tengo un excelente salario y me siento tan estable, tan seguro de permanecer ahí, que aprendí a querer mi trabajo por la sola estabilidad que me brinda y las posibilidades de tomar créditos con plazos de diez, quince, veinte o más años. Con lo que hago aquí, financio mis sueños personales y familiares. Esta es la principal diferencia entre mi vida y la de mis amigos emprendedores".*

» **Realización personal + seguridad:** "*Mi trabajo me hace vibrar. Siento que a través de lo que hago estoy cambiando la vida de muchas personas (incluyendo la mía, porque además tengo horarios flexibles que me permiten estudiar, llegar temprano a casa, etc.). Además mi contrato es de estos a término indefinido, así que me siento muy estable en esta posición. El salario no es muy bueno pero hace mucho decidí que el fin de mi vida no es ser millonario. Mis días son muy tranquilos porque mi nivel de responsabilidad es intermedio/bajo*".

Por otra parte, un emprendedor podría decir frente a este mismo escenario: "*Me siento feliz y orgulloso de haber iniciado mi propio proyecto. Manejo mi tiempo y me encanta lo que hago. Por mi forma de ser no hago apuestas muy grandes invirtiendo en publicidad, plataformas tecnológicas ni empleados de alto perfil. Manejo mi tiempo y me dedico a mi pasión. No gano mucho pero tampoco arriesgo mucho y con eso me basta*".

Esta es la manera más simple, más aterrizada y más honesta en la que conseguí resumir las ofertas de valor que un trabajo puede representar para alguien. El *quid* está en entender que, primero, el concepto de *trabajo ideal* no es el mismo para todo el mundo (porque no a todos nos importa lo mismo ni tenemos las mismas necesidades); segundo, que sí es completamente posible tener un trabajo que reúna dos de esos tres atributos y, tercero, entender que *si usted, ahora mismo, necesitara otro trabajo, tendría otro trabajo*. Antes de que cierre el libro de un golpazo por esta tercera conclusión, concédame el *chance* de desarrollar mi propuesta. Es una propuesta de vida la que quiero hacerle y la verá a continuación.

"Se sacan muelas con dolor y sin dolor" — ¿cómo quiere cambiar su vida?

El número de posibilidades creativas de una persona se dispara cuando logra ser capaz de creer en algo sin estar necesariamente de acuerdo. Esto aplica en el campo que sea: creatividad en el trabajo, creatividad de frente al guardarropas, creatividad al elegir un plato en el menú de un restaurante... Creer que algo puede funcionar sin estar necesariamente de acuerdo con la idea inicial. Hay magia en eso.

Adentrémonos, entonces, en su vida: aun sabiendo que en principio puede sonar contradictorio eso de que *si usted necesitara tener otro trabajo tendría otro trabajo*, le planteo esta forma de pensar porque luego de tantos (tantísimos) casos de personas que han cambiado de forma radical su vida (comenzando por la mía), sólo he encontrado dos formas de hacerlo: con dolor y sin dolor. La *sin dolor* exige que nos comportemos como si creyéramos en algo que de entrada no nos parece cierto.

La forma dolorosa de cambiar de vida consiste en acumular y acumular presión (como las ollas que tienen ese sistema) y esperar hasta explotar para que así, usando la fuerza de la rabia o del hastío, usted pueda por fin deshacerse de lo que no le gusta. Confieso que he acudido a este sistema con un par de novios: en lugar de pasar por la vergüenza de decirles con tono amable que ya no quería estar más a su lado, preferí aguantar en silencio hasta desesperarme, de modo que la rabia hiciera el trabajo de hablar por mí, acabando la relación de un tajo. De esa manera me ahorraba la fatiga de buscar los términos que aconseja la "comunicación asertiva".

La otra forma de cambiar su realidad, que es la que sin lugar a dudas recomiendo (recuerde que estamos explicando de qué sirve creer que "Si usted necesitara otro trabajo tendría otro trabajo"), es la que consiste en hacer como los surfistas: cuando viene la ola ellos, en lugar de esperar rígidos a que el agua los golpee y los revuelque, se suben en ella y hacen piruetas.

En términos prácticos lo que sugiero es dejar de gritar a la vida (gritos mentales incluidos), exigiéndole que sea de otro modo. Note que no se trata de una mera "actitud positiva": estamos hablando del realismo en su más pura expresión. Las cosas *son* como *son*.

Una vez usted se reconcilie con lo que sea que esté ocurriendo (y no antes), podrá usar su energía (intelectual, física, espiritual) en pensar qué puede hacer para cambiar de situación, con la diferencia de que ahora no lo hará al modo de quien necesita *zafarse* de algo sino como quien quiere *mejorar* algo. La operación es neurológicamente rentable por una razón que usted y yo conocemos desde siempre: el cerebro no funciona tan bien por la vía del odio como sí por la vía del amor.

Adelgazar dieciocho kilos de peso que odiaba nunca fue posible usando mi estrategia tradicional: pararme frente al espejo y decirme mentalmente cosas que me lastimaban. Haciendo eso buscaba odiarme tanto como para tener la fuerza que necesitaba para cambiar los hábitos que tenía que cambiar. No funcionó.

Comencé a perder esas 36 libras cuando un amigo de la universidad, por iniciativa suya, se acercó a la banca en la que estaba sentada y me dijo "Oye, ¡qué bonita estás! Y me parece que has bajado de peso, ¿verdad?". Esa vez, en enero de 2008, no ocurrió que inicié una dieta distinta: esa vez empecé la dieta por las razones correctas. Cambié mis hábitos de vida para estar "más linda"; ya no para "ser menos horrible".

El mecanismo funciona de modo idéntico con su trabajo o con cualquier aspecto que quiera cambiar en su vida: no espere hasta odiar algo para mejorarlo, y, si ya lo odia, no insista en odiarlo más, porque la cantidad de energía que malgasta en eso es aterradora. Poniendo todo esto en términos más sencillos, hemos estado hablando aquí de la diferencia que existe entre la "Motivación negativa" y la "Motivación positiva". La segunda lo hará invencible en el largo plazo.

Entiendo todo muy bien pero me sigo sintiendo muy mal

Dentro de mi catálogo de cosas imposibles, en el top cinco está "Ser feliz por la fuerza"; a las malas. Si a pesar de haber comprendido el argumento central y, más que el *argumento*, si ha interiorizado la *dinámica* de cómo funciona el proceso mental que permite construir una vida mejor pero usted sigue desolado por no saber qué hacer con lo que siente (porque sigue guardando sentimientos negativos que por más que ha fumigado no ha logrado erradicar), hay un par de ajustes que todavía podemos hacer.

Un cambio que me rescató en un momento en que la tristeza prácticamente me había deshabilitado fue el de *resignificar* las emociones. Cuando estuve tan triste que casi no podía trabajar (¡y mi trabajo es ser coach de felicidad!), entendí que no podía seguir abusando del café y oyendo música a todo volumen para exorcizar la tristeza sino que tenía que vivir con ella hasta hacerla mi aliada y, luego sí, teniéndola ya de mi lado, acompañarla hasta la puerta de salida… de mi vida.

Para empezar, hay que recordar que *los nudos no se sueltan solos*, así que la primera movida será cambiar lo que *piensa* acerca de lo que *siente*. Examinemos esto: si un ser humano es capaz de sentir *algo*, es porque ese *algo* tiene que tener *alguna* utilidad. Si usted es capaz de ponerse triste; si es capaz de estar de mal genio o de sentir culpa, ¡esos estados tienen que servir para algo!

Mi autor favorito para esos menesteres de saber qué hacer con lo que uno siente en el momento en que lo está viviendo, es el argentino Norberto Levy[7] quien, *grosso modo*, plantea lo siguiente: todas las emociones tienen una polaridad negativa y una polaridad positiva; es decir, todas las emociones tienen una forma en la que tienen la capacidad de destruirnos y, por otro lado, todas las emociones tienen un uso que es capaz de cambiarnos; de ayudarnos a crecer.

Sin necesidad de hacer una radiografía de cada emoción específica (de eso hablaremos en otro tomo porque dentro de este tema aún tenemos muchísima tela por cortar), sea que esté sintiendo rabia, miedo, frustración o ansiedad, lo invito a que tome en consideración estas tres frases, que para mí son como tres *mantras* que me mantienen a flote cuando las cosas se complican:

Mantra #1: *Si el sentimiento es mío, que me sirva de algo*

"En la naturaleza no hay nada ocioso".[8] Todo sirve para algo. Todo. Incluso esa incómoda sensación que se resiste a abandonarlo. Entienda que las emociones no son su punto débil: las emociones son su más poderoso indicador. Son las encargadas de susurrarle qué podría hacer distinto: darse un tiempo; tomar distancia de algo; ir más lento; hablar más fuerte (¡gritar si hace falta!); fortalecerse en algún campo... algo.

De ahora en adelante (de nuevo, es uno de tantos experimentos que me han funcionado de maravilla), cuando sienta algo, en lugar de querer superarlo o, peor, *controlarlo* de inmediato, reflexione unos segundos haciéndose una pregunta muy

---

7   Buenos Aires, 1936. Médico psicoterapeuta.
8   Richard Bentley: Reino Unido, 1662-1742. Filólogo y cronólogo.

sencilla: "*¿Qué tendría que pasar para volver a sentirme bien?*". Procure contestar sólo en términos de cosas que estén bajo su control. Por ejemplo, en lugar de responderse "*Que mi colega se calle*" o "*Que el mundo se acabe*" (lo cual no depende de usted), pruebe con "*Salir un rato de la oficina*".

Mis respuestas favoritas a la pregunta de "*Qué tendría que pasar para volver a sentirme bien*" suelen ser: "*Fijarme en la única razón por la que quizás hoy podría ser un buen día*"; "*Soltar el control* [del microproceso]"; "*Entender que cada quien es como es*"; "*Recordar que aunque me fastidie, el otro tiene derecho a pensar distinto y yo tengo derecho de salir de la discusión*".

Ahora bien, en relación con este primer mantra, "*Si lo siento, que sirva de algo*", es clave que tenga presente el hecho (afortunado) de que usted no es ningún mártir ni mucho menos un santo, así que no tiene por qué soportar cada cosa desagradable que se cruce por su vida.

Soportar es tal vez lo más opuesto a la idea que le estoy exponiendo. Mi invitación de este punto consiste en que ahora, cuando sienta algo, en lugar de enloquecerse buscando estar de nuevo feliz como sea, se dé el espacio de examinar qué es lo que su sentimiento le sugiere (o le *implora*) que haga y, a continuación, decida qué va a hacer. *Decidir* es el antídoto contra la victimización. Recuerde que siempre tendrá el poder de elegir qué uso va a dar a sus emociones. Si hace falta, mande grabar en piedra (en casos extremos, tatúese) esta frase: "*Yo decido. No soy un juguete del destino*".

Y, en ese riguroso orden de ideas, el segundo mantra es:

Mantra #2: *Decido como si todavía estuviera vivo*

Por más acorralado; por más asfixiado; por más desesperado que se encuentre, usted todavía está vivo: ¡decida como si todavía estuviera vivo!

Sabemos que en la mayoría de los casos la decisión no es tan sencilla como decir que quiere estar en otro trabajo y aparecer como por un hechizo en otro lugar; lo sabemos. Pero también sabemos que si hay algo que nadie puede arrebatarle nunca (porque hasta sus conocimientos, en los que de seguro ha invertido años y una fortuna, se pueden olvidar o perder por un golpazo bien dado en la sien); si hay algo que es en verdad inalienable es el derecho a elegir su reacción ante lo que pasa. Esta es la tesis central del libro de Viktor Frankl que citamos anteriormente[9] y que, conforme la realidad arrecia, se vuelve cada vez más valiosa.

Postrarse o ser disciplinado. Resignarse o ser creativo. Victimizarse o fortalecerse. Autocompasión o gloria. Cada quien elige. Lo que importa es elegir como lo haría una persona libre… elegir como lo haría una persona que todavía está viva.

Mantra #3: *Observar antes que afrontar*

Observar es ver en perspectiva; mirar con algo de distancia. Afrontar es zambullirse en lo que hay. Actuar sin observar (al menos mínimamente) qué es lo que *en realidad* está pasando, es lo mismo que saltar al vacío contando con que el suelo lo atajará en algún punto. Actuar sin pensar es botarse todos los días. A cada momento. ¿Imagina pasar una vida completa *así*?

No detenerse siquiera un instante a tratar de describir la escena como lo haría un observador neutral es justo la actitud que corresponde al concepto de "dar bandazos": actuar sin pensar, y un instante después emprender otra acción por completo distinta.

Y dando bandazos no se puede ser feliz (ni se puede mantener cuerdo) porque vivir bamboleándose en un péndulo de un

---

9   *El hombre en busca de sentido.*

extremo a otro es muy desgastante. Por lo tanto, si le es posible (como por lo general *sí* lo es), concédase un compás de espera antes de decidir irse, quedarse, firmar, "cantar las verdades en la cara", quejarse, etc. Mire la escena antes de incorporarse en el reparto.

De otra parte, percátese de algo sutil pero muy interesante: "afrontar" es el verbo que relacionamos más a menudo con el concepto de "madurez" (*una persona madura es aquella que afronta sus circunstancias*, decimos), y por eso es la palabra que he usado para este tercer mantra. Sin embargo, esa asociación entre ser maduro y echarse todas las cargas al hombro no es que me guste del todo.

Hagamos el ensayo de leer los siguientes tres verbos con tono épico: "*afrontar*", "*asumir*", "*enfrentarse*". Demasiado combativo para mi gusto; ¿estamos de acuerdo? Demasiado combativo. Y su trabajo (y, en general, la vida) no es ningún campo de batalla donde tenga que ir enfrentando una nueva amenaza a cada escena. ¡Qué tragedia! La vida, desde un punto de vista más sosegado, bien puede definirse como una sucesión de momentos donde hay cosas que le pasan "a usted" y otras que pasan "a través de usted". Y punto.

De acuerdo con todo esto, la herramienta de supervivencia emocional que quiero transmitirle aquí consiste en tener una comprensión al menos diez por ciento más neutral sobre los hechos *antes* de mover sus fichas o de fijar una postura. Elija muy bien en cuáles problemas vale la pena zambullirse (cuáles ameritan ser afrontados con todo su ser). Seleccione con más escrúpulo qué lidias dar y libérese de la tragedia que es común a tantos adultos que a la edad de cuarenta o cincuenta años se sorprenden hundidos en un pantano de problemas, sin ninguna esperanza de poder ser felices.

Cuando dejamos que el lodazal de líos se nos suba hasta la altura de la nariz, nuestra felicidad se contrae al ruego triste de nadie (por caridad, nadie), nos haga olas. Y a eso no fue a lo que vinimos.

Felicidad sobre rocas

Hay muchas, muchísimas formas de construir una vida profesional feliz, así que no se preocupe por cómo luce o cómo va a lucir su felicidad, ya que lo de menos es el diseño. Lo que en realidad importa son los cimientos.

Armarse una historieta a partir de episodios sueltos de *cositas* externas que lo pongan momentáneamente alegre, es construir su felicidad sobre la arena (como lo hizo el personaje insensato de la famosa parábola al construir la casa que luego destruyó la lluvia).

Autoengañarse diciendo que está bien cuando no lo está; aprovechar cada pausa para hablar mal de su jefe; repetirse en la cabeza que usted es un soldado cuya misión es llegar con vida al 30 de cada mes (que es cuando pagan) para soportar estar ahí; encerrarse en sus audífonos para olvidarse de que los demás existen; ubicar la siguiente presa y hacerle *bullying*,[10] entre otras, son medidas de *rescate emocional* a las que todos hemos acudido alguna vez pero no pueden representar su idea de felicidad.

Hacer eso para ser felices sería tan loco como tomar bebidas energizantes para volvemos superhéroes: sí, ganamos energía por un rato pero cuando el efecto pasa quedamos diez veces más agotados y cada vez necesitaremos una dosis más alta de carburante para lograr el mismo efecto. ¿Qué tal ese negocio? *Nahhh*. Hagamos algo que sirva de verdad.

---

10   *Bullying*: matoneo; burlarse, sabotear, acosar, maltratar a otro.

Su felicidad será fuerte como la casa que ha sido construida sobre las rocas, si usted resuelve que *"Feliz"* será su nueva forma de ser; su condición emocional (*espiritual*) de base. Recuerde que lo que lo hace tan vulnerable en la oficina es que la mayoría de sus alegrías venga de afuera. Lo que le hará tomar el control sobre su vida es un ajuste sencillo pero trascendental (de manera cariñosa le sugiero que enderece su espalda para leer lo que sigue): resuelva qué significa ser *usted* y detone su revolución personal.

Y su revolución personal será la creatividad. Ahí está.

¿Se acuerda del atlas de historia natural? Tuvieron que pasar millones de años en el universo para que usted naciera y de aquí hacia adelante pasarán millones más, así que esto es sólo un juego: el juego de la transformación de la especie donde cada uno de nosotros es un eslabón más. Nadie va a ganar.

Y dado que a la larga no habrá un vencedor, a lo que podemos aspirar es a que el juego sea *divertido*. Para poder pasarla en grande necesita dejar de tomarse a usted mismo tan en serio. A usted y a sus problemas. Usted tenía una vida antes de aceptar ese empleo y la seguirá teniendo cuando se vaya.

Si pudiera alzar la mirada por un momento, notaría que eso que lo aterra es tan solo la sombra ampliada de un duende, que es pícaro, sí, pero que también es pequeño en tamaño. Un trabajo, un jefe, un compañero nefasto no puede tener tanto poder en su vida como para decidir que usted no tiene derecho a ser feliz. Sacúdase de esas creencias y avancemos, que tenemos mucho por hacer. Lo que necesitamos lograr ahora es entender cuáles son los verdaderos bloqueos de su felicidad para enderezar la partida y comenzar a hacer historia jugando un *jogo bonito*.[11]

---

11 "Juego bonito": así es el fútbol que juegan los brasileños; una mezcla creativa de capoeira y samba que pareciera ir al ritmo de un tambor. Y, mientras bailan, anotan goles. Así es como tenemos que empezar a jugar.

SEGUNDA PARTE

LOS OBSTÁCULOS DE LA FELICIDAD

INTRODUCCIÓN

La felicidad es una decisión, no un eslogan publicitario. Es una determinación que, como todas las resoluciones serias, exige que se ajusten muchos aspectos en nuestra forma de pensar para poder actuar distinto.

Por lo tanto, con el contenido de los siguientes capítulos, más que informarse sobre cómo podría eventualmente llegar a ser feliz, usted podrá desarrollar las habilidades necesarias para gestionar su vida de una nueva manera; para remover de su arquitectura emocional los escombros que están bloqueando la posibilidad de que la felicidad fluya plenamente y que, en condiciones normales, debería siempre circular a través suyo.

La propuesta de esta segunda parte del libro es que usted logre embestir, con actitud atrevida, sus mañas emocionales. Quizás habrá métodos más placenteros y más indulgentes para estrenar una nueva forma de ser (como irse de vacaciones a una isla del Caribe), pero lo cierto es que ninguna otra forma de crecimiento personal me ha parecido tan eficaz como cuestionarse con madurez todos los resabios que, a estas alturas de su vida, ya deberían haber sido superados. Por obsoletos.

Nuestra meta grande (la suya y la mía, ahora), es que usted *sea* la felicidad. Ya no vamos a malgastar más tiempo esperándola.

Por otra parte, la cantidad de inconvenientes que enfrentará cuando se disponga a ser feliz puede ser enorme o pequeñísima. Todo depende de lo resuelto que esté a entender (y, sobre todo, a aceptar) las reglas de juego del socio que la madre naturaleza le ha impuesto desde el principio y hasta el final de sus días: el cerebro.

Que ése sea el socio de toda su vida y no el gerente del banco con el que tiene la hipoteca y las tarjetas de crédito es, a no dudarlo, una buena noticia; significa que el desafío tiene menos variables que considerar. De lo que se trata ahora es de entender (en términos generales, claro), tres cosas: qué es, qué *no* es y para qué sirve ese órgano. Teniendo claras esas respuestas conseguiremos —¡por fin!— ponerlo a trabajar para usted y ya no en su contra.

> Quien no conoce su cerebro está condenado a obedecerlo — **Tweet vía @SylviaNetwork**

Dado que "Todos estamos atrapados dentro de nuestro cerebro"[1], nos encontramos ante un asunto definitivo: es desde allá que emite su señal esa vocecita interna que va narrando minuto a minuto las escenas que vivimos a diario. Es ahí donde nacen nuestras decisiones; eso explica la seriedad de la cuestión.

Entremos en materia: el cerebro es una masa de tejido nervioso que, *grosso modo*, se encarga de que podamos *razonar* (aprender, comunicar, decidir cosas); *sentir* (experimentar co-

---

[1]   Andrew Newberg, investigador de la Universidad de Pensilvania y autor del libro *Por qué creemos lo que creemos*.

sas) y, al tiempo, es quien coordina nuestras funciones vitales (la respiración, el crecimiento de las uñas, el movimiento de los ojos, etc.).

Usted, por consiguiente, no *es* su cerebro. Su cerebro es un órgano más. Usted no es lo que esa masa de tejido nervioso ubicada en medio de sus dos orejas dice que usted es. No. El cerebro está ahí para ayudarlo... o para consumirlo con ideas destructivas. Esto último es lo que ocurrirá si continúa dejándolo funcionar a su antojo; sin reglas.

En el campo de la investigación neurológica hay dos personas que han llamado con fuerza mi atención por su forma de abordar el estudio del socio que está dentro de nosotros. Se trata del doctor Rodolfo Llinás[2] y de Eduardo Punset[3]. Cada uno, desde su profesión (el doctor Llinás desde la medicina y E. Punset desde el periodismo científico), se ha encargado de explicar con una sencillez prodigiosa cómo opera el cerebro, cuál es su función y cómo está programado. En una ocasión feliz para nosotros, los que no somos científicos, ellos conversaron acerca de esto[4].

Durante el transcurso de la charla Punset, a partir de la exposición del doctor Llinás, señaló que en la naturaleza "sólo tienen cerebro los que necesitan realmente tener cerebro". Y agregó que sólo necesitan tenerlo quienes se ven en la necesidad tomar decisiones deliberadas (voluntarias) de desplazamiento. El cerebro, entonces, nos sirve para saber quiénes somos y hacia dónde debemos dirigirnos. La finalidad del órgano es garantizar nuestra supervivencia.

---

2   Rodolfo Llinás Riascos, Bogotá, 1932. Médico neurofisiólogo, una de las figuras más destacadas e influyentes de la neurociencia a nivel mundial.
3   Eduardo Punset Casals, Barcelona, 1936. Divulgador científico. Anfitrión del programa televisivo de divulgación "Redes".
4   Punset y Llinás: capítulo No.233, "Redes" - "Programados como robots". Emisión publicada el 6 de septiembre de 2012. Disponible en internet.

Dicho de otra forma, en la naturaleza tienen cerebro todos aquellos que necesitan poder decidir conscientemente entre hacer algo y no hacerlo. Es para eso que lo tenemos; no para que nos atormente.

En ese orden de ideas, con el fin de evitar que el cerebro haga de las suyas y que nos tome como rehenes, también es valioso saber que su proceso para llegar a conclusiones y decidir cosas se basa en las creencias que va acumulando a lo largo de la historia de su propietario. Aquél (el cerebro), zanja las discusiones internas a partir de su sistema particular de creencias y no a partir de datos objetivos (como quien está convencido de que alguien es mejor sólo porque hace parte de su mismo partido político o por haber estudiado en su misma universidad, por ejemplo).

Bien sea porque recibió una lección[5] (a través de alguien o por su propia cuenta) o porque la vida se ha encargado de dársela,[6] los sucesos que hemos vivido quedan guardados en el cerebro en forma de "datos" y así es como nacen las creencias. El cerebro siempre presume la veracidad de la información que ha ido acumulando; para él nada de lo que tiene adentro es una mera *versión* en medio de otras versiones que también pueden ser válidas.

De acuerdo con lo expuesto, las creencias nos importan mucho porque son la materia prima a partir de la cual el cerebro toma decisiones.

Por lo tanto, es en las creencias donde hay que poner el reflector, la lupa y, en general, desplegar todo el sistema de alarmas. Cuando el cerebro se convence de algo, incluso si es algo equivocado, quitarle esa convicción o —peor— querer persua-

---

5   Esto es lo que se conoce como "Aprender por capacitación": leer de un libro, oír al profesor, etc.
6   "Aprender por medio de la experiencia".

dirlo de una nueva idea, es una verdadera hazaña: querer que cambie de parecer frente a algo de lo que ya está seguro es tan complicado como pedir a un niño que mastique su golosina favorita pero que no se la pase (que no la trague). Complicado.

La dificultad de todo se explica en el hecho de que el cerebro experimenta un gran placer creyendo en *sus* ideas y tomando decisiones a partir de esas ideas que ya ha dado por ciertas.

Cuando el cerebro está convencido de algo, no lo cuestiona más. La creencia (que puede ser totalmente gratuita, como la de alguien que está por completo seguro de que "a caballo regalado no se le mira el colmillo" porque siempre oyó a los adultos de su casa decir eso), esa idea, si ha calado hondo, deja de ser un mero "refrán" y adquiere el estatus de "información" (o sea que el refrán se vuelve tan incuestionable como la operación matemática 2+2 = 4).

El peligro de todo esto radica en que el cerebro cree (refiriéndonos al mismo ejemplo) que si se aferra a la creencia de que "a caballo regalado no se le mira el colmillo", asegura su supervivencia. Terrible: vamos a ir por la vida aceptando cualquier basura sólo porque es gratuita, poniendo en práctica lo que afirma este dicho. ¿Lo nota? A menudo lo que llevamos dentro de la cabeza es una verdadera bomba de tiempo. Quién sabe cuántos de esos cuentos tenemos guardados.

Continuemos: el placer que siente el cerebro al insistir en una creencia y dejarse llevar por ella es tanto (en verdad tanto), que en medio del embeleso de parecerle que está en lo cierto, pierde la capacidad de "notar la diferencia entre una buena decisión y una mala decisión"[7]. Cuando está muy convencido

---

7   Estudio de los doctores Sam Harris, Sameer A. Sheth y Mark S. Cohen. *Functional neuroimaging of belief, disbelief and uncertainty*. Admitido para publicación el 12 de octubre de 2007. Publicado el 10 de octubre de 2007 en la revista de la American Neurological Association por Wiley-Liss Inc. Disponible en internet en www.interscience.wiley.com. DOI: 10.1002/ana.21301, p. 145

de algo, deja de ser capaz de distinguir. Considera que todo es correcto y que todo en ese momento se desenvuelve a partir de una lógica impecable.

¿Le parece exagerado esto de que cuando uno está muy convencido del argumento central pierde la capacidad de distinguir entre un acierto y un error? Piense en cualquiera de las locuras que hizo en nombre del amor. De un amor que acabó un tiempo después. *Ah*, es cierto: esa hipnosis, ese trance placentero en el que entramos cuando sumamos una creencia con otra y con otra y con otra y nos vamos entregando y continuamos decidiendo a partir de esa sarta de ideas, creyendo que tenemos razón, nos anula el juicio. Es el peligro de querer que algo sea cierto a toda costa. Y ese placer (comparable con el de la sal, las grasas, el azúcar o el de un narcótico) nos impide entender en dónde fue que dejamos de razonar bien.

Esta introducción sobre el cerebro y su funcionamiento es indispensable para aprovechar en toda su extensión el listado de obstáculos de la felicidad que voy a revelarle ahora. Como le decía hace unas líneas, la lista de trabas a su felicidad puede ser más extensa o más corta dependiendo de qué tan bien educado se encuentre en este momento su cerebro (y por "bien educado" quiero decir "Dependiendo de cuáles normas rigen ahora mismo su cerebro").

Dicho esto; entendiendo, pues, en términos generales, qué es lo que pasa al interior de la cabeza humana a la hora de razonar y de reaccionar de una u otra forma, pasemos a dar un vistazo al catálogo de los principales archienemigos de su felicidad porque es posible que se esté quedando enredado en líos que al nacer son pequeños pero que, poco a poco, van agrandándose.

CAPÍTULO 6
OBSTÁCULOS INTERNOS

> "No hay cuña que más apriete que la del mismo palo"
> —**Tweet vía @SylviaNetwork**

Obstáculo No. 1: Creer que siendo pesimista se expone menos

Pesimismo (del latín, "*pessimum*": lo peor).

Si existe una forma certera de autosabotaje, esa es el pesimismo. Es declararse vencido sin haber intentado algo y es, por lo tanto, una forma muy eficaz de influir en el futuro: haciendo que los sueños nazcan muertos.

La mejor incubadora del pesimismo es el miedo. Ahí comienza el monólogo desesperado de aquel que no puede confiar en su buena suerte. El pesimismo, por ende, no es una forma de ser sino una actitud; una *disposición* a pensar, a presentir, a proyectar lo peor.

Creo que nunca insistiré lo suficiente en que esta no es una característica genética imposible de cambiar, pues no es lo mismo ser pesimista que tener la sangre tipo O+ y, esa, es una buena noticia: usted tiene la opción de decidir si va a ser pesimista o no, así lo haya sido cada día durante los últimos veinte años de su vida. Nadie está condenado a ser siempre de una sola manera.

Para superar este obstáculo que nos impide alcanzar la felicidad (porque urge superarlo; si vamos a amargarnos la existencia, que sea por cosas más interesantes que malestares inventados por el cerebro), para abandonar ese resabio, es esencial dejar de ver la oficina como la consagración de todas las cosas malas que pueden ocurrirle en una misma vida. Si bien es cierto —como ya lo hemos mencionado— hay muchas, muchísimas cosas de su entorno que usted no puede (y que, aunque pudiera, no tendría el derecho de) definir, lo único que nadie podrá decidir por usted es qué va a decirse acerca de su entorno. Dejar de intoxicarse con pensamientos envenenados es de lo más inteligente que puede hacer: no tanto porque su jefe o sus compañeros merezcan sus sentimientos positivos sino porque usted sí los merece.

Y teniendo en cuenta el hecho —cierto— de que el pesimismo se origina en sus miedos (o sea que nace en sus pensamientos, ya que los miedos no son entidades materiales que caminan, se alimentan, respiran y van al baño, no; son sólo ideas), y tomando en consideración que todo el problema está en la cabeza, hay dos comandos mentales que debe desactivar a la mayor brevedad posible: (i) el de creer que las cosas van a ser siempre del mismo modo y (ii) el de creer que ser pesimista lo pone a salvo de algo.

Sugestionarse anticipando lo peor para protegerse del catálogo de cosas malas que podrían ocurrirle, no debería seguir siendo su chaleco salvavidas emocional.

Supongamos que en su trabajo han encontrado razones para despedirlo. Eso sucederá sin que importe si usted tiene pensamientos positivos o negativos. Si ya quieren despedirlo, da lo mismo que albergue sentimientos *lindos* o *feos*. Lo único que sí cambia es la experiencia que usted (y sólo usted) está teniendo por dentro: rumiar ideas de resentimiento y contrariedad únicamente logrará avinagrar las horas que le queden de vigencia del contrato. Por consiguiente, uno de sus nuevos mantras[1] puede ser "si dejo de estar asustado, no me expongo más" ("si disfruto lo que hay ahora mismo, no me expongo a un riesgo mayor"; como se le acomode mejor).

Persistir en la actitud negativa no ahorra ninguna pena y sí perjudica su sentido de la vista: lo obliga a mirar hacia un punto fijo, viendo la vida como por entre un túnel con un único desenlace posible (el trágico, por supuesto). La negatividad le impide mirar hacia los lados y disfrutar de las demás cosas buenas que, junto con sus tragedias cotidianas, también le están pasando ahora mismo, como los días de sol; como las personas que lo aprecian; como la comida que está en su mesa o como el sinfín de buenas posibilidades que ni siquiera se había animado a tomar en consideración. Anticipar siempre lo peor, es quedarse enredado en la cerca: ni goza ni cambia de realidad; sólo la pasa mal.

Neutralizar al pesimista

El pesimista se paraliza con la idea de no serlo. Eso sería relajarse demasiado (al punto de sentirse como un holgazán — "¿Trabajar sin estrés? ¡Eso no es trabajo!"). Augurar lo peor, por el

---

1   "Mantra" es una palabra en sánscrito usada en el hinduismo y en el budismo que traduce literalmente "Pensamiento". El Diccionario de la Real Academia de la Lengua define los mantras como: "(...) Palabras o frases sagradas, generalmente en sánscrito, que se recitan durante el culto para invocar a la divinidad o como apoyo de la meditación". En otras palabras, un mantra es una frase que uno repite mucho, mucho.

contrario, es una forma de mostrarse como alguien profesional y experimentado (que conoce todos los riesgos a los que se enfrenta) y permite, asimismo, complacerse en una falsa sensación de control de la situación.

Si instaláramos una cámara oculta en la oficina de uno de estos personajes, encontraríamos que un rasgo muy tradicional en su comportamiento es el hábito de divulgar teorías e historias (que conoció, que leyó o que simplemente inventó) con las que no sólo reafirma su punto de vista negativo (tragedias que justifican su acidez), sino que, además, le imponen la imperativa necesidad de seguir siendo así por lo que le reste de vida.

Así las cosas, hay que detectar y neutralizar al dueño de la nube negra que se posa siempre sobre el equipo de trabajo porque no solo quita tiempo a los demás, sino, sobre todo, porque tarde o temprano acabará contagiándolos. ¿Imagina la locura que sería tener a toda una empresa vibrando en baja frecuencia sin necesidad?

Una forma muy sencilla de desactivarlo consiste en desmentir las *generalizaciones*, que son su recurso narrativo favorito. Mezclando peras y manzanas en un mismo canasto, el pesimista logra añadir drama adicional a los relatos, al tiempo que puede incorporar sus conclusiones personales como si fueran parte de un argumento objetivo; demostrado. Cada vez que él diga "todos", "siempre", "ninguno", "nunca", "absolutamente", "jamás", "imposible", etc., usted preste atención porque es hora de actuar ("En esta oficina nunca tendremos oportunidad de progresar"; "para qué pido un aumento si jamás me lo van a dar"; "es imposible que una persona tan fantástica diga que sí", en fin).

Hay dos maneras de neutralizar al pesimista: usando la misma expresión para formular una pregunta que desacredite la queja: "¿De verdad 'nunca' nos han pagado el sueldo a tiempo en esta empresa?". La otra forma consiste en referirse directamente a un ejemplo que desmienta lo que está diciendo: "Puede que tú lo sientas así (concédale algo de razón para tranquilizarlo) pero lo cierto es que a mí y a Fulanito nos han pagado a tiempo siempre. Es más: (…)".

Dado que el pesimista suele ser un mar de creatividad, de seguro tendrá formas más ocurrentes que las generalizaciones para insertar su acidez en la escena. Este método de respuesta es sólo *una* manera de ilustrar lo que se puede hacer para desalentar su arremetida a partir del mismo lenguaje. La clave es mantenerse alerta sin llenarse de prejuicios porque los pesimistas —que somos todos en algún momento—, también tienen días amables. Como cualquiera.

Si usted es el pesimista

Aún a riesgo de perder transitoriamente su cariño (peligro que asumo con serenidad porque sé que con las reflexiones que siguen lo iré recuperando), una vez más me encargaré de hacer el trabajo sucio que nadie quiere hacer: describiré, con toda la objetividad de la que soy capaz, cuál es el problema de ser uno mismo el epicentro de las malas vibraciones.

En primer lugar, trabajar (o, en general, vivir) junto a un pesimista es tan duro como encontrarse en un espacio cerrado con una persona a quien uno quiere mucho pero que tiene muy —*muy*— mal aliento. A pesar de existir un sentimiento positivo por la persona, lo cierto es que quienes lo rodean preferirían que jamás abriera la boca (las *fauces*, en ese caso) porque, cada vez que lo hace, asfixia con lo que sale de sí.

Aquello de que la gente puede sentir amor hacia los gruñones, a pesar de las dificultades de la convivencia con ellos, es cierto. El hecho de conocer tantas empresas por dentro me ha permitido detectar una cosa muy interesante: por más indeseable que sea; por más rechazado que un miembro del equipo crea que lo tienen, en realidad sus compañeros suelen tenerle un grado considerable de afecto. Tal vez se deba al poder de la convivencia.

Lo difícil de estar al lado de un pesimista comienza en su lenguaje corporal. Teniendo en cuenta que, en condiciones normales[2], "la acción sigue al pensamiento", a fuerza de repasar y generar pensamientos negativos, con el paso del tiempo, en la cara del pesimista comienza a dibujarse, sin remedio, una mueca dura de desaprobación que los demás mamíferos circundantes no pueden pasar por alto (como tampoco podemos evitar darnos cuenta cuando alguien llora o cuando alguien sonríe). Y eso ya complica las cosas.

En segundo lugar, más que por los gestos, es por la actitud del pesimista que las personas que están a su alrededor manifiestan tanto agobio. Ocurre que por lo general, quien vive aguardando lo peor suele hacer muy pocas propuestas y en cambio reacciona a cada cosa; está a la defensiva; sueña y planea en pequeño; entrega diseños monocromáticos, argumentos predecibles e hirientes, en fin.

La solución

Para comenzar a salirnos del problema, considere que una dosis de optimismo razonable le haría mucho bien. El costo —en términos de felicidad— de la mentalidad negativa es demasiado alto: desgastarse buscando pruebas que demuestren que los demás sí lo quieren lastimar o por qué las cosas van a salir mal; no poder disfrutar nunca de un halago porque su cabeza los toma siempre como burlas encubiertas; imposibilidad de desarrollar

---

2   Exceptuando el caso de los movimientos involuntarios, como ese que hacemos cuando en un examen neurológico, el médico nos da un golpe suave en la rodilla y la pierna responde a un reflejo. O como la cara que ponemos al estornudar.

relaciones significativas con otras personas; desconfiar de todo el mundo y, por lo tanto, avanzar a pasos demasiado cortos tanto en su profesión como en su vida. ¿No le parece que eso que *ya mismo* le ocurre es mucho peor que lo que *eventualmente* le podría suceder?

Como pasa a menudo con los asuntos de los humanos, aquí tampoco basta con entender qué es lo que pasa y qué tan ruinoso le está resultado ser pesimista para que pueda gestarse un cambio serio de inmediato: hay que atacar el mal de raíz. Y un buen exorcista sabe que hay que llamar al enemigo por su nombre para poder despacharlo. En este caso, el gerente general del miedo en su vida es una entidad mutante que se llama "Ego" y todo el problema con el ego radica en su animadversión por cualquier cosa que pueda salirse de su libreto. Le angustia hacer el ridículo y todo lo novedoso le parece una amenaza que podría ubicarlo en la banca de los imbéciles.

La solución que voy a proponerle puede parecer algo *rosa* (algo ligera y sentimental) pero no por eso es menos eficaz ni menos formal. Para hacer el ensayo necesito que haga el experimento conmigo ya, en su cabeza. Piense, por favor, en el plan o la circunstancia que más despierta su pesimismo ahora. A continuación ponga esa idea en pausa y ubique las tres, las cinco, cosas más importantes, relacionadas con ese mismo aspecto de su vida, frente a las cuales se siente agradecido ya.

(Para asegurarme de que vamos siguiendo la misma dinámica, le plantearé un ejemplo: supongamos que pensar en su jefe dispara su negativismo hacia el futuro. En ese caso, piense en las tres cosas por las cuales alcanza a sentirse agradecido en su entorno laboral actual).

Las veces que he aplicado esta prueba en mi oficina, ha funcionado maravillosamente: en una conferencia TEDx —que me resultó muy impactante— oí a Robert Grant decir "Encuentro imposible estar asustado y agradecido a la misma vez"[3] y desde ese momento el hábito de la gratitud pasó de ser un ejercicio básico de autoayuda a convertirse en un mecanismo de profilaxis emocional. Como sirvió conmigo, lo propuse en mi consulta y los resultados fueron tan o más interesantes: muchos comenzamos a sacar ventaja de la encantadora incompatibilidad entre la gratitud y el miedo. Estupendo. Lo lamento si quería un consejo más descrestador: ser feliz puede ser tan sencillo como eso.

Si en todo caso tiene pensado insistir en ser pesimista, pero tiene interés en conservar su contrato de trabajo, el ajuste que le sugiero consiste en hacer que su sistema para tomar decisiones gire en torno a las cosas adecuadas: de ahora en adelante, en lugar de decidir a partir de lo que *quiere evitar*, decida visualizando qué es lo que *quiere conseguir o qué es lo que quiere que pase*.

Dicho de un modo más explícito: en lo subsiguiente, en lugar de optar por el camino que más salvaguarde su ego, váyase por la ruta que más lo acerque hacia su meta; deje de buscar la vía que más líos le evite. De nuevo es más sencillo con un ejemplo: digamos que usted es líder de un equipo de trabajo y necesita que sus funcionarios envíen una serie de comunicaciones a una lista de nuevos potenciales clientes.

Explique qué es lo que quiere que hagan y, en términos generales, cuáles son las principales cosas que deben evitar pero asegúrese de invertir la mayor parte de su energía en transmitirles por qué se trata de una actividad importante; qué es lo que busca la compañía con esa nueva red de contactos y cuáles son las fuentes específicas desde las cuales ellos podrán surtirse de información. Incline la balanza energética hacia el objetivo, no hacia el desastre. Eso es todo.

---

3   "Beautiful minds are free from fear" ("Las mentes hermosas están libres de miedo", traducción libre). Robert E. Grant en TEDxOrangeCoast. Publicado en el canal oficial de TED Talks para YouTube el 16 de octubre de 2013.

Puntadas finales

Si ser pesimista es peligroso, ser un optimista salido de control lo es aún más. Y, aun más peligroso, tener una actitud positiva sin mesura levantará toda clase de sospechas sobre su idoneidad profesional y sobre su estabilidad psiquiátrica. La intención, por lo tanto, es mantenerse en la mitad; en la *dorada mitad*. Ese atributo de estar en el punto medio entre un extremo y otro se llama "ser realista".

Realista para poder advertir los riesgos naturales de las cosas sin llegar a negarse el placer de correr con una aventura de vez en cuando; para ser precavido sin exigirse más coherencia de la que es indispensable. Tenga en cuenta que, a veces, *hacerse el loco* es un acto en legítima defensa de su sanidad mental.

Recuerde también que la vida es convulsionada, paradójica y nunca lineal. De ahí que ser un optimista a ultranza sea tan desaconsejable. No necesitamos ni queremos un mundo cundido de personas con lentes de color rosa, empeñadas en ver el vaso siempre medio lleno: terminaríamos hastiados o muertos en accidentes fácilmente previsibles que la cabeza de una persona *ultrafeliz* no alcanzaría siquiera a imaginar.

Si algo puede haber en verdad innovador en la vida de un ser humano es ganar independencia porque, cuando no se cuenta con ella, los miedos nos obligan a actuar una y otra vez del mismo modo rancio que conocemos. A la vez sabemos que el principal riesgo de la innovación a nivel personal es perder el estilo, el encanto, caer en la fosa del mal gusto.

El horror del pesimista rehabilitado sería convertirse en un ser complaciente de sonrisa fácil que ya nadie toma en serio. Pero eso no tiene por qué ocurrirle si se relaja un poco. Basta con que afloje la mandíbula y los puños: suelte esa actitud negativa que le hace vivir esperando la detonación. No olvide que al final de la película de nuestra vida (de la de todos), con o sin su estrés, acabaremos horizontales en algún parque cementerio. No tiene caso tomarse el futuro tan —pero *tan*— en serio.

Obstáculo No. 2:
El síndrome de nunca tener tiempo

Firmar un contrato de trabajo no significa adquirir una doble ciudadanía: la de esclavo de lunes a viernes y la de liberto en sábado y domingo. En la cabeza de una persona que ha decidido ser feliz, por el contrario, la firma del contrato marca el inicio de un nuevo desafío y es el pasaporte que lo pone en la circunstancia —en la *posibilidad*— de que le ocurran cosas tan deseables como realizarse, por ejemplo. Cosas de esas que rara vez ocurren cuando nos quedamos sentados en el sillón.

Tener un trabajo hace parte de lo que significa ser adulto y tener una vida. No es la muerte ni es una fuga de energía. Esas ocho horas que pasa haciendo lo suyo ya *son* La Vida. Por lo tanto, y razonando con la misma lógica de que "Para ganarse la lotería hay que comenzar por comprar el billete", es básico entender que lejos de estar malgastando sus años, al estar enrolado en una actividad profesional se encuentra justo en el vehículo que lo llevará a metas tan gratificantes como sentir que usted puede financiar sus proyectos. Mejor dicho: tener ese trabajo es equivalente a comprar el billete de la lotería que le dará la chance de lograr sus metas.

De otra parte, invertir las horas en un trabajo —incluso si de momento tiene la incómoda sensación de estar en el lugar equivocado—, trae como rédito adicional el ahorro de sesiones de diván porque sólo por el hecho de ir una y otra vez a ese mismo sitio, usted notará de manera espontánea (si es su caso) que su vocación está en otra parte.

Todo este discurso busca desembocar en una reflexión pre-liminar clave: cada uno de nosotros debe asumir el hecho de trabajar (sea de empleado o a título independiente) como una dimensión más; como algo que es *normal*; no como el fin de las horas felices ni como una condición que le impide hacer otras cosas.

Esta reflexión se explica en algo que experimentamos en carne propia: un obstáculo grande para la felicidad del ser hu-mano moderno es la sensación de nunca tener suficiente tiem-po. Y ese estado mental nos induce una esquizofrenia muy aburridora. Hoy vivimos dando bandazos entre estar siempre de afán y tener la compulsión posmoderna de hacer más y más en la misma cantidad de tiempo. Ultraoptimistas que atiborran de "pendientes" la lista de cosas por hacer. Quién nos entiende.

¿A qué horas nos pasó que lo único que no tenemos es tiempo? — **Tweet vía @SylviaNetwork**

Rasguñando el extremo de lo paradójico, para tener más tiempo hay que comenzar por cambiar de obsesiones. La de ser *hiperproductivos*, por ejemplo; ésa debe quedar atrás. Hay que destronar al ídolo de la eficiencia porque, a decir verdad, lo úni-co multifuncional en nuestro cuerpo es el sistema que coordina la logística de las funciones vitales: respirar, procesar la comida, hacer que crezca el pelo y que filtremos la sangre, entre otras cosas de esa naturaleza. Todo esto podemos hacerlo al tiempo y *sin* pensar. Pero nuestro cerebro *consciente* no tiene esa posibi-lidad: sólo puede hacer bien una[4] sola cosa a la vez.

Dado el *boom* actual de emprendedores exitosos que cuen-tan en entrevistas y en conferencias de YouTube sus historias

---

4   Una; en singular. U-na.

de esfuerzos titánicos y de trabajo sin pausa hecho por años a media luz en un garaje alquilado, se ha venido infiltrando —al punto de hacerse viral— la creencia de que para ser exitoso hay que reventarse, romperse el lomo, y, siendo sinceros, difícilmente podría pensar en algo más alejado de la vida feliz que eso. No estoy diciendo que el sacrificio sea vano ni que no sea lucrativo porque *lucrativo* es lo único que sí es. Estoy diciendo que *no* es *razonable* ni llevadero en el largo plazo. Pruebe buscar en internet la definición de "*Karoshi*" y terminará de convencerse de que llenar el minuto-a-minuto de su vida con actividades no es algo digno de anhelar ni es un hábito que pueda sostener por mucho tiempo.

No negaremos, por lo tanto, el mérito (y los réditos) que acompañan al trabajo duro. Pero si en su caso usted depende de un trabajo; si necesita generar sus propios ingresos para vivir (o sea, si usted *no* es heredero, hacendado, pensionado —por el sistema de seguridad social o por alguien adinerado que quiso hacerse cargo de sus gastos), le propongo visualizarse por un momento como si fuera un taxi. Sí, como el vehículo que va de un lado a otro haciendo dinero.

Por más que usted sea un taxi de gama alta y cuente con una gran maquinaria, lo cierto es que si no desconecta el sistema de tanto en tanto; si no le hace mantenimiento preventivo y si no atiende rápido las alarmas que se encienden en el panel frontal, el taxi se va a fundir y no va a andar más. En este orden de ideas, liberar algo de tiempo, antes que ser una modalidad emergente de lo que consideramos como "lujo" en esta época; más que ser un *privilegio* es, en definitiva, una necesidad.

Así las cosas, para tener más tiempo, necesitamos convertir ese factor en nuestro aliado; ya no en el enemigo. ¿Se ha fijado en cómo habla usted de él y cómo se siente ante la idea de cumplir años? ¿Siente que el tiempo es la variable que le sabotea todos los planes porque nunca le alcanza?

Pasaré a sugerirle un experimento en este sentido. Al principio, como ocurre con todas las novedades, puede que se sienta algo extraño. Le advierto que una vez más dependemos de su buena voluntad, ya que hay que abordar este asunto de la misma forma como comenzaría cualquier amistad sincera: pensando y sintiendo cosas positivas frente al reloj y al calendario. Vamos a la acción: en términos prácticos, en adelante, cuando abra los ojos en la mañana, pruebe "sentir como si", "pensar como si" las horas que tiene por delante fueran suficientes. En todo caso van a seguir siendo las clásicas veinticuatro que tienen tanto el mendigo como el presidente del banco. Qué más da pensar en positivo su día.

Por otra parte, casi podría ubicar este ajuste mental en la categoría de *forzoso* por lo siguiente: aunque no tengo una explicación científica que lo respalde, lo cierto es que todas, absolutamente todas las personas exitosas y prósperas (en varios sentidos, además del dinero) que conozco, bien sea porque son mis amigos, porque han sido mis *coachees* o porque he estudiado sus biografías en los libros, insisto, *todas* esas personas, ven en el tiempo su mayor capital y siempre sienten tener bastante. Digamos que es una forma subsidiaria de experimentar la abundancia (con la que tanto soñamos). Tal vez se haya percatado de que, por regla general, las personas más felices se quejan de cualquier otra cosa menos de no tener tiempo; así que ni usted ni yo deberíamos seguir haciéndolo.

Y ya que, por varias razones, tengo la sensación (y la alegría) de ser una *antigurú* del desarrollo personal, me siento en el deber de llamar la atención sobre otro elemento de tortura que ha pasado inadvertido por mucho tiempo y que tal vez debamos dejar atrás. Se trata de la sobreestimada "lista de cosas por hacer".

Esos listados de cosas que deberíamos pero que seguimos sin tramitar, son en extremo desaconsejables si (i) diciéndonos la verdad, en lo que lleva de vida nunca ha evacuado por completo una de esas listas (porque quiere decir que no le están funcionando como recordatorio sino como estresor) y (ii) si, en caso de que le preguntara ahora mismo cuántas prioridades tiene en su vida, su respuesta fuera "quince".

Ese número (o cualquier cifra cercana) sería una señal muy sintomática de que su fuerte no es la administración. Tener quince, dieciocho, veinte prioridades, es igual que tener ninguna. En ese caso no haga una lista porque más que ser un recordatorio de "cosas para hacer", será una "enumeración de asuntos urgentes" y nada bloquea tanto su cerebro como sentir que tiene quince incendios por apagar al mismo tiempo. En pocas palabras, nadie necesita llenar la agenda con frustraciones. La agenda no es para eso, ¿estamos de acuerdo?

Ahora bien, descartar esa herramienta no significa abandonarse a su suerte (mala noticia para el Autosaboteador de Metas, que quiere estar siempre cómodo). No habrá lista pero sí habrá, como siempre, un par de cosas que puede probar.

La primera consiste en que por la mañana, antes de encender el computador (no antes de abrir el correo electrónico: antes de siquiera prender el ordenador), va a preguntarse, con un límite de tres en la respuesta, "¿Cuáles son las cosas que *necesito* que pasen hoy?" *Voilà*: ahí tiene sus prioridades. A continuación, tanto en la cabeza como en el computador, limite con sumo escrúpulo la cantidad de "ventanas" que va a abrir; la cantidad de temas que va a abordar; la cantidad de asuntos que va a evacuar. Es más: nuestra nueva consigna será (con la misma lógica del famoso "Sólo por hoy"), "Una sola cosa a la vez". "Sólo por hoy hago una cosa a la vez".

Tengo el apremio de anticiparle que en cuanto ponga en marcha este plan, su cerebro protestará: "*¿Y crees que jugando a hacer de a una cosita a la vez nos va a rendir más? ¡Este no es El País de las Maravillas, cariño!*". Haga el esfuerzo de poner en pausa a su cerebro y concédame esta oportunidad a mí: por un día o, al menos, por media jornada, pruebe hacer una cosa a la vez. En todo caso con esto de creerse multifuncional no es que le esté yendo de maravilla, así que lo único que le puede pasar es que, quizás, su desempeño sea mejor. Pero, en definitiva, necesitamos que ensaye ser un *Usted* distinto.

"La relajación es una acción": *no es un milagro*

Al recordar que la única persona a cargo de su bienestar es usted mismo; que nadie está ahí para divertirlo ni para hacérsela fácil y que el reloj de su vida tiene una cantidad limitada de horas, todo el asunto del tiempo cobra un sentido especial; diferente.

El peligro al atiborrarse de cosas para hacer es que estar tan ocupado le quita la posibilidad de darse cuenta de en qué momento fue que perdió el control de su vida (cuándo comenzó a enfermar, a ganar peso o a descuidar su relación de pareja). Por lo tanto, es imprescindible que sea usted quien tome la decisión voluntaria de sacar el pie del acelerador.

El síndrome de no tener tiempo a menudo comienza con o se acompaña de otro muy peculiar y muy propio de nuestra conectadísima era: el miedo a estar perdiéndose de algo (FOMO, por su sigla en inglés).[5] ¿Ha reparado —con madurez y honestidad— en la cantidad de horas que pasa al día consumido en las redes sociales y en los servicios de mensajería instantánea?[6]

---

5   "Fear of missing out": miedo de estar perdiéndose de algo; la angustia de estar ausente o de no estar enterado de lo que está pasando.
6   Para la época en que se escribió este libro los más importantes son Whats-App, iMessage y Messenger.

Aun sabiendo que se trata de un lugar común, en este caso sí que es válida la famosa frase que dice "No es que tengamos poco tiempo; es que perdemos demasiado".

Sin ánimo de entrar a desmenuzar los componentes bioquímicos que explican nuestra adicción a los teléfonos móviles, quisiera dejar enunciada una pregunta que cada vez que me la planteo hace que casi suelte el teléfono celular como si me pasara una descarga de corriente: en la próxima ocasión que lleve más de cinco minutos husmeando en sus redes, contéstese en silencio: "Lo que estoy haciendo ahora mismo, ¿me acerca a la vida que sueño?". Listo.

En conclusión, si ha pasado —o está pasando— por la angustia de sentir que la dinámica de la vida va a una velocidad que lo supera, la propuesta general consiste en reinterpretar su curiosidad: canalice esa energía ahondado con suficiencia en asuntos realmente valiosos y de a uno por vez. Deje de disparar con pólvora mojada hacia varios blancos; por eso es que no le está atinando a ninguno.

No nos compliquemos más de lo necesario: para tener más tiempo hay que querer hacer menos cosas por minuto. Y para poder *querer* hacer menos cosas por minuto hay que dejar de creer que usted es lo que hace; que usted es importante (o que se pone a salvo de sus ruidos internos) en la medida en que esté ocupado haciendo algo. Tantos italianos no podrían estar equivocados: la vida tiene un salón V.I.P. reservado sólo para aquellos que captan el valor que hay detrás de "*Il dolce far niente*"[7].

---

7   "El dulce hacer nada".

Obstáculo No. 3: La trampa de *"Vive cada día como si fuera el último"*

"Vive cada día como si fuera el último" es un potente argumento para un vendedor que intenta cerrar la venta de un Lamborghini. Pero, ¿que esa sea su *ideología* de *vida*? Tal vez haya otras corrientes filosóficas que quiera considerar antes.

Aun reconociendo que la consigna alcanza a ser emocionante y que de ahí se derivan otros credos más específicos[8], el problema de ese eslogan tan audaz es la crueldad que está implícita en él y que de entrada no se aprecia con facilidad porque parece un postulado inocente; un dicho que sólo hace pensar en diversión.

Desmenucemos el planteamiento: decir a un oficinista o, en general, a cualquier persona que tiene la *necesidad de* trabajar para pagar sus cuentas (como la mayoría de nosotros)[9], que para ser feliz basta con que *viva cada día como si fuera el último*, es un mal chiste. Si el fin estuviera cerca, ¿quién pasaría sus últimas veinticuatro horas en un despacho en vez de estar de fiesta en quién-sabe-qué rincón paradisíaco? Aterrizando las cosas, es tan cierto que tenemos que trabajar como que, salvo que algo extraordinario ocurra, es poco probable que muramos mañana.

¡Dejémonos de tonterías! Cuando uno siente que la dinámica de la vida va a un ritmo que lo supera, que lo rebasa, no aplica eso de "Busca la felicidad en las cosas pequeñas" ni de "Agradece lo que tienes y sé feliz". Tomemos el asunto en serio y admitamos que a punta de remedios caseros no se construye ningún fortín emocional sólido.

---

8   ¿Qué hay de "Sexo, drogas y rock and roll", la célebre trilogía de los rockeros en los sesenta? No es la única aplicación práctica ni directa de "Vive cada día como si fuera el último", claro. Es sólo un posible ejemplo.

9   Independientemente de si nos gusta o no lo que hacemos, lo cierto es que el dinero no crece en los árboles y hay que trabajar.

Comenzando por el principio, si realmente tuviéramos la certeza de que este es nuestro último día, con seguridad no tomaríamos un taxi directo al aeropuerto sino que nos lo pasaríamos fatal. Repasaríamos la historia de nuestra vida; lloraríamos; iríamos a despedirnos de los seres queridos y a pedir perdón a los que no quisimos tanto. Habrá muchos que ni siquiera saldrían de la cama paralizados por la incertidumbre de cómo serán las cosas al otro lado, en fin. No es cierto que el esquema de pensamiento del *Rebelde sin causa* garantice la plenitud. Y no es que no convenga vivir la vida loca: es que no hace falta.

En segundo lugar, remitámonos a los hechos: hasta el día de hoy no he conocido a ninguna —pero ni a una— persona *feliz* que viva de acuerdo con esa premisa. Veo que varios, animados por ese paradigma de *"Yo no sé mañana"*, se dedican a cortar y pegar retazos de alegrías discontinuas pero eso está muy lejos del verdadero significado de la felicidad.

Ahora bien, aplicando la teoría al contrario he logrado resultados interesantísimos y he detectado la misma tendencia en otras personas en varios lugares del mundo. Y esa es la idea que desarrollaré a continuación porque se trata de una actitud que puede cambiar su vida a partir del momento en que la implemente (ojalá lo hiciera ahora. Cuanto antes, mejor): viva cada día como si fuera el *primero*.

"Vivo mi día como si no hubiera un pasado"
—Zara Larsson[10]

Una de las cosas que más lamentan quienes han sido engañados o han estado sometidos a fuertes dolores es sentir que "Ya no son los mismos"; que el dolor los ha cambiado para siempre; que han perdido la *inocencia*. Y lo lamentan porque es justo ese

---

10   *"I live my day as if there was no past"*, Zara Larsson en la canción "Lush Life".

el atributo que permite a un niño ser feliz en medio de un juego sencillo o con un juguete improvisado: la inocencia es el estado del alma en el que permanece quien puede vivir sin presentir. Sin anticipar el dolor. Sin buscar la confirmación de ninguna teoría en particular pero reflexionando en torno a muchas. Sólo aprehendiendo con la cabeza y con el corazón. Absorbiendo unas cosas, dejando pasar otras e interactuando intensamente con su realidad.

Reivindicar su inocencia como estilo de vida no quiere decir (ni exige) que borre todos los recuerdos de su pasado. Si ese fuera el costo (elevadísimo, por cierto), no tendría ninguna gracia ser adulto y los sabios serían algo así como seres mitológicos. Al contrario, la propuesta consiste en arriesgarse a asociar más la inocencia con el concepto de '*lozanía*' que con el de '*imbecilidad*'. Se trata, por lo tanto, de dejar de discutir con la vida, no porque esté necesariamente de acuerdo con todo lo que pasa sino, al contrario, porque ya entendió lo que tenía que entender. En síntesis, ir por ahí con actitud inocente significa vivir cada día como si fuera el primero; sí, pero no dando pasos de ciego sino con la serenidad de un adulto. Eso.

Para ser feliz, entonces, es más útil aprender a lidiar con la incertidumbre que vivir pensando en su funeral (que es el fundamento de "Vive cada día como si fuera el último"). Morir es obligatorio, sí, pero es algo que sólo le ocurrirá por una única vez y no tiene por qué ser dentro de las próximas veinticuatro horas. Adicionalmente, pasar los días con el lema de que "*Lo único cierto es este momento*",[11] únicamente lo anima a despilfarrar y a hacerse daño saltando de un exceso hacia otro. Lo desgasta en la lógica frenética de la gratificación instantánea y hace que se pierda de la emoción que hay en trazarse planes a

---

11   O a cualquier pensamiento equivalente, como es el caso de "Yo no sé mañana", "Hoy tenemos, mañana no sabemos", etc.

mediano y largo plazo (porque de esos también hay que tener; si no, los esfuerzos cotidianos pierden todo el sentido).

Viva con intensidad cada episodio de su vida (por favor, sí, hágalo), pero al tiempo recuerde que las probabilidades de que se encuentre vivo mañana y también pasado mañana y así, son altas. Si todos los días saliéramos de la cama con la actitud mental de que este puede ser el fin, ¿qué caso tendría trazar planes a un año, a diez, a cuarenta? Ninguno. Y, ¿qué tiene que ver eso de hacer planes hacia adelante con su felicidad de hoy? Muchísimo.

Tal ben-Shahar, el icónico profesor de felicidad de la Universidad de Harvard, dictó un seminario en Bogotá en septiembre de 2012 y otro en junio de 2014. Yo he tenido la fortuna de hallarme en ambos. Traigo a colación sus conferencias porque en esas dos ocasiones (y también en sus obras escritas, por supuesto), ante la pregunta de "¿Qué tienen en común las personas más felices?" insiste en la importancia de tener un propósito; de tener un plan. Y, para efectos de hacernos a una vida no sólo soportable sino en realidad placentera, yo no podría estar más de acuerdo en que hay que proceder así.

Para comenzar por el derecho hay que admitir que, a la larga, el plan que nos tracemos, en sí, puede acabar siendo lo de menos. Lo de *más* es el beneficio colateral de acariciar un sueño: cuando nos anima una meta que en verdad nos importa, sentimos circulando por las venas el combustible necesario para hacer —casi con gusto— las cosas habituales que preferiríamos saltarnos (madrugar, ejercitarnos, ir al banco, estudiar, convivir con ese humano, dejar de comprar algo, etc.). En resumen, tener presente que lo más seguro es que a la mañana que viene continuaremos con vida, hace que los líos del momento actual se mantengan en su verdadera dimensión; que no se sientan tan grandes.

En síntesis, la dinámica mental *equivocada* es esta: resuelvo que a partir de hoy vivo cada día como si fuera el último. Ocurre que hoy es lunes y en todo caso tengo que encerrarme en mi oficina. Voy a pasar mi primer supuesto "último día" en el trabajo de siempre. Odio mi vida. Sucede que mañana amanezco vivo y con la noticia de que tengo que ir al mismo empleo a hacer cosas que detesto. Nada tiene sentido. Me deprimo. No puedo ser feliz. Ahora mi desespero se desborda y comienzo a fastidiar a los demás. Como resultado, nadie me quiere ya. Soy aún más infeliz y no puedo salirme de esta espiral descendente. Fin.

Hagamos el ejercicio contrario: *vivo cada día como si fuera el primero*. No necesito amuletos. Sé que cualquier cosa puede pasar. De camino al trabajo pienso en cómo me gustaría que fueran mis siguientes vacaciones o mi vida en diez años. Garabateo mentalmente un plan. Llego a la oficina y está el pesado de Fulano. De todos modos lo saludo con un gesto amable porque sé que yo soy más que ese momento; sé que mi contrato laboral no me define, sólo me financia. Listo. No me engancho con nada; me concentro en hacer bien lo que tengo que hacer. El tiempo sigue pasando igual. Mientras, yo voy adquiriendo habilidades, voy ahorrando y voy pensando cómo hacer para acercarme a mi meta. No puedo obligarme a creer que me siento estupendo pero sí puedo elegir entre sentirme "mejor" o "peor" y elijo lo primero. Lo que más me entusiasma de lo que hago es pensar en todo aquello en lo que también podría convertirme y para beneficio de quién (de mis clientes, de mis hijos, de mis amigos, de mi comunidad, de mis pacientes, para quien sea que se beneficie del hecho de que yo exista). Percibo que hay una lógica; que hay un sentido en lo que hago. Sin fuegos artificiales ni nada muy raro, sólo puedo decir que soy feliz. Punto.

La clave, al final de todo, está en no esperar a ser un anciano venerable para ser capaz de distinguir en qué momentos le es más útil entregarse a la vivencia del presente y en qué otros casos le irá mejor si se enfoca en la meta futura que tiene en su cabeza. Aprender a ponderar la diferencia; notar cuándo debe vivir con frenesí y cuándo debe tener una actitud más pausada; saber administrarse entre esas dos variables (como si usted fuera un dispositivo que se conecta automáticamente a la red de wifi que tenga la señal más fuerte) es, sin más adornos, una verdadera habilidad de supervivencia emocional en su trabajo, en su casa, en sus vacaciones o en donde sea que se encuentre.

El dilema del náufrago al sol en altamar: estar rodeado de agua salada y saber que beberla sólo le hará sentir más sed

La vida cada vez es más explícita en los argumentos que usa para mostrarnos que el sentido detrás de todo es ser felices. Vinimos a ser felices. Y, conforme van pasando los años, vamos entendiendo que la felicidad, más que un derecho, es en realidad una *obligación* que cada humano tiene consigo mismo. Ser feliz significa no perder la venida a la Tierra.

Si bien ese argumento (el de la felicidad como *deber*) es muy fácil de comprobar, sería un error tomárselo a la ligera. Hay que apartar un rato para pensar con calma en lo que vamos a hacer para ser felices (o *más* felices), ya que usted, como buen lector que de seguro es, sabrá que malinterpretar la moraleja del cuento puede salir muy costoso. No sólo en términos de dinero sino de salud, de energía y de tiempo.

Menciono esto del peligro de entender mal las cosas porque los adultos tenemos una tendencia (fruto de un temperamento nostálgico que quizá nos atraviesa a muchos), tenemos una inclinación a creer que la gente feliz es aquella que se permite muchos excesos sin preocuparse por nada y resulta que esa idea de felicidad únicamente es sostenible en los estudios de grabación de Hollywood; no en la vida de un humano como usted o como yo. La felicidad, pues, como lo he venido sugiriendo, se parece más a un ejercicio de administración personal para cuyo éxito hay que tener un carácter más o menos *templado*. Templado, sí, como el vidrio que se usa en las divisiones de las cabinas de baño.

La *templanza* es una *virtud* que consiste en poder "*moderar los apetitos y el uso excesivo de los sentidos, sujetándolos a la razón*"[12]. Detengámonos aquí por un momento, ya que acabamos de mencionar dos conceptos que son definitivos para construir su bienestar al largo plazo y que tienen que ver con nosotros mucho más de lo que creeríamos. "Templanza" y "Virtud" no son palabras reservadas para los monjes, para los curas ni para las viejitas rezanderas. Al contrario, y de acuerdo con lo que vemos en las personas que reconocemos a escala mundial por su vida feliz, se concluye que para gozar de un bienestar duradero hay que reparar en lo que significa la *templanza* y la *virtud*.

En la búsqueda del significado de estas palabras encontré la interpretación más fascinante de la virtud en las lecciones magistrales del profesor Salvatore Natoli[13], quien dice que aquélla no es la disposición incondicional a negar cada impulso que tengamos ni consiste en la represión de todos los apetitos (¡qué vida sería esa!). La virtud que caracteriza a las personas felices, destaca el profesor Natoli, es la que nace de la expresión griega *areté* (ἀρετή), y se refiere más a la "potencia"; a la "habilidad" de encontrar la salida a los desafíos de la vida, que a la capacidad de aguantarse las ganas de hacer algo.

---

12   Diccionario de la Real Academia de la Lengua Española, cuarta acepción.
13   Salvatore Natoli (Patti, Italia, 1942), filósofo, profesor de la Facultad de Ciencias de la Formación en la Università degli Studi di Milano Bicocca. Nos referimos aquí a su intervención en el Festival de las Ciencias, Roma, 2013. Audio disponible en podcast, publicación del 20 de enero de 2013.

En este sentido, una persona virtuosa (o, para efectos de lo que nos interesa, una persona *feliz*) se parece más a los recursivos héroes de los cantos épicos de la mitología griega que a las cíclicas monjitas de los centros de clausura. Ser virtuoso, de acuerdo con esta nueva concepción, equivale a tener la gracia de mostrarse ocurrente frente a las cosas que pasan en la vida; consiste en ser capaz de encontrar la forma de salirse del laberinto cuando lo que está pasando ha dejado de ser divertido.

La *templanza*, de otra parte, consiste, como dijimos unos párrafos atrás, en modular los placeres de los sentidos y del ego a partir de algún criterio de razonabilidad. La oficina, por supuesto, es uno de los lugares del mundo donde mantener el espíritu especialmente templado, resulta definitivo. De ahí el nombre de esta parte del capítulo y que explicaré en el párrafo siguiente: "El dilema del náufrago al sol en altamar: estar rodeado de agua salada y saber que beberla sólo le hará sentir más sed".

La razón de ser del encabezado con la analogía del oficinista con el náufrago, la sed y el agua salada se explica en este planteamiento: los lugares que componen el mundo profesional (la oficina, la sala de juntas, la videoconferencia, el salón de clase, el café cerca del trabajo, etc.), son los escenarios donde estamos más expuestos a vivir los picos más altos de adrenalina y dopamina porque allí es donde tenemos la oportunidad de brillar; de destacarnos. Y cada bombazo de adrenalina que recibimos en el torrente sanguíneo, lejos de dejarnos satisfechos, nos hace querer más. Y más. Y más.

Resulta que, si bien es cierto todos aspiramos (con justicia —para eso nos esforzamos tanto—) a una buena tajada de la torta del éxito, la verdad es que los estímulos que nos producen estas sustancias, no sólo no nos sacian, sino que en realidad hacen que aumente nuestra necesidad de aplausos y reconocimiento. Y la ambición, que como motor puede ser buena, como valor central de nuestra vida puede ser muy desaconsejable: tomar todas las decisiones animados por ella (por la ambición) es, a nivel emocional, equivalente a que el náufrago que está a la deriva en altamar quisiera calmar su sed bebiendo agua salada.

De todo lo dicho se sigue que hay que tener el espíritu muy bien templado para evitar que se descalibre el GPS de nuestra vida: en todo cuanto tenga que ver con dinero, poder y reconocimiento hay que evitar —a toda costa— incurrir en los tres errores del triunfador novato: (i) creer que es superior a otros; (ii) creer que su valor está en lo que hace y (iii) creer que las cosas serán iguales siempre porque: (i) llega el día (siempre llega el día) en que aparece otro mejor que uno; (ii) dado que todos tenemos días con el coeficiente intelectual por debajo de cero, si damos crédito a la idea de que *somos lo que hacemos*, cuando las cosas salgan mal, creeremos que nuestra existencia no tiene sentido, olvidando que quien falló fue sólo nuestro *Yo Oficinero y* (iii) esto no debería ser necesario decirlo a una persona de más de treinta años: nada es para siempre. Ni el éxito ni el fracaso.

¡¿Y qué tienen que ver la templanza, los náufragos y el discurso sobre no vivir cada día como si fuera el último?!

¡Tienen todo que ver! Y de unir esos puntos es precisamente de donde obtendremos la mayor reflexión de felicidad de este capítulo. Verá: si usted persiste en la ideología de vivir cada día como si fuera el último, en la práctica se permitirá pasar por encima de la gente porque, en sus cuentas, tiene que asegurarse de obtener el máximo provecho de cada situación hoy. Hoy. Como si no hubiera un mañana.

Por otra parte y, en contraste, si usted acepta (ojalá con gusto) el reto de vivir cada día como si fuera el primero, notará, dentro de no mucho tiempo, que sí es posible ser exitoso sin pasar por encima de los demás. Que esta vida no es una competencia sino un camino. Que hay espacio para todos y que todo tiene su hora. Que no hace falta atiborrarse con todo el dinero que pueda acumular hoy por la misma razón que no tendría caso poner esta noche en su mesa toda la comida que podría comer durante una vida. Que el mundo es un lugar abundante y que no hace falta acumular cosas para poder sentirse seguro; para tener estabilidad.

Si usted se anima a vivir cada día como si fuera el primero, sentirá cómo el espíritu altruista del compañerismo genuino comienza a alojarse y a crecer en usted. Aunque la sola palabra "altruismo" cause escalofríos a un campeón de la vida occidental (como, por ejemplo, el personaje que inspiró el libro y la película *El Lobo de Wall Street*) porque es entendida como una debilidad; como un fastidio que hay que combatir. En realidad, ese interés genuino por el bienestar del otro será el eje central de su felicidad.

La felicidad es un concepto eminentemente relacional. No podemos ser felices solos. Imagine, por ejemplo, que usted es un chef aficionado que consiguió dedicarse a vivir su sueño de cocinar y que cada plato que usted prepara va quedando sobre una gran mesa de comedor donde nadie se sienta jamás. ¿Sería feliz por el solo hecho de poder estar dedicado a hacer lo que siempre soñó? Difícilmente. Lo dicho: no podemos ser felices solos. Necesitamos no sólo *de* los demás sino vivir en función de hacer algo *por* los demás.

La propuesta, en conclusión, consiste en que se anime a salir mañana de la cama con la actitud mental de quien está debutando ante la vida. Ya no salga como un ogro resabiado que cree que se las sabe todas pero que en realidad no es fuerte como un roble sino que es un manojo de nervios que camina por ahí y que no es capaz de vivir a plenitud las cosas pequeñas sin presentir que se acerca el mal; que se avecina un dolor.

Sabemos que no es cierto que mañana sea el primer día de su vida pero, como en todo caso va a salir a hacer sus cosas de siempre, si se reviste de esa actitud, podrá poner su cabeza al servicio de la innovación y no al del repaso diabólico de los recuerdos dolorosos. Como bono extra su miocardio[14] le estará muy agradecido por esta nueva disposición emocional, ya que hay una relación alarmantemente estrecha entre los pensamientos depresivos y las enfermedades coronarias[15].

Anímese a hacer la prueba: viva cada día como si fuera el primero y de paso deje de poner su fe en que algún día la vida quizás sea distinta. Mirando su historia no es muy difícil darse cuenta de que, en realidad, es la vida quien tiene puesta la fe en usted.

---

14   El miocardio es el músculo del corazón que vemos en el dictamen de tantas autopsias de la página judicial del periódico: *"Causa de la defunción: infarto al miocardio"*.

15   Ver, por ejemplo, el Abstract WP206 publicado en la revista *Stroke* de la American Heart Association sobre el estudio que demuestra el alto riesgo de infarto en los pacientes con depresión, titulado "Risk of Recurrent Stroke in Patients Diagnosed with Comorbid Depression at the Time of Transient Ischemic Attack". Revista *Stroke*, febrero de 2017, volumen 48.

CAPÍTULO 7
OBSTÁCULOS EXTERNOS

Si usted es un ermitaño que vive apartado de todo, en alguna catacumba, sáltese este capítulo entero. Si usted tiene que interactuar con humanos, seguirle la idea a un jefe, vivir en una época en la que la tecnología está más inmersa en su vida que nunca antes, ni se le ocurra pasar de largo frente a estas consideraciones porque es posible que encuentre las pautas para que, de ahora en adelante, su entorno no siga obstruyendo su felicidad.

El planteamiento de mi revolución es simple: si para ser feliz tengo que cambiar de trabajo, tener otro jefe, perder peso, comprar una casa, tener una pareja fantástica, aprender un idioma, cambiar de corte de pelo, etcétera; si tengo que juntar todas esas cosas al tiempo como requisito, eso significa que, en la práctica, no podré ser feliz nunca. Son demasiados menesteres para una sola vida de un mismo humano.

Tanto porque así lo vivo como porque cada vez más gente, al final de mis seminarios y a través de las redes sociales, me cuenta cómo un ajuste mental relacionado con los temas que tocaremos a continuación ha cambiado su forma de pensar y de hacer las cosas, estoy convencida de que sí es posible ser feliz y de que es posible serlo a pesar del jefe, de la situación sentimental, de los hijos y, en general, de cualquier desafío que encontremos en la cotidianidad: usted puede ser feliz exactamente donde está, si se anima a pensar distinto (para poder decidir distinto). No se trata de negar lo que ocurre en su vida; se trata de entender —quizá por primera vez—, las cosas de un modo diverso… las cosas como *son*.

Obstáculo No. 1: El jefe

Un jefe disfuncional lo tiene cualquiera. Ese no puede ser el fin del mundo ni de su felicidad. Incluso si al describir a su jefe pareciera que usted estuviera leyendo en voz alta el índice de un libro de psiquiatría, su placidez no tiene por qué verse *tan* empañada por haber dado con alguien de ese perfil.

Para comenzar por el derecho, note que lo que la vida está exigiendo de su parte no es tener la paciencia de un santo sino la cabeza de un ajedrecista. Yo no quisiera que usted tuviera que recurrir a la paciencia para poder ser feliz. En ese sentido, la solución que he ubicado hasta este momento para no tener que vivir aguantado, resignado, está en ser más *estratégico* (de ahí la referencia al ajedrez): a mayor estrategia, menor paciencia[1]. Entre más astuto (en el sentido de *táctico*) sea en sus pensamientos, actitudes y decisiones, menos paciente tendrá que ser porque en cuanto comience a administrarse mejor, a partir de

---

1   Esto también clasifica como mantra: "A mayor estrategia, menor paciencia". Recuérdelo. Tatúeselo.

ese momento, usted comenzará a influir en su realidad. Y eso es tener poder.

Permítame insistir en algo: la astucia en este caso no es equivalente a ser solapado o taimado ni mucho menos hipócrita, haciendo la pose de amar a su jefe cuando en realidad no lo hace. Fingiendo logrará sobrevivir algún tiempo (o toda una vida, quizá) pero nunca llegará muy lejos. Al menos no todo lo lejos que podría llegar si fuera una persona de un nivel de franqueza aceptable.

El coctel que le propongo es este: franqueza + estrategia + serenidad. Si junta esos tres cables no sólo puede que el jefe desista de querer avasallarlo sino que, además, eventualmente usted comenzará a disfrutar de la compañía de él (o ella). O al menos dejará de padecerla. Usted comenzará a retomar el control de buena parte de su vida. Franqueza, estrategia, serenidad.

El jefe es un tipo normal

O su jefa: ella también es una persona completamente normal. Sea que se trate de un hombre o de una mujer, para desactivar la creencia de que quien encarna la figura de autoridad es el origen de su infelicidad, le será muy conveniente comenzar por quitarle la coraza de tirano que cada día ha venido perfeccionando en su cabeza. El jefe, como usted o como yo, es una persona normal. Esta mañana desayunó café y cereal o pan y huevos; también tiene una familia; cuando se va de viaje, también hay alguien que lo extraña (aunque usted no lo crea); también se ha enamorado; también le han roto el corazón y también tuvo que recorrer un camino (independientemente de qué tan meritorio haya sido, pero ha vivido su propia historia) para llegar a donde está.

El solo hecho de pensar en el director (gerente, presidente, coordinador, etc.) como un humano que, así como usted, firmó un contrato (comprometiéndose con la empresa o con otros clientes) y que, por esa razón, tiene que cumplir con sus propias obligaciones, cambia todo. Note que no se trata de un androide programado para amargar su existencia. Su jefe tiene otros asuntos en qué pensar. Tal vez lo esté percibiendo ahora: hacer ese único ajuste le ofrecerá un nuevo panorama de las cosas.

A propósito de tener un "nuevo panorama de las cosas", hay una precisión que debe hacerse justo aquí: poder disfrutar de la compañía de su jefe no debería ser un milagro. Y, en caso de que sí se necesitara uno, el auténtico milagro sería que usted fuera capaz de entender las circunstancias desde un ángulo distinto al que ha venido observando de un tiempo para acá. Básicamente porque enfocar su atención en aspectos más interesantes de su realidad es la única maniobra que sí depende de usted y que está cien por ciento bajo su control. Enfóquese, pues, en lo que funciona bien (o *más o menos bien*) para que su energía deje de desperdiciarse en pujar y pueda aprovecharla de una manera más inteligente. Sí, tal como lo han hecho todos los grandes personajes de la historia.

Antes del paréntesis del párrafo anterior venía diciéndole que su jefe es una persona normal y, como tal, también siente miedo. Y no uno sino muchos miedos: a diferencia nuestra (suya y mía), el jefe tiene prácticamente la *obligación* de acertar porque el mercado no suele ser tan benevolente con el líder (aquí no aplica nada del eslogan de "Aprende de tus errores", no; con el jefe, no). Él, al contrario de lo que ocurre con nosotros, sabe (aunque a veces no pareciera, sí es consciente de) que con una decisión suya está impactando decenas, cientos o miles de vidas.

Él entiende que en caso de que algo salga muy mal, los medios de comunicación y los clientes no irán a buscarlo a usted para preguntarle con tono paternal qué lección le dejaron sus errores sino que irán directamente a buscarlo a él para aniquilarlo a punta de preguntas y cifras. Esto explica por qué el jefe vive bajo la necesidad constante de comportarse como la persona más segura y con mejor autoconcepto sobre la faz de la Tierra: en su caso, es eso o nada. Sostener la caña o morir... no sin antes hacer el ridículo, claro, porque, además, siempre tiene la luz del reflector encima.

Volviendo a usted, la sugerencia central es que se aproxime al jefe con respeto pero viendo en él a alguien normal; incluso vulnerable. Y —no crea—, eso no será compasión: puede que esa sea la actitud más madura que usted pueda tener alguna vez ante él o ante ella.

> En asuntos de jefes y de amores, cuanto menos se empelicule, mejor — **Tweet vía @SylviaNetwork**

Quienes hemos estado enamorados de alguien que parece demasiado perfecto para ser real, sabemos lo extenuante que es reventarnos tratando de gustar. Hacer más allá de lo que nunca hubiéramos considerado hacer. Pero hay algo que drena aún más la energía: el terror que nos da cometer alguna falta que pueda desagradar a la princesa o al príncipe azul. Y en eso se nos van los días: entre tratar de que nos quieran y evitar que se enfaden con nosotros.

Los que atravesamos alguna vez ese desierto (con toda la energía que quemamos en ese plan, podríamos generar luz eléctrica para una ciudad completa sin problema), no sólo acabamos agotados sino que, por el camino, fuimos notando una cosa fundamental: entre más nos desvivimos tratando de sumar puntos con esa persona, más fastidio inconsciente comenzamos a tomarle. Los rehabilitados del temor reverencial entendimos algo clave: el ser humano termina por odiar aquello que necesita.

Sin llegar al punto estrafalario de insinuar que usted tenga algún grado de atracción romántica por su jefe (y, de otra parte, sin negar que también pueda ser así), lo interesante del símil amoroso está en percatarse de que no pocas veces nos descubrimos en dinámicas equivalentes en la oficina. No por la vía del amor sino por la vía de querer agradar al jefe al precio que sea y, al tiempo, por la angustia de pensar que algo que hagamos podría molestarle. Fíjese en esto tan curioso: en ese caso el obstáculo de nuestra felicidad no es el jefe en su condición de tal, sino la relación que dentro de nosotros tenemos con él. Lo que nos mata es la película que nos armamos —solitos— en la cabeza.

Pasa igual con el azúcar, con la nicotina, con el alcohol: el problema no es tanto que existan esa clase de sustancias o de alimentos sino la relación que tenemos con ellos. Pero volvamos al jefe para hacer todo más claro: en muchísimos casos los atributos particulares del jefe (que sea hombre o mujer; joven o viejo; autoritario o conciliador; experto o novato, etc.), en múltiples ocasiones la persona del jefe, le decía, termina siendo lo de menos cuando el problema de fondo está en la relación que cada uno de nosotros tiene con las figuras de autoridad.

A fuerza de conversar con tantos *coachees*, con tantos clientes, hubo algo que fue haciéndose explícito con más y más claridad conforme pasaba el tiempo: la razón de su infelicidad en la oficina no estaba en algo que hiciera o que dejara de hacer el jefe, sino en la maña mental y emocional (que por lo general comenzó desde niños) de creer que se necesita agradar a la gente (y al jefe, más), al precio que sea. Nadie puede vivir cómodo sintiéndose herniado todo el tiempo.

"Necesitar" + "agradar" son los dos componentes básicos para fabricar bombas de desgracia personal oficinera. Tener buenas relaciones, cuidar su reputación y su marca personal, sin dudarlo, exigen un alto componente de diplomacia (tampoco vamos a engañarnos diciéndonos que no), pero note lo importante: es en la necesidad —quizás inconsciente— de aceptación, en donde se crea su infelicidad y no en algo que sea particularmente imputable al jefe.

Y ya que las mejores decisiones y las conclusiones más reveladoras a las que he llegado en mi vida han surgido con ocasión de una pregunta, en este caso me gustaría trasladarle las siguientes, buscando el mismo efecto en usted:

a. Piense en aquellas cosas que más le aburren; en las que más le molesta hacer pero que son indispensables para tener contenta la persona a quien usted reporta. Visualícese haciéndolas. Detenga un momento la escena y revise lo siguiente: ¿cómo puede estar seguro de que eso que está haciendo es algo de verdad *importante* —relevante— para su jefe?

Puede que lo que usted haya venido haciendo sea lindo, heroico, encomiable, útil, incluso todas las anteriores, pero, desde el punto de vista táctico y pensando tanto en su supervivencia en la oficina como en su felicidad, la pregunta de qué tanto le importa al otro lo que usted hace, es clave.

No reparar en eso lo pondría en el mismo escenario del pretendiente que, *por hacer más*, insiste en regalar flores costosísimas a su novia, que es alérgica al polen: no sólo se está desgastando en vano, sino que, al final, va a hacer que le tengan fastidio. Lo mismo (en un escenario casi calcado) ocurriría aquí. Asegúrese antes, como un Casanova[2] cauto, de estar dando justo en el clavo del placer. Lo demás puede esperar.

---

2 Giacomo Girolamo Casanova. Venecia, 1725 - 1798. Seductor italiano famoso por sus más de 130 hazañas amorosas.

b. Su colega más célebre (o a quien usted más admira), ¿necesita reventarse del mismo modo que usted para conservar y avanzar en su trabajo?

c. Si usted fuera su jefe, ¿se sentiría orgulloso de tener en su cuadrilla a alguien que no respeta sus propios límites; que se desvive *más* de la cuenta? Y, a renglón seguido, pregúntese: de ser su jefe, ¿contrataría o renovaría el contrato a alguien como usted?

d. Siendo el líder de un equipo de trabajo y estando en la necesidad de ausentarse por unos días, en quién confiaría más para delegar sus funciones: ¿en ese que se rasga las vestiduras por complacerlo o en aquel que lo mima menos pero que tiene un criterio bastante aplomado?

e. En el largo plazo, ¿qué sería de usted si consiguiera balancear sus actitudes entre la obsesión por la eficiencia radical y el extremo de la desidia egoísta?

f. Para enderezar el curso de sus relaciones, para retomar el control del eje de su felicidad y, de paso, para hacerse a una reputación de alguien más profesional, ¿qué podría comenzar a hacer distinto —o dejar de hacer— desde *YA*?

"No se puede corregir a la naturaleza: árbol que nace dobla'o jamás su tronco endereza" —Willie Colón[3] en "El Gran Varón"

Por último, en cuanto tiene que ver con su jefe, absténgase de embarcarse en la cruzada de querer cambiarlo en sus hábitos, en sus creencias o en sus comportamientos. Usted no es ni su padre ni su terapeuta ni su tutor, así que, en términos generales, querer suplir los defectos de crianza o las mañas que por

---

3   Willie Colón, Nueva York, 1950. Compositor, cantante de salsa y activista político.

por cualquier razón él o ella haya venido acopiando a lo largo de su vida sería tan provechoso como empeñarse en arar en el desierto: cero.

Ahora bien, con la misma firmeza con que quisiera disuadirlo de desgastarse en ese propósito, con esa misma contundencia, le ruego el favor de no apresurarse a juzgar el planteamiento. Jamás malgastaría un capítulo de este libro haciendo una oda a la resignación ni mucho menos a la indiferencia en lo que tiene que ver con un ser humano tan próximo a usted como lo es su superior [jerárquico].

Mi invitación se reduce a tres puntos: (i) evite sermonear al jefe o sabotearlo como forma de propinarle lecciones de vida (¿usted se siente muy complacido de que le recuerden cada cosa que hace mal?, ¿disfruta cuando alguien juega a administrarle una dosis de su propia medicina? No, ¿verdad? Entonces cancele todas esas estrategias —incluyendo las ironías—; (ii) invierta su energía intelectual y física en hacer sus deberes tan bien como pueda y (iii) deshágase de la necesidad de rotular cada movimiento, cada decisión o cada palabra de su jefe como algo que estuvo "bien" o que estuvo "mal".

Sin desconocer que hay cosas que, vistas con objetividad, están en definitiva 'bien' y otras que están 'mal' (como visitar a los enfermos y estafar a otros, respectivamente), en lo que tiene que ver con nuestro proyecto de ganar independencia emocional, desde una posición (a ultranza) práctica, piense que cada cual hace lo que hace porque en la cabeza de esa persona sí tiene sentido. Punto.

No se trata de alcahuetear deslices morales o comportamentales. Para mantenerse en el estado del alma al que me refiero, lo ideal sería que se involucre únicamente con lo indispensable de las historias ajenas. Como el médico que con sinceridad (con profunda sinceridad) lamenta la muerte del paciente y, a la vez, entiende que no puede enterrarse con él en el cementerio. Involúcrese lo necesario: ni más ni menos.

A propósito de nuestra (humanísima) simpatía por emitir juicios y de lo mucho que llegan a afectarnos las cosas que los demás hacen con sus vidas, en este punto del discurso es de mucha utilidad recordar una verdad que debe estar escrita en piedra en algún confín de la Tierra: a veces todo lo que nos molesta de los otros es que cometen pecados distintos a los de uno. Sí, señor.

¡Ah!: y la inquisición terminó hace rato. Sí, señor.

Por lo tanto, esta es, como muchas otras (como todas las que le he presentado hasta aquí), una invitación al realismo y a apostarle a un juego en el que tenga más chances de ganar. El desafío de este punto consiste en que, así como lo ha hecho por millones de años la Madre Naturaleza[4], usted, en lugar de obsesionarse con la idea de aprender de los errores, vaya —como ella—, especializándose en pulir lo que funciona mejor para cada especie (de jefe, en este caso). Válgase, pues, del mismo método evolutivo: de todo lo que hace y dice ese sujeto (el jefe), aprenda a distinguir entre aquello a lo que vale la pena prestar atención y aquello a lo que no. Y apóyese en lo valioso para seguir su camino.

Calibre el ojo y el corazón para establecer la diferencia. Sabemos que en definitiva hay actitudes que usted no debería tolerar. Al tiempo es cierto que en cuanto se trata de su jefe, hay cosas que es más estratégico pasar por alto que tratar de com-

---

4   La idea original es de Jason Fried y David Heinemeier Hansson en el libro *Rework*. Crown Publishing Group, una división de Random House Inc. Nueva York, 2010, p. 17: "(…) That shouldn't be a surprise: It's exactly how nature works. Evolution doesn't linger on past failures, it's always building upon what worked. So should you". "(…) Esa no debería ser una sorpresa: es exactamente la forma como funciona la naturaleza. La evolución no persiste en los errores pasados sino que siempre está construyendo a partir de lo que funcionó. Y usted debería hacerlo también"; traducción libre de la autora.

batir o de denunciar. Por supuesto, maltratos, delitos, abusos, sobornos, insinuaciones incómodas, etc., son asuntos frente a los que siempre hay que actuar (y cuanto antes, mejor). Vamos a hablar de cosas que apenas son *aburridas* (quizás *muy aburridas*) pero que no llegan a comprometer su seguridad ni su integridad física o moral.

(Dentro de las cosas que apenas son aburridas —muy aburridas— pero que no trascienden hasta el punto de tocar la legislación laboral ni criminal, encontramos actitudes tales como mirar feo; torcer la boca; hacer fiestas y no invitarlo; revisar el celular mientras cuando usted le habla; no contestarle el saludo; no recordar nunca su cumpleaños; no reconocer su talento; hacer ruidos pasando aire entre los dientes después de comer; decirle "*Eso era obvio*" un día después —no darle retroalimentación oportuna—, etcétera. La creatividad de los jefes pesadilla puede ser ilimitada).

En los casos de esas molestias (que vienen siendo menores ante acosos, difamaciones, sobornos, etc.), lo más estratégico es jugar a ignorarlas mientras consigue para dónde irse.

Atención: irse o, en general, huir de los problemas, no es —a decir verdad— mi opción favorita. No lo es porque, en muchos casos, considero que emprender la retirada cada vez que algo no corresponde con su modelo de libreto ideal, es equivalente a decir a su cerebro que ustedes (usted y su cerebro) son como un ratoncito indefenso que se coló en la fiesta equivocada y que ahora tiene que salir corriendo o terminará fulminado a escobazos. Y esa forma de pensar (insisto, es apenas una impresión mía), ese esquema de pensamiento, es un mecanismo muy rápido para pulverizar su estructura de poder personal.

Si me lo preguntara, tendría que decir que mi preferencia en asuntos de esta índole consiste en asumir los problemas hasta conseguir que nuestra felicidad sea independiente de ellos y ahí sí, pero ya no como quien huye sino como una forma de expresar su felicidad, ahí sí, comience el proceso de moverse hacia otro lado.

No obstante todo lo dicho, es igualmente cierto que cambiar de escenario representa una solución exprés que puede aliviar gran parte de la tensión del momento. Digamos que es la salida fácil. Y, sí, también sabemos —porque somos humanos—, que a veces no tenemos muchas ganas de luchar ni de cambiar el mundo sino que sólo aspiramos a acomodarnos en algún sitio que nos permita estar mejor. En últimas, lo más útil suele ser creer en su sistema interno de direccionamiento (en su intuición, para no enredar más las cosas): si siente que la acción de irse lo hará ser más *usted*, corra. Pero si siente que lo que corresponde de acuerdo con su momento histórico es quedarse, entender un poco más qué es lo que pasa y aprovechar para crecer, opte por lo segundo. La intuición siempre sabe. E ignorarla —eso usted y yo también lo sabemos perfectamente—, pasar por alto el mensaje que no se oye en palabras sino que se siente en las tripas, suele salir muy caro.

De acuerdo con esto, la segunda opción (la de aceptar quedarse en el campo de entrenamiento), consiste en calmarse y bajar la marcha hasta entender, con tanta precisión como pueda, por qué le disgustan las cosas que le disgustan de su jefe y dejarlas atrás. ¡Ah!, esto último es de gran importancia: una habilidad muy valiosa consiste en aprender a dejar cosas atrás para poder avanzar. En la vida.

Verá: lo único más peligroso que tolerar el irrespeto es sentirse ofendido antes de tiempo. [Tenga la bondad de leer esa frase de nuevo: *lo único más peligroso que tolerar el irrespeto es sentirse ofendido antes de tiempo*]. Es peligroso porque durante todo el tiempo que usted pase sintiéndose agraviado, tendrá el cerebro tan inundado de las sustancias químicas que liberamos a partir del rencor y del estrés[5], que no podrá razonar con claridad. Y cada vez que usted deja de razonar con claridad, se vuelve predecible. Y, tanto en las oficinas como en la espesura de la selva, todo lo que es predecible se convierte en una presa fácil. Cualquiera que entienda cuál es el botón que hay que hundir en su caso para hacerle sentir ofendido (y conseguir por esa vía que deje de pensar), tendrá el poder (casi absoluto) sobre usted. No necesitamos (ni queremos) eso, ¿verdad?

Tome en consideración, por lo tanto, las pautas generales que, como he referido, tienden a funcionar con más eficacia para lidiar con la mayoría de jefes sobre el orbe: (i) nada de cantaleta ni de triquiñuelas aleccionadoras; (ii) concéntrese en hacer bien lo suyo y (iii) asfixie al juez que lleva (que todos llevamos) dentro para que deje de estar preocupándose por decidir si lo que hacen los otros "*está bien*" o "*mal*". Lo que hacen los otros sencillamente "*está*".

Para terminar, detengámonos en el segundo punto, que puede ser el más importante, en la medida en que es la parte de la estrategia en la que usted no sólo se ocupa de cosas que sí son en realidad valiosas (hacer lo suyo) sino que es el escenario en el que, sobre todo, se fortalece. Recuerde una cosa: a usted le pagan por hacer lo que tiene que hacer. Hágalo bien y hágalo a tiempo. Si en su caso tiene que trabajar bajo la dirección de un jefe que disfruta haciendo picardías de esas que estropean su trabajo, de ser posible, cambie de área (aproveche que nadie lo está despidiendo de su cargo, así que puede hacer la búsqueda con relativa paz).

Si cambiar de trabajo es muy improbable, hagamos de cuenta que haber dado con ese duende encarnado en jefe no fue una coincidencia sino que, en su caso, se trata de una circuns-

---

5   Adrenalina y cortisol encabezando el listado del coctel.

tancia que está ahí para algo; que le obliga a "tomar el toro por los cuernos". En ese orden de ideas diremos que, en su caso, lo procedente será afrontar el (en el sentido de *poner el pecho al*) desafío que le representa su jefe. Pero no sentándose a discutir con él (en principio) sino con usted mismo.

"Si del cielo te caen limones, aprende a hacer limonada. Y si te caen limones raros, aprende a hacer limonada rara" — Anónimo

Ubique lo que le mortifica en relación con su jefe y excave en ese aspecto específico hasta llegar a la nuez de su incomodidad. Precise qué es lo que le disgusta y por qué. [Estas instrucciones se leen rápido pero el cambio únicamente se producirá en su vida si dedica el tiempo que requiera cada paso]. Defina si el problema realmente es la persona de su jefe o si es que sus ademanes le recuerdan a su padre, a su cónyuge, a su anterior jefe o al lado oscuro de usted mismo. En ese caso el diagnóstico no será difícil en la medida en que el asunto pendiente es con *ellos*, no con el personaje de turno en la gerencia. De ser así, le invito a reflexionar un momento sobre una afirmación muy (pero "muy" es "*muy*") liberadora: haga la prueba de recordar con nitidez la persona cuyo recuerdo le mortifica y piense "*No me debe nada. Ni Fulano ni la vida. A mí nadie me debe nada*".

Puede que esa persona sí le deba. Puede que le deba mucho; en años, en dinero, en juventud, en promesas, en lágrimas, en resultados. Pero maldiciéndola no va a cambiar nada. Bueno, "*nada*" aparte de su química orgánica, porque evocando un rencor sí producirá una vez más el raudal de químicos que afectan su cuerpo (y que corresponden a esos que los doctores señalan como culpables al momento de explicar el origen del cáncer, por ejemplo). No necesitamos eso.

Volviendo sobre la propuesta, haga el ensayo de pensar que el otro no le debe nada. Incluso, vaya más allá: haga el esfuerzo de regalarle un pensamiento *benevolente*[6], deseando con honestidad que le vaya bien. De seguro el otro no ha hecho mucho (nada) para merecer sus pensamientos lindos; pero en este caso no se trata de que él o ella los merezca: es que *usted sí* [los merece].

Para terminar, por la misma razón que el poder de un capataz dura sólo hasta el momento exacto en que el empleado presenta su carta de renuncia, acudiendo a la misma lógica, renuncie (mental, espiritualmente) a querer seguir cobrando las deudas que otros tienen con usted y verá (a partir del momento en que lo haga; no antes, pero con seguridad lo sentirá), verá cómo se fortalece su sensación de libertad; cómo vuelven a dibujarse opciones delante de usted y cómo comienza a desplegarse mucha felicidad en el formato de un verbo bellísimo: fluir.

El drama del perpetuo acreedor es vivir repasando lo que el deudor le debe. En cambio, cuando uno no anda pensando en lo que otro debería entregar pero no entrega; en lo que otro debería hacer pero no hace; cuando uno supera ese estado de estreñimiento mental, fluye.

Obstáculo No.2: El prado del vecino, que siempre es más verde

El *estrabismo* es una afectación visual que hace que los ojos no estén bien alineados sino que apunten hacia distintas direcciones. Hacia la vida de sus colegas, por ejemplo. Y aunque dar un vistazo a lo que hacen los demás de vez en cuando no sólo está bien sino que es indispensable, también nos consta que vivir

---

6   Benevolente: *bene, bien; volente, de "volere", querer.* Ser benévolo es querer el bien para otro.

con los ojos desviados da mareo y hace doler la cabeza. Y no deja avanzar. O al menos no hacia adelante, que es la dirección en la que necesitamos ir.

No hace falta ser antropólogo para percatarse del espíritu competitivo que, en condiciones normales, tenemos todos los humanos. Ese espíritu, bien administrado, se traduce en una suerte de liderazgo personal que, para efectos de la proyección de su carrera, nos viene de maravilla. Está bien tener cierta ambición. Está bien dejar que se le note. Está bien querer saber qué hace la competencia.

Lo que en cambio puede ya no estar tan bien es que la metamorfosis de su ambición termine en soberbia y que en lugar de estar satisfecho con saber lo que están haciendo los demás, usted acabe haciendo las veces de espía.

Al margen de todas las consideraciones morales y espirituales que se pueden hacer al respecto (que serían muchas y muy importantes pero que escapan al propósito de este libro), lo definitivo (desde un sentido práctico de su cotidianidad), está en advertir que no le conviene tolerar que su ego se salga de control porque la vida no tardará en descuadernársele: en lugar de colegas, sentirá que tiene rivales; y la codicia (en términos de querer acaparar todo el éxito), lo dejará arruinado, exhausto y sin brillo. Mal negocio.

¿Qué tan verde es el verde del prado de su vecino?

Si hemos de decirnos verdades, comenzaremos por aceptar que en muchos casos el prado del vecino sí es de un verde espectacular mientras que lo de uno son unos chamizos amarillentos que casi dan pena. Ya. Nada que hacer. Ahora: ¿es en serio que va a permitir que su felicidad dependa de *eso*? Ninguna felicidad será duradera si se construye a partir de comparaciones; ni de las que halagan (porque notamos que somos superiores) ni de las que nos bajan al nivel del pavimento (porque el otro nos lleva una ventaja de años luz).

Ahondemos en eso de que la felicidad duradera no puede edificarse sobre confrontaciones: cuando nos comparamos y encontramos que somos mejores, la arrogancia nos enceguece y nos impide disfrutar de muchísimas cosas pequeñas que también están pasando pero que no notamos por estar encandelillados con el lustre de nuestro tesoro. Esa es la tragedia de la ingratitud: por tenerlo todo, creemos que lo que nos pasa es normal porque lo merecemos y que, aparte de eso que ya logramos, no necesitaremos nada más.

Y en otras ocasiones, cuando nos medimos y descubrimos que ese con quien nos comparamos es superior, nos azotamos tan recio y nos hundimos tan hondo en el barro, que tampoco somos capaces de ver (ni de entender) que incluso en el peor de los escenarios de nuestra desgracia, son más las razones para estar agradecidos que para maldecir la vida. En resumen, compararse es una ruleta que muy rara vez nos premia con alegrías y que casi siempre nos consume (como suele suceder con las cosas que dependen del azar: desgastan mucho porque gran parte de la energía se nos va en pujar).

En ese estado de cosas, la propuesta para superar el hecho de que el esplendor del césped del vecino esté obstaculizando su felicidad, es la que sigue: elija tomar muestras sólo de jardines relevantes (enfóquese en casos que usted considere vale la pena analizar con cierta profundidad) y hurgue lo mínimo indispensable (pero en todo caso escarbe lo suficiente) para entender tres cosas: (i) exactamente qué hace la competencia (o sea, qué hace que el prado del vecino esté así de frondoso); (ii) por qué le funciona eso que le funciona y (iii) dónde cree que radica el encanto de su vecino o dónde está la razón del éxito que tiene.

Nada más. Recuerde que una cosa es mirar con calma lo que pasa en el patio del predio contiguo y otra cosa muy distinta es llegar a instalarle una cámara de circuito cerrado de televisión en la cerca. No sólo es ilegal y de mal gusto sino que, sobre todo, está *demás*. Le sobra.

Ahora que entiende qué es lo que hace y por qué le funciona la estrategia a su colega (el ejercicio debe tomar alrededor de una semana en la mayoría de los casos), regrese a usted y ponga su cerebro a trabajar en pos de una sola cosa: encontrar la forma más innovadora y creativa de hacer de usted alguien más *competente*. Ahora bien, lo de la innovación y la creatividad puede ser menos relevante frente a lo importantísimo que es el sujeto pasivo de la acción: usted. Ahora que entendió qué está ocurriendo afuera, céntrese en usted. Ya no mire más hacia los lados porque así es como comienza a colársele el miedo en las entrañas.

Y no es que el miedo sea un problema. En realidad el miedo viene siendo una señal preciosa que le notifica que está adentrándose en un terreno donde el entorno comenzará a exigir más de usted. ¿No es así, pues, como se ha logrado prácticamente todo el avance de la historia de la humanidad, metiéndose en nuevos líos? La única manera de vivir una vida 100% libre de angustias es permaneciendo encerrado, como aquel felino que pasa sus días paseando en círculos dentro de la misma jaula de siempre. Y se puede: resguardarse siempre será una opción. Lo que ocurre es que el tigre sólo se muestra en su esplendor cuando sale por la sabana a rugir y a hacer lo suyo. Igual usted[7].

---

7   En el evento de haberse sentido identificado con la metáfora, la banda sonora de su epifanía podría ser la canción "Roar" ("Rugido") de Katy Perry. Una de mis partes favoritas (si la recomiendo es porque hace parte de la banda sonora de mi vida), es esta: "Now I'm floating like a butterfly / Stinging like a bee I earned my stripes / I went from zero, to my own hero" ("Ahora estoy flotando como una mariposa. Picando como una abeja, gané mis propias rayas. Pasé de cero a ser mi propio héroe"); traducción libre de la autora.

Por último, en cuanto a lo que tiene que ver con el miedo, hay una reflexión que me hice a los 28 años, la víspera de cambiar por completo de vida (de trabajo, de estado civil, de domicilio, todo a la vez) y que la he interiorizado tanto que ya no sé si me ocurrió a mí o si la leí en algún lado: *no tengo tanto miedo de lo que están haciendo los demás como sí de todo lo que yo estoy dejando de ser por seguir aquí, encerrada en lo de siempre.*

El mío, ¿no es *también* su caso? Hablándole desde la orilla en la que estoy ahora, varios años después de haberme atrevido a dejar atrás todo lo que conocía pero que no me gustaba, le digo esto con absoluta confianza: debería encaramarnos más el terror de todo lo que estamos perdiéndonos que las dos o tres cosas que —sin embargo, tal vez, eventualmente— nos podrían pasar. Si desconfía, elija a la suerte cualquier persona de 90 años y corrobore el dato. Y se acordará de mí.

> Ver al otro como un rival en vez de verlo como un maestro hace que perdamos millone$ en buenas ideas a cada encuentro — **Tweet vía @SylviaNetwork**

Avanzando en el análisis del prado del vecino como obstáculo de su felicidad, hay otra pregunta que resulta clave: ¿qué sacamos con seguir tomando nuestros complejos tan en serio? Estamos perdiendo vida, amistades ¡y hasta dinero!

Dejar de ver a su colega como un oponente puede ser una de las cosas más lucrativas que haya hecho en toda su carrera. Una forma sencilla (entre muchas) de comenzar a tener más *colegas* que *contendores* consiste en cambiar (rápido, por favor) de obsesiones.

En vez de seguir aferrado a nuestras clásicas dos testarudeces, a saber, (i) querer tener siempre la razón y (ii) querer ser *El Mejor*, pásese a otras que puedan representarle mayor utilidad.

Por ejemplo, (i) querer tener mejores relaciones y (ii) querer ser *Excelente* (ya nunca más el ruego de querer ser *El Mejor*; eso es muy desgastante y a la larga no garantiza nada. La excelencia, en cambio, lo estimula; lo ubica a usted mismo como punto central de comparación y lo adentra en una dinámica virtuosa de continuo mejoramiento de la que no querrá salir nunca más porque, cuando es sincera, llega a ser muy divertida). Y, bien, retomando el hilo del argumento, íbamos en que de momento lo exhorto a cambiar de obsesiones.

¿Dónde está el rédito de sustituir su fijación? En la calidad de las conversaciones que tendrá y en el valor (medido prácticamente en quilates) de la información que usted comenzará a intercambiar a cambio de superar el prurito del truco que no se atrevía a revelar. Su éxito depende de muchos factores, así que muestre algunos aspectos de su coctel ganador con confianza; sin vacilar. Dé la bienvenida a la competencia en su vida y sea generoso con ella... sin dejarse pisotear. Recuerde que todo el tiempo hemos estado hablando en términos de un sano (y por lo tanto equitativo) intercambio. In-ter-cam-bio.

Inmerso en una dinámica expansiva de estas (donde hay más colegas que competidores a su alrededor), lo de menos será que el vecino tenga el temido prado verde del principio de este acápite, y que el suyo, a la fecha, siga siendo un arrume de chamizos amarillentos. Lo de *más* será que usted, desde el momento en que se anime a dar el salto necesario para montarse en la cadena de la abundancia, tendrá todas las herramientas para revertir la tendencia y mejorar la calidad de su propio césped con una velocidad prodigiosa. A partir de ese punto lo único que hará falta incorporar a su estrategia será algo de creatividad para mejorar su perfil (o sea, pulir sus habilidades), así como implementar un par de consejos tomados del marketing para comunicar y posicionar mejor su marca personal.

Pero no se olvide de lo importante: que el pasto del vecino sea más verde es lo de menos, siempre y cuando usted esté dispuesto a invertir en abono de calidad para el suyo. Recuerde que dentro de usted hay una semilla por lo menos igual de buena a la de ese pasto que quizás por ahora envidia. Cultívela. Lo grave sería no tener semilla (y el hecho de leer esta clase de libros; de preocuparse por su bienestar, son señales sutiles pero inequívocas de que dentro de usted sí está esa chispa). ¿Cuántos incendios no han comenzado, pues, a partir de una modesta chispita?

Enfóquese más en sus progresos que en la puesta en escena de los otros.

> Si subestimar la competencia es peligroso, sobrevalorarla lo es aún más — **tweet vía @SylviaNetwork**

Obstáculo No. 3: El irresistible teléfono inteligente; las redes sociales; el *"beep"* de las notificaciones y nuestra manipulable química orgánica

Si lográramos disminuir en una rayita el embeleso en que nos sumergimos al sentir que estamos llamando la atención, las reglas de la vida serían bien distintas. Y si, además, fuéramos capaces de sentirnos sinceramente tranquilos con el hecho de que afuera están pasando cosas divertidísimas de las que no estamos participando porque estamos ocupados viviendo nuestra propia vida, nos dispararíamos a la estratosfera. Nos dispararíamos, sí, en términos de felicidad y de productividad (y lo haríamos en ese orden, que, dicho sea de paso, más que ser un orden caprichoso es un proceso lógico). Ya vamos a ver cómo opera el fenómeno.

En fin, quién es el inteligente: ¿el teléfono o usted? —actúe en consecuencia

La Madre Naturaleza, que siempre ha encontrado la forma de salirse con la suya (o, en este caso, de garantizar que sigamos dando el trámite correspondiente al proceso de la evolución), incorporó en nuestro diseño químico original un mecanismo que nos hace experimentar placer cada vez que logramos algo, así como cada vez que recibimos alguna señal de reconocimiento o de aprobación. Es su forma de hacer que queramos seguir avanzando.

Puesto en términos prácticos, diremos que estamos diseñados para que progresar se sienta tan encantador en todo nuestro cuerpo que siempre estemos en busca de un poco *más*. La gratificación instantánea no sólo es un recurso motivacional relativamente fácil de entender sino que, además, es muy usado por todos nosotros. Sí, todos nos valemos de ese sistema en algún punto: como padres (ofreciendo helados a cambio de un buen comportamiento delante de la visita); como parejas (dando pruebas de amor a cambio de que el otro acepte algún plan o de que incruste un diamante extra en la joya) y, cómo no, como jefes (con bonos a cambio de resultados).

El nombre químico del bombazo de placer con el que se nos premia por alcanzar una meta es "dopamina" y la liberamos cada vez que anotamos un gol. Esa fue la forma menos obvia pero más directa que encontró la naturaleza para evitar que el género humano acabara siendo una caterva de semovientes resignados y perezosos. Pongámoslo de otro modo: desde el punto de vista de la dinámica evolutiva era muy peligroso que para el ser humano fuera indiferente conseguir nuevas cosas o seguir en lo mismo. Si alcanzar más metas no implicara obtener algo a cambio, no habría avance. O al menos no un avance tan significativo. Y se frenaría la evolución.

De otra parte, uno de los rasgos más definitivos de la época en que se escribe este libro es el hecho de que hay tantos teléfonos celulares como personas. Es más, en Colombia tenemos menos personas que móviles[8]. Y la mayoría de nuestros teléfonos, por supuesto, incorporan (una o dos) buenas cámaras con las que vamos captando las imágenes que ponemos con afán en las redes sociales para ir enterando al mundo de qué tan guapos nos vemos hoy (en caso de emergencia, sabemos los filtros de Instagram siempre estarán ahí para darnos una mano),[9] qué tan sofisticada es nuestra comida o qué tan confortable es el hotel donde estamos alojados. En fin, siempre que el decoro y el sentido de la oportunidad nos lo permiten, publicamos algo que cuente al mundo exterior quiénes somos, qué hacemos y por qué somos valiosos.

Dicho esto, nos encontramos ya en el punto en que podemos juntar todas las piezas de esta sección para ver qué figura asoma en el rompecabezas: la manipulable química orgánica, las redes sociales y los teléfonos inteligentes como integrantes de un mismo obstáculo externo a nuestra felicidad.

Cuando estamos en la oficina, haciendo las cosas normales de siempre (por las cuales no se nos reconoce ni se nos gratifica —o sea que de ahí no saldrá ninguna dopamina), una forma sencillísima de administrarnos pequeñas pero frecuentes dosis de placer consiste en ubicar qué foto o qué idea (en forma

---

8 "Colombia, el país de los smartphones": Revista *Semana,* 27 de junio de 2015, sección Tecnología, citando el estudio publicado en el mismo sentido por el Ministerio de Tecnologías de la Información y las Comunicaciones.
9 El impacto de la proliferación de los teléfonos con cámaras y conectados a internet es tan profundo que ha llegado a cambiar nuestro concepto de belleza física. Hoy se reputa como hermoso todo lo que sea fotogénico. Y los rasgos que mejor registro fotográfico tienen son los ojos y las bocas grandes puestos en una cara de ángulos cuadrados, marcados, como lo desarrolla la doctora Katherine Hakim en su libro *Capital Erótico* (título original: *Honey Money. The Power of Erotic Capital.* Random House Mondadori, 2012, p. 21).

de tuit o de actualización de estado en Facebook, por ejemplo) podríamos publicar en nuestras redes sociales con el fin de obtener la mayor cantidad posible de "Me gusta" (o de corazones, estrellas y comentarios o, aún mejor, de gente que comparta en sus perfiles lo que nosotros dijimos. Esto último sí es el máximo suceso pero, en todo caso, para nuestro propósito de ser reconocidos, de un "Me gusta" en adelante, todo sirve).

[Este párrafo debe leerse de un tirón; casi sin signos de puntuación porque describe un fenómeno muy complejo]: cuando publicamos cualquier cosa que sea del gusto de los demás, comienzan a llegar las notificaciones. Cuando la pantalla del móvil se ilumina para avisarnos del nuevo "Me gusta", se interrumpe nuestra concentración en aquello que estábamos haciendo pero no nos importa porque cada notificación va directo al centro de placer de nuestro ego y ningún precio es demasiado alto por un capricho. El enfoque con el que deberíamos estar haciendo nuestro trabajo se ve igual (o más) entorpecido por el hecho de que mientras *esa persona a la que* —en silencio— va dirigida la publicación; mientras *esa persona* en particular no la haya visto, no habrá cumplido su verdadera finalidad en el coctel químico de nuestra alegría, así que los "Me gusta" que vamos recolectando de los demás, son agradables pero siguen siendo menos importantes que el "Me gusta" de ese Fulano en especial a quien queremos halagar o fastidiar y nosotros seguimos sin prestar atención a los asuntos de la oficina porque tenemos ese logro pendiente en el cerebro. Por supuesto, si nuestra concentración se interrumpe, cada vez que volvamos a nuestros deberes, tendremos que retomar el tema casi desde cero (mortal para la productividad), de manera que al final del día sentiremos la frustración de que estamos muy cansados pero que el cansancio no es proporcional a lo poco que produjimos. Y si pasan varios días —meses— en los que no estamos dentro de las cifras de productividad, el jefe no sólo no nos felicitará sino que no nos ascenderá y, mucho menos, autorizará el aumento de salario que necesitamos para comprarnos nuevas cosas que podríamos presumir en las redes y así es como el teléfono, nuestro sistema endocrino y el timbre de las notificaciones acaba boicoteando nuestra felicidad.

Digámoslo más corto: a nuestro cerebro le encanta saber que está llamando la atención y una forma fácil de hacerlo son las redes sociales. Por estar pendientes de esas redes, descuidamos el trabajo. Por descuidar el trabajo, no logramos las metas de la oficina y cuando se nos va el día completo sin hacer lo que teníamos que haber hecho, terminamos la jornada agotados y sin nada importante qué celebrar. Todo por un celular.

Y quienes sentían que iban saliendo ilesos de la escena por no estar dentro de las redes sociales más convencionales (Facebook, Instagram, Twitter y eventualmente LinkedIn), no deberían reír muy alto: la dopamina también se siente cuando oímos el timbre de la notificación de un nuevo correo electrónico o de un mensaje de texto (por ejemplo a través de WhatsApp).

Desde mi punto de vista, la mejor explicación del fenómeno está a cargo de Simon Sinek[10] cuando, palabras más, palabras menos, plantea lo siguiente: todos odiamos recibir un nuevo mensaje de parte de alguien de la oficina (jefe o colega) porque por lo general significa que tendremos más trabajo por hacer. *Pero* si bien es cierto *odiamos* el correo, es aún más cierto que nos encanta el pitido de la notificación. Nos encanta. Para nuestro cerebro, el *"beep"* es equivalente a un zumbido que le recuerda *"¡Alguien pensó en mí!"*. Y esa, por supuesto, también es dopamina circulando por el torrente sanguíneo; es la dopamina haciendo de las suyas.

---

10   Simon Sinek en 99U Pop-up School by Behance. "Start with why", conferencia disponible en YouTube.

"Al santo que no se ve, se le pierde la devoción"

Ninguna de las consideraciones anteriores va encaminada a sugerirle (como conclusión de este capítulo), que se deshaga de su teléfono inteligente y menos que desaparezca de las redes sociales. Tanto tener un *smartphone* como estar en las redes más relevantes son requisitos fundamentales para su marca personal hoy. El hecho de que de un tiempo para acá, además de tener nuestra vida normal, llevemos una vida paralela en el mundo digital, hace que el refrán que dice que "Al santo que no se ve, se le pierde la devoción" vaya cobrando más y más fuerza: usted no puede permitirse no estar porque estar desconectado es casi como no existir.

Suscríbase en cuantas redes sociales le plazca. Diviértase repartiendo "Me gusta". Sonría con cada "Me gusta" que le pongan a usted. Gócese el pitido del mensaje. Haga todo eso pero (i) recuerde cuál es el botón que le están hundiendo en el centro del gusto con cada interacción; (ii) si lo considera conveniente, desactive las notificaciones sonoras del teléfono (lo he probado con varias y he venido sintiéndome de maravilla); (iii) evite caer en la trampa de comparar su trabajo con el de otras personas (recuerde que nadie cuelga sus miserias en Facebook) y (iv) asegúrese de detectar a tiempo cuando se le esté "creciendo el enano": si sólo está tratando con otros humanos a través de las redes o si su vida en internet le importa más o le causa más satisfacciones que su vida en 3D (su vida real), hay que hacer algo urgente. La vida real no es algo de lo que deberíamos sentir la necesidad *permanente* de escapar.

Haciendo una brevísima recapitulación, en esta segunda parte hemos venido señalando que su felicidad en la oficina puede verse empañada tanto por obstáculos internos (el pesimismo, el afán, etc.), como por estorbos externos (la apreciación inexacta del jefe, el hábito de compararse con el colega y el teléfono celular). Esas son razones objetivamente apreciables: todas existen y lo que corresponde es aprender a lidiarlas. Pero si hay una cosa que usted no debería permitir (o seguir tolerando), son los obstáculos inventados.

Suficientes noches en vela pasamos de niños teniéndole miedo al monstruo de debajo de la cama como para que ahora, de grandes, nos sigamos dejando arrinconar por fantasmas que nada más existen en nuestra cabeza. Y así, con el propósito de lograr que sus creencias dejen de acorralarlo, lo invito a leer el capítulo que viene, porque hablaremos de las más importantes.

CAPÍTULO 8
OBSTÁCULOS INVENTADOS

"Sabemos cuál es el camino pero, en vez de seguirlo,
nos salimos para luego quejarnos por habernos perdido.
Inventamos excusas que convertimos en motivos;
confundimos lo que debimos hacer
con lo que realmente hicimos y vivimos"
El Chojin, "Por qué I.R.A."

A pesar de que la mayoría de las cosas que ocurren en la vida no le pasan *a uno* sino que suceden *a través de uno*, a medida que avanzan los años perdemos la capacidad de discernir entre lo que de verdad existe y lo que alguna vez nos inventamos para salir de algún aprieto. Las soluciones que nos funcionaron para resolver *ese* asunto específico, muchas veces acaban por quedarse, por enraizarse. Un día nos dijimos algo mentalmente para aliviar el ego que quedó malherido luego de una reunión; alguna tarde tuvimos que culpar a alguien de nuestra tragedia para no tener que poner el pecho a dos cosas al tiempo (a la tragedia y a la culpa de haberla causado); en otra oportunidad decidimos posponer una decisión con el argumento de que el resultado todavía estaba muy lejos y así *ad infinitum*.

Haber hecho todas (o cualquiera de) esas cosas buscando apagar cualquier incendio personal estuvo perfecto, como, por ejemplo, también estuvo perfecto que siendo un niño hubiera inventado al amiguito que estaba de visita en su casa el cuento de que debajo de la cama había un monstruo con el objetivo de poner algo de emoción a la noche. Lo que en cambio no tiene sentido es que a estas alturas de la vida continúe durmiendo con la luz del baño encendida o que persista en usted (o en mí) la creencia de que la cobija es una coraza anti-monstruos porque la historieta nos quedó tan bien inventada que incluso hoy la estamos reproduciendo. Y creyendo.

Por consiguiente, procure no complicarse más la vida inventando obstáculos que frenen el paso a su felicidad y que en la práctica sean equivalentes a El Coco.[1] En especial (y por lo peligrosos que son) evite los dos que vienen a continuación.

Obstáculo No. 1: su idea de sí mismo

> Ya quisiera el archienemigo poder sabotearnos con la misma eficacia que lo hacen nuestros sentimientos vueltos pensamientos... — **tweet vía @SylviaNetwork**

El catálogo de desafíos al amor propio que debe atravesar el ser humano en edad productiva puede ser ilimitado, además de oprobioso. Por ejemplo, hay reuniones de trabajo por las que

---

1 "El Coco" es el espanto favorito de las mamás de mi generación cuando se trata de conseguir que los niños pequeños hagan o dejen de hacer algo.

uno pasa *sin pena ni gloria*, como si ni siquiera hubiera estado ahí, y le toca morder el polvo del anonimato durante todo el tiempo que dure la sensación de no existir. También hay comités que parecen un convite en contra de uno y el pobre *Yo* sale apaleado, desolado. Indiscutiblemente hay rasgos físicos con los que no acabamos de amañarnos por más que durante las meditaciones nos repitamos que nos vemos maravillosos y que nos queremos tal como somos.

En cuanto tiene que ver con los talentos, sabemos que hay habilidades con las que hubiéramos querido nacer pero que no vinieron en nuestra configuración original y que no tendremos ni en el corto ni en el mediano plazo —o al menos no a cambio de un esfuerzo razonable— (esta, dicho sea de paso, es una razón capital para ir con pies de plomo por del mundo de la autoayuda, que a la hora de hacer promesas fantasiosas sólo compite con los políticos).

También dentro del género "Desafíos al amor propio", encontramos ese *deber ser* de las cosas que nos inculcaron durante los años de escuela y de universidad. Nos dijeron que la fórmula del éxito tenía unos ingredientes muy específicos (trabajo duro, constancia y estudio juicioso) y, aunque hemos seguido la receta tan al pie de la letra como hemos podido, la verdad sea dicha, no hemos logrado ser todo lo exitosos que nos prometieron que seríamos si hacíamos las cosas bien; si no nos salíamos del libreto. En resumen, por muchas razones y de muchas maneras, sólo continuamos frustrándonos.

Y así, entre lo que quisiéramos ser y no somos; entre lo que nos enseñaron a hacer pero hemos ido comprobando que no funciona y entre las penurias de los días duros en la oficina, la idea positiva que quisiéramos mantener acerca de nosotros mismos se resquebraja al mismo paso irreversible al que se deslíen las figuritas de azúcar en la boca de un niño.

Daniel Goleman, el autor de varios títulos sobre la inteligencia emocional, un clásico relativamente reciente y de gran importancia para la psicología positiva, describe el fenómeno de la siguiente manera en una obra posterior:

> La información que amenaza el yo —aquella que no respalda la historia que uno se cuenta acerca de sí mismo— supone también una amenaza para la autoestima. Y esta clase de amenazas constituye una fuente importante de ansiedad. En el caso de los animales, el estrés está ligado al peligro físico, pero en el caso de los seres humanos basta con un desafío a la autoestima para desencadenar un ataque de ansiedad[2].

No tendría caso negarlo: los ataques psicológicos que propina el entorno sí son verdaderos desafíos para la felicidad. Sin embargo, tan cierto como todas las circunstancias duras que tenemos que enfrentar (las del castillo del terror que describí en los primeros párrafos de este capítulo), tan real como todo eso, es el hecho de que, si usted actúa a tiempo, los desafíos a su bienestar no tendrían por qué degenerar en obstáculos. Es más, hasta podrían ser majestuosamente superados.

Un provechosísimo primer paso podría consistir en examinar lo que usted piensa de sí mismo; qué frases retumban en su cabeza al momento de entrar a la sala de juntas o, incluso, desde un momento anterior: revise aquello que se dice durante el diálogo que sostiene consigo mismo a medida que sube los escalones del lugar donde trabaja. El paso número uno es, pues, inspeccionar; *auditar* las transacciones emocionales de su cerebro.

---

2   Goleman, Daniel. *El punto ciego. Psicología del autoengaño.* Título original: *Vital Lies, Simple Truths.* Penguin Random House, México, 2016. Tercera reimpresión de la primera edición, p. 141.

Ni tanto que queme al santo, ni tan poco que no lo alumbre

La carnicería salvaje de hojas de vida circulando por las redes profesionales, por las páginas de empleos en internet y por las firmas cazatalentos, sumada a la avalancha de egos desatados exhibiendo por decenas los títulos de posgrado obtenidos en universidades del exterior, hacen muy difícil seguir manteniendo la cordura. Con toda esa presión viniendo de tantos frentes a la vez, es muy complicado mantener la cabeza en su puesto.

En unos casos la respuesta adaptativa (que con seguridad al principio es inconsciente), consiste en soltar un chillido agudo y recio; de esos que perforan los tímpanos. Sí: cuando la amenaza es alta, nuestro recurso inmediato suele ser ir corriendo a la pared donde colgamos los logros y escarbar entre los diplomas para ver qué podríamos hacer valer de nuestra trayectoria; de nuestros méritos; de la universidad a la que fuimos o, en fin, revoloteamos desesperados, con la idea de echar mano de cualquier otro recurso que nos habilite para continuar con algún decoro en la batalla.

En otros casos el remedio más rápido (y de mayor ahorro de energía para el cerebro) es declararse derrotado para siempre. Ya. Derrotado sin remedio.

El problema que entrañan estos dos escenarios (ese donde uno infla el perfil y aquel donde el paciente resuelve proclamarse perdedor irredimible), es que ambas soluciones obstaculizan el flujo de la felicidad por la misma causa: ninguna es *completamente cierta*; ambas respuestas son *relativamente falsas*. Pero las usamos porque tanto la una como la otra nos permiten escapar de la realidad. Analicemos brevemente ambos casos (porque el riesgo de protagonizar cualquiera de las dos escenas es muy alto).

La [in]felicidad y la creencia
de ser demasiado importante

Quien *sabe* que es importante se preocupa por los demás. Quien *cree* que es importante piensa que todos a su alrededor son sus súbditos.

Como no podría ser de otro modo, en realidad espero que a estas alturas usted esté convencido (en grado de certeza) de que usted es muy importante, porque lo es. Ocurre que quizás no lo sea por las razones tradicionales (esas en las que puede estar pensando justo ahora, mientras lee), sino que posiblemente su valor radique en otros atributos que poco o nada tengan que ver con las cifras astronómicas que haya costado su educación o el abolengo que distingue a su apellido.

Verá: en primer lugar, el hecho de estar vivo ya hace de usted alguien valioso porque significa que, a cada vez que respira, está cumpliendo con esa lidia vital que cada quien debe dar solo —por su propia cuenta—. Desde una óptica evolutiva, estar aquí (con todo lo que eso implica y que sólo usted conoce), ya es bastante.

En segundo lugar, el que usted sea capaz de amar (y de la forma tan particular que tiene de hacerlo; con esa fuerza, con esa intensidad —como cuando de verdad está involucrado en la relación), va sumando otra cantidad importante al valor de la cuenta total.

Y, en tercer lugar, usted vale su peso en oro macizo porque la fe que tienen puesta en usted sus *fans* (tanto admiradores secretos como declarados —puedo asegurarle que de los primeros tiene varios—), aparte de la fe que también le tiene el universo, que cuenta con que usted sea capaz de animarse a ser todo aquello que puede ser, lo rodea de un halo especial. Esas tres características (estar vivo, ser capaz de amar y ser el depositario de las ilusiones de otros), básicamente, lo convierten en una persona muy importante. Tal vez ahora coincidamos en este punto de vista: a mí me gusta creer que somos valiosos por estas razones que acabo de mencionar y no por otras (cualquier razón externa). Todas las demás fuentes de importancia extrínseca son accidentales o, como máximo, circunstanciales.

Su encanto, pues, se mantendrá intacto o, inclusive, aumentará, en la medida en que usted interiorice los argumentos que le he dado en el párrafo anterior (porque son muy ciertos — sé que los *sintió* ciertos—), siempre y cuando no se encarnice repasándolos. Tener demasiada consciencia del valor personal nos lleva de *sabernos* a *creernos* importantes. Y ahí todo se complica. Quienes se ufanan —sin necesidad— (presumir es algo que siempre está de más), quienes viven con la obsesión de dejar muy claro a la audiencia quiénes son y por qué son importantes, suelen tener en común estas características (en extremo incompatibles con la felicidad):

» Les encanta (hasta el paroxismo) insistir en el título. Ya sea por el rango dentro de la compañía o por el grado académico.

» Son muy extenuantes como colegas porque nunca están dispuestos a hacer tareas modestas (y en la vida todos tenemos que remangarnos de vez en cuando. Lo lindo —lo *poético*—, sería que nos remangáramos y nos ocupáramos de las tareas sencillas con verdadero gusto).

» Como por lo general no tienen claro quiénes son ni por qué son valiosos, les aterra la idea de mostrarse normales ante los demás (usar ropa normal, llevar una vida normal). Les inquieta dejarse ver humanos, alegres o vulnerables porque sienten que están poniendo en riesgo su prestigio.

» Cualquier movida inesperada del mercado, de un colega o de la competencia, los hace sentir amenazados y reaccionan con agresividad o con crueldad (y no sabría decir cuál de los dos zarpazos es peor).

» Viven demasiado conscientes de todo el sufrimiento que han pasado para llegar donde se encuentran. A menudo rebobinan la película con el inventario de todo lo que podrían perder si apareciera otro personaje que tuviera un resplandor más fuerte que el de ellos y esa zozobra no los deja vivir en paz.

Espero que este listado, que es apenas enunciativo o parcial, le permita, sin embargo, evaluar lo grave, lo dañino que es (en términos de su felicidad) creerse una persona muy importante y, sobre todo, lo nocivo que es depender de reafirmaciones externas para considerarse valioso. Definitivamente su confianza no puede edificarse en lo que tiene y tampoco en lo que sabe. Sobre todo lo segundo.

En relación con el conocimiento como fuente de valor personal hay que destacar un fenómeno que está cocinándose a fuego lento y que quizás hasta ahora haya pasado inadvertido pero que dentro de poco se hará evidente: estamos tan refundidos dentro de un océano de información y de conceptos, que no notamos que, en breve, los datos comenzarán a prescribir (a caducar) en espacios de cinco años o menos. Creernos valiosos por lo que sabemos sería tan triste como tatuarnos en la frente una fecha de vencimiento.

La [in]felicidad
y la creencia de ser poco importante

A nuestro cerebro le encanta la autocompasión. Partiendo de esta realidad, desde el punto de vista del marketing editorial lo más estratégico que yo podría hacer sería dedicar al menos un capítulo de este libro (cuyo tema central es la felicidad) a apilar mensajes bonitos, halagüeños e indulgentes (como un pañito de agua tibia). Podría, sí, pero me resisto a causarle ese mal. Es más: me urge hacer todo lo contrario.

Aunque al principio pueda ocurrir que se incomode un poco, recuerde que este no es un libro que haya escrito con la intención de incomodarlo. Sé que una vez más estoy arriesgándome en grande con usted, querido lector; querida lectora. Por supuesto, si lo hago, es porque tengo varias razones para creer que al final del argumento acabará queriéndome: la posibilidad de que a partir de ahora acabe con la pereza mental que hay detrás de la jugarreta de decirse que usted es poco importante y que por eso no puede ser feliz, es alta.

> Creerse poco importante es la excusa más tonta para dejar de soñar — **tweet vía @SylviaNetwork**

Ni el poeta más sensible ni el científico con el modelo teórico más minucioso conseguirían describir lo duro que es respirar cuando lo que corcovea es la autoestima. Imposible. Hay cosas que únicamente se conocen cuando se viven. Es el caso, por ejemplo, de la infelicidad que se siente al creer que uno es poco importante.

Algunos hemos pasado por el trecho doloroso de tener que comenzar cada jornada (por días, por meses o por años) no preguntándonos *cómo organizar las actividades del día* sino *qué hacer primero entre gritar y llorar*. Sí, hay segmentos de la vida en que la mortificación es la existencia misma, pero también hay que saber que es posible salir de ese calabozo. Lo primero que hay que tener en cuenta es que la boleta de libertad lleva una sola inscripción en letras mayúsculas: "DEJE LA PEREZA".

Sin lugar a dudas, en la vida hay situaciones punzantes que —lo queramos o no—, nos marcan; nos hacen tambalear toda la estructura del amor propio y acaban minimizando hasta la autoestima del más fuerte. Por supuesto, hay casos en los cuales la intervención de un psicólogo o de un psiquiatra puede ser definitiva. Es obvio que a nivel consciente cualquiera preferiría estar bien en lugar de estar mal. Y también es muy cierto que aunque es mucha (muchísima) la gente diagnosticada con depresión severa, quienes no somos depresivos clínicos, somos más.

Lo que sucede con nosotros (los integrantes de esa mayoría que a veces está triste, demasiado triste y sin embargo se mantiene dentro de los frágiles límites de la cordura), es que cuando las cosas se complican en extremo, llegamos a creer que no vamos a ser capaces de continuar. Ahora bien, aun cuando hemos llegado a creer eso, lo cierto es que todavía estamos aquí. No nos morimos y tampoco se nos saltó ningún fusible en el cerebro... de modo que hay que seguir.

Pero (para todo lo importante siempre hay un "*pero*"), tampoco se trata de seguir por la vida como si fuéramos despojos humanos que deambulan por ahí. La idea, al contrario, es que avancemos como lo haría una persona consciente, deliberante y proactiva. Como lo haría alguien que no necesita de amuletos para creer que las cosas van a resultar bien. Con esa actitud de héroe (de ser su propio héroe) es que hay que continuar. La actitud de animalito asustado también es válida pero no tiene gracia: se perdería gran parte del encanto de nuestra venida a la Tierra.

Creerse poco valioso
es ponerse justo en la mira del cañón

Una de las primeras insensateces que se nos pasan por la cabeza cuando estamos en la onda de la poca valía personal, es la de creer que es una buena idea estar disponibles para el jefe todo el tiempo; incluso en la madrugada; incluso los fines de semana. ¡Craso error!

El jefe lo apreciará más (tal vez ocurra todo lo contrario). Usted no ganará el premio al más eficiente ni sus compañeros lo querrán más. Ninguno de esos escenarios de ensueño se convertirá en realidad por una razón que, aunque permanece escondida, es elemental: el ser humano desprecia en secreto a quien vive arrodillado.

Vayamos despacio y con orden: la genuina humildad, que es una virtud (muy deseable, por cierto), es, como mínimo, el antónimo de victimización. Y de humillación. La humildad implica, desde la definición del concepto[3], el conocimiento de sí mismo. Esta clase de nobleza se caracteriza por conocerse, por respetarse, por saber cuáles son sus límites y por actuar en consecuencia.

Ahora bien, en el extremo prácticamente contrario se encuentra la gente que considera muy estratégico victimizarse. La forma más sencilla de lograrlo (de convertirse en una víctima exitosa, con todas las de la ley), consiste en dejar de observar los límites personales más simples, como los que derivan de la necesidad (naturalísima) de descanso.

Creerse alguien poco valioso es, desde cualquier ángulo que se mire, un obstáculo para la felicidad. El menosprecio personal conduce a no tener consigo mismo los gestos amables y consi-

---

3 Humildad: "Virtud que consiste en el conocimiento de las propias limitaciones y debilidades y en obrar de acuerdo con este conocimiento", diccionario de la Real Academia de la Lengua Española

derados que en cambio sí tendría con otros. Llevar la autoestima por el piso nos hace caer en toda clase de necedades para tratar de sumar puntos a como dé lugar. A propósito, hasta hace un momento estábamos refiriéndonos al hecho de permanecer siempre conectados como forma (desastrosa) de querer ganar el afecto de los demás, de modo, pues, que terminaremos de desarrollar la idea con la intención de que —ojalá— la tendencia a estar disponible más allá de lo necesario se revierta de inmediato.

El círculo vicioso de la *hiperdisponibilidad* (refiriéndonos a ella como forma inadmisible de descortesía vital con uno mismo) es el siguiente: su mente comienza a dar crédito a la idea (falsa) de que usted es una persona poco valiosa, así que en la desesperación de hacer méritos de alguna forma (o en la resignación de estar condenado a ser la Cenicienta perpetua de su oficina y hacer los trabajos que los demás deberían pero no quieren hacer), llega a la conclusión de que lo estratégico es dejar el teléfono celular encendido y activar el sonido de todas las notificaciones las veinticuatro horas del día.

Por estar durante las noches y durante los fines de semana con un pie en su casa y con el otro en el trabajo, sus relaciones familiares comienzan a deteriorarse (no es fácil interactuar con un zombi de mirada acuosa, que siempre está neurasténico y un poco ausente, ¿sabe?). Sus relaciones interpersonales se van a pique y su vida privada comienza contraerse al punto de dejar de existir. Como los lazos de afecto (que son los más valiosos; los que no sólo lo unen con sus seres queridos sino que ratifican maravillosamente su condición de humano), como esas conexiones comienzan a desaparecer, dentro de lo que es el panorama general de su vida, usted deja de encontrar un sentido superior a las cosas que hace (porque ya no hace parte de nada, ni de una familia ni de un grupo ni de un clan ni de nada), así que el trabajo comienza a ser un fin en sí mismo. Peligro: un requisito para la felicidad es que el trabajo apenas sea un medio; no un fin en sí mismo.

En efecto, cuando uno trabaja por el trabajo en sí y no por el trabajo como forma de lograr otras cosas o como forma de ayudar a alguien más, su equilibrio se vuelve muy frágil porque la frontera que divide lo que usted *es* de lo que usted *hace* se desvanecerá. En términos prácticos, si trabajar es el hecho que da validez a su vida, dentro de poco comenzará a exigir demasiado a su realidad oficinera y cuando no obtenga el nivel de satisfacción que desea, se frustrará y las cosas comenzarán a ir peor.

Continuando con el relato, dado que la compañía, la empresa para la que usted trabaja es una persona jurídica[4] y no un ser de carne y hueso, dotado de sentimientos, usted ya no recibe afecto de ninguna fuente y, de otra parte, tampoco tiene a quién dar el suyo, de manera que ahora sí tiene una verdadera causa para deprimirse. Como lo dijimos antes, cuando estamos tristes, bajan las defensas. Y cuando estamos inmunodeprimidos, somos terreno fértil para toda clase de enfermedades y listo: sobra describir el desenlace.

¿Alcanza a figurarse lo costoso que resultaría alimentar la creencia de que usted no es importante?

Pero unos párrafos arriba hice una vigorosa afirmación que, sin embargo, continúa sin desarrollarse: su boleta de libertad hacia una vida más feliz lleva una inscripción en la parte superior, en letras bien grandes, que dice "DEJE LA PEREZA"; ¿lo recuerda? Ahora voy a explicarle por qué.

Para su cerebro, que vive empecinado en ahorrar combustible, es mucho más sencillo evadir la responsabilidad de reco-

---

4   O "persona moral". El concepto legal de la persona que no es un ser humano pero que es sujeto de derechos y deberes, como ocurre, por ejemplo, con las empresas.

nocer y procesar los propios sentimientos (sentimientos que en pocos segundos mutan a pensamientos a partir de los cuales se toman las decisiones), que asumirlos.

Como esquivar la fatiga de lidiar emociones le significa un gran ahorro de energía, el cerebro perezoso (o sea, el de la mayoría de nosotros), vive en la búsqueda permanente de un culpable al cual imputar cada cosa indeseada (o dolorosa) que acontezca. Apenas da con una persona que tenga un nivel de participación aceptable en el resultado como para culparla, ¡listo!, deja de gastar energía en ese tema.

Por otra parte, un efecto de esta creencia que casi siempre pasa inadvertido (y que, como no es tan evidente, precisa que lea despacio lo que sigue), es este: cuando uno se siente poco importante, descalifica de entrada cada cosa buena que le pasa (o cada persona interesante que se le cruza) porque, según el montón de cucarachas que tenemos en la cabeza, a alguien de bajo perfil —como uno—, sólo deberían pasarle cosas y relacionarse con personas de poca monta y de bajo perfil, respectivamente.

¿Le ha pasado que una persona que le gustaba dejó de gustarle en el momento en que se fijó en usted? A veces la razón por la que, como por arte de magia, comienzan a salir todos los defectos o, en ocasiones, el único defecto (pero gravísimo) de esa otra persona, es que se fijó en usted. Considerar que usted es sexy, inteligente o interesante, fue el punto de no retorno en el que el otro perdió todo su valor.

En este caso, la razón del desencanto (y aquí radica lo interesante del planteamiento), no es que se hubiera producido porque a fuerza de convivir con el otro usted comenzó a notar defectos despreciables o insoportables en él o en ella, sino que el problema es que eso que le está pasando (a usted) es demasiado bueno para ser cierto. Si es demasiado bueno para ser cierto, hay que tener razón de alguna forma; incluso si lo que hay que hacer es descalificar por completo a un humano encantador.

Lo mismo ocurre con los trabajos o con los jefes: soñábamos trabajar en cierta compañía o hacer parte de la escuadra de algún líder importante y por fin lo conseguimos. Apenas estamos dentro, de inmediato esa empresa se convierte en un centro de esclavitud y ese líder carismático acaba rebajado a la categoría de "ídolo con pies de barro".

Y aunque a veces puede que sí sea cierto (que una vez dentro de la empresa usted pudo notar —o padecer— el irrespeto de todas las leyes laborales del país y todas las convenciones de derecho internacional sobre la dignidad humana, o que al cabo de unos días bajo la dirección de esa persona usted se dio cuenta de que en realidad es un calanchín que hace de idiota útil de alguien más), aunque en ocasiones sí puede que eso pase, en muchas otras lo que ocurre es que usted es incapaz de creer en su buena suerte. He ahí el otro problema de la creencia de ser menos.

Y, al final de todo, el perjudicado es el pobre Universo[5]: complacer a alguien que se detesta es tan complicado como negociar con un mentiroso. Nunca se sabe qué va a funcionar o por dónde se va a colar la tragedia. ¿Cómo hace el Universo (Dios, la energía, el poder superior, su buena estrella, el hada madrina) para tenerlo —por fin— contento? Cuando se insiste en permitir que la autoestima siga desvencijada, uno acaba siendo un hueso muy duro de roer en ese sentido (el de tenerlo contento). Ésa la definición más corta que se me ocurre ahora para la autosegregación. Y el fin de la autosegregación, el final de los días que pasan entre la pereza viscosa de declararse menos, comienza en el momento exacto en que uno decide que sí

---

5   Universo con "U" mayúscula por lo sustantivado

quiere ver; que sí quiere darse cuenta de todo lo bueno que está ahí, esperando a ser percibido:

> Lo maravilloso, lo sorprendente, lo que produce nuestra admiración está ante nosotros con una naturalidad tal que a veces no acertamos a verla de lo puro evidente[6].

Ojalá en medio de esos días de voy-tarde-se-fue-el-agua-en-mi-casa-el-tráfico-está-imposible-me-regué-el-café-discutí-con-un-colega-me-regañó-el-jefe-etc., ojalá en esos días tengamos la audacia, la fuerza de querer darnos cuenta de todo eso que no es tan malo (que es incluso *bueno*) y que *también* nos está pasando. Muy rara vez en la vida (estoy haciendo un esfuerzo enorme por evitar decir "nunca") ocurre que sólo nos pasen cosas *malas*.

Obstáculo No. 3: Su idea de los demás. Creer que está rodeado de ineptos

Si estuviera conduciendo y tomara una autopista donde, de repente, comienza a ver que *todos* los carros van en contravía, ¿estaría seguro de que son *los demás* quienes van en el sentido contrario y no *usted*? Hagamos el ensayo de trasladar ahora la pregunta a la oficina, porque por allí también transitan humanos pensantes —válidos—, y la cotidianidad opera bajo la misma lógica: es imposible que el único que esté siempre en lo cierto sea usted.

Teniendo en cuenta que el propósito de este libro no es el de desarrollar sus habilidades de liderazgo en relación con otros sino, en primera instancia, con usted mismo, no ahondaré aquí en la importancia que tiene que el líder tome consciencia del vínculo estrechísimo que hay entre los resultados de su equipo

---

6   Calvo, Manuel. *Filosofía para la felicidad. Del superhombre a dios*. Editorial Almuzara, España, 2016. Primera edición, p. 68

y su estrategia de comunicación. De momento basta con mencionarlo: los logros de su escuadrón de trabajo están íntimamente relacionados con la forma como usted se comunica con su mundo exterior (no sólo con palabras sino, sobre todo, con el tono de su voz, con la expresión de su cara, con los gestos de su cuerpo y, por supuesto, con los mensajes escritos). Si nadie a su alrededor hace lo que tiene que hacer nunca o si todo el mundo hace siempre las cosas mal, lo más probable es que quien deba ajustar algo sea usted.

Pero, como le decía, teniendo en cuenta que en esta ocasión mi prioridad es su bienestar y que este no es un manual de liderazgo (no lo es en este libro, pero manual de liderazgo habrá; ¡claro que habrá! Esa es una dimensión importantísima para un esquema de felicidad que sea realmente "a prueba de oficinas"); tomando en consideración que lo importante ahora es darle herramientas para que su bienestar vaya de adentro hacia afuera, la razón por la que su creencia de que todos los demás son unos tarados es un obstáculo para su felicidad es la siguiente: si no hay nadie competente a su alrededor, no tendrá en quién delegar algunas funciones y acabará teniendo que hacer todo por su cuenta.

Si usted tiene que hacerse cargo de todo, ya no tendrá tiempo disponible para otras cosas que son igual o más importantes (por no decir más *divertidas*) que trabajar y acabará sintiéndose aturdido, sobrecogido y miserable. De ahí que, incluso si persistiera en usted la idea de que todos los demás son unos mediocres (aun cuando en realidad no lo son), si le queda imposible hacerlo como un acto sincero de reconocimiento al valor del prójimo, entonces hágalo por su bienestar. En el camino de la vida, como en cualquier carretera larga, es mejor tener compañeros que estorbos. Necesitamos que los demás dejen de parecerle estorbos.

Hay dos soledades que no envidio: la de quien no quiere estar solo y la de quien cree estar rodeado de buenos-para-nada —**tweet vía @SylviaNetwork**

Dentro de mis obsesiones confesables está la de prestar siempre más atención a lo que la gente *hace* que a lo que la gente *dice que hace.* Hay conversaciones enteras que transcurren (para mí) sin enfocarme tanto en el tema que se discute como en las actitudes de las personas que están participando en el diálogo. Esta fijación que tengo, aunque ha hecho estragos en mi vida amorosa, a nivel profesional me ha significado una gran ventaja. He podido notar algo que puede tener que ver mucho con su felicidad.

A propósito del vicio de querer ver a los demás como una recua de ineptos y respecto de la ineptitud colectiva como obstáculo para su felicidad, he detectado lo siguiente: en muchos casos, aunque la gente no pida ayuda externa con el argumento de que no hay nadie *confiable,* la verdadera razón para no pedir ayuda está en el fondo del parapeto de creencias personales. Hay quienes están inconsciente pero profundamente convencidos de que necesitar la colaboración de otros en su vida es oprobioso; denigrante.

En efecto, cuando uno se toma el tiempo para descorrer el velo que cubre al líder de apariencia frustrada (ese que se queja de estar inmensamente solo), muchas veces encuentra que, en su telaraña de creencias, lo que ocurre es que el hecho de delegar, de pedir colaboración, de solicitar un consejo o de admitir que el trabajo que tiene que hacer supera sus posibilidades, son (para él o para ella) las señales de alerta que definen (en su mapa mental sobre cómo funciona la vida) a una persona débil, poco profesional o nada confiable. Ahí está la razón de todo: adentro y no afuera.

Este escenario (el de quien se avergüenza de necesitar ayuda), aunque puede parecer más complicado, más oscuro (desde la óptica de la higiene mental), en realidad —pero esta es apenas una impresión mía—, es preferible al de quien de verdad es incapaz de reconocer algún valor en los demás.

Cuando uno se declara impedido de manera irrevocable para encontrar alguna chispa de mérito en otros, el desafío interno resulta ser enorme porque por cada persona que se le cruce —en la vida—, tendría que hacer un procedimiento nuevo; hacer el esfuerzo de encontrarle ese grado de virtud que para él no es evidente.

Por el contrario, si su caso es el de quien piensa mal o siente pesar de una persona que pide o acepta ayuda de otra, su situación puede ser más sencilla. En ese evento, el ajuste que me gustaría proponerle es este: esculque entre los recuerdos que tiene con las personas que han moldeado su concepto de "adulto" (ese bajo el cual se rige usted hoy) y trate de encontrar a partir de quién o de qué momento llegó a la conclusión de que pedir ayuda era un acto propio de seres apocados y risibles.

Cuando tenga ese recuerdo más o menos nítido, pregúntese dos cosas: qué tan vigente sigue siendo ese líder para usted (si esa persona lo marcó, sin duda se trató de un líder) en su vida. Establezca si ese es aún es un modelo tan válido como para seguir haciéndole caso y, a continuación, evalúe qué tan costoso le está saliendo emularlo; seguir —como su maestro— convencido de que nadie a su alrededor es *capaz*. Ah, no, espere: ¡hay una tercera pregunta! Tal vez esta sea la más importante: si usted se animara a confiar y delegar, ¿sabría qué hacer con todo el tiempo libre que tendría? En otras palabras, ¿ha calculado cuánta felicidad sería capaz de soportar?

Tenga presente que gran parte del drama del oficinista contemporáneo está en que en realidad no sabe qué hacer con él cuando no está trabajando. Estamos tan hiperestimulados que ya olvidamos cómo usar el tiempo libre hasta el punto de sentirnos culpables por la diversión, por el placer o por el descanso. Eso explica que, aunque terminemos las actividades a las 5:00 p.m., prefiramos estar decorosamente ocupados hasta las 8:00 p.m.: en todo caso no sabríamos qué ponernos a hacer con nosotros mismos y con nuestros ruidos internos en el entretanto. En últimas recuerde que hasta para estar aburrido conviene tener un método. Es durante la desesperación cuando nos decimos las cosas más absurdas, hacemos las llamadas más tontas, enviamos los mensajes más vergonzantes y tomamos las decisiones más costosas.

Bien pueda extender estas reflexiones a tantos otros dramas que arrastramos los humanos a lo largo de nuestro paso por la Tierra: el problema de fondo es que no sabemos estar a cargo de nosotros mismos. Por eso acabamos mendigando amor, compañía o entretención en cualquier formato.

La buena noticia en medio de tanta triquiñuela mental que hay que superar, es que ahora usted entiende lo que pasa. Y cuando uno conoce las reglas del juego (de su juego mental, en este caso), tiene más probabilidades de ganarlo. En este punto usted cuenta con una serie de herramientas (básicas pero muy prácticas —por lo intuitivas) que le servirán como "Manual del usuario" para comenzar a configurar su esquema de pensamiento de un modo más eficiente. Su cerebro es hábil, sí, pero tenga siempre en mente que eso que ocupa el espacio en medio de sus orejas es apenas un órgano suyo y, como tal, está para servirle, no para hacer de usted un esclavo.

EPÍLOGO

Querido lector:

En una época en la que todo el mundo está obsesionado con acumular más información, ser capaz de (atreverse a) sentir cosas es un atributo que se cotiza al alza. Por lo tanto, para aumentar el espacio disponible para la placidez en su vida, es definitivo que se anime a sentir. Sienta. Sienta mucho. Sienta sin miedo.

Subir sus niveles de felicidad será sencillo en la medida en que usted entienda cómo funciona La Felicidad (así, con las iniciales en mayúsculas), a gran escala. Para empezar a vivir en grande es necesario que deje de teorizar; es preciso que abandone ese sentido *conceptual* de su vida y que, en lugar de eso, hunda con resolución el botón que usted sabe que le hace detonar su bienestar (nadie conoce tan bien como usted cuál es ese botón).

No postergue los mejores momentos de su *historia* (en el sentido extenso de la palabra), tratando de esquivar las sensaciones incómodas. Ponerles el pecho se llama "vivir". ¿Recuerda lo que le dije antes sobre la obsesión que tenemos ahora de almacenar datos? Deje que otros se ocupen de recolectar cifras, noticias, teorías y cosas de esas; usted, sin dejar de ser un profesional probo y responsable, asegúrese de reservar una parte importante de su tiempo para coleccionar momentos y vivencias. Mejor dicho, trabaje, sí, pero viva.

Recuerde, por otra parte, que su tragedia no es que usted tenga problemas. La verdadera tragedia consiste en malgastar la mayor parte de su tiempo pensando en ellos en lugar de resolverlos. Hacer eso es lo mismo que estar enfermo e ir a ver al doctor y quedarse entre usted y él teorizando sobre los síntomas sin hablar de las posibilidades de curación. Sería muy loco, ¿no? Bueno, lo que usted hace volviendo una y otra vez sobre los mismos pensamientos de siempre es más o menos lo mismo.

Tanto en español como en otros idiomas, "pensar" y "recordar" son verbos distintos. ¡¿No le basta ya con haber vivido el episodio doloroso una vez?! ¡Deje de reproducirlo en su cabeza! Habiendo tantas otras cosas en qué usar el tiempo (habiendo tanto que ver, tanto que visitar, tanto que meditar, tanto que sentir), no malgaste su juventud (o lo que quede de ella) en cosas que cuando tenga noventa años sabrá que no valían la pena. No hace falta que usted se convierta en *experto en tragedias*. A mí me gustaría más, por ejemplo, volverme experta en paellas o en alguna cosa más interesante que ser catadora de traumas.

Al margen de la estrategia que elija para comenzar su nueva vida, no caiga en el error de decirse mentiras sobre su realidad ni de llenar su cerebro de químicos (legales o ilegales), buscando evadirla. Desde el principio de la humanidad, avanzar hacia los sueños se ha mostrado como un método bastante más eficiente que negar los problemas o atornillarse en ellos.

Ahora bien, no quiera acabar con todos los inconvenientes que hay en el mundo. Teniendo en cuenta que tanto usted como el presidente de los Estados Unidos y el Dalai Lama tienen las mismas veinticuatro horas cada día, asegúrese de adentrarse únicamente en los desafíos más importantes y, además, haga el esfuerzo de desarrollar una estrategia correcta. Recuerde: sólo asuntos importantes (o sea, no se estanque en analizar el lenguaje corporal del colega que lo mira feo). Si se empeña en cambiar cada cosa que le rodea no le quedará tiempo para vivir y, a la larga, ¿no fue a eso que vinimos?

Para ser feliz tampoco hay que tener un sentido espartano de la disciplina. Fíjese reglas (todos las necesitamos), pero no de esas que acaben mutilándolo intelectual ni emocionalmente. Establezca normas que le permitan ser un mejor usted y ya. En otras palabras, deje de filosofar acerca de lo que necesita que cambie en su vida y comience a trabajar por una historia que se parezca más a esa que soñaba vivir cuando estaba pequeño. Necesitamos que a cada jugada usted vaya acomodándose más, ¡no hundiéndose peor!

Finalmente, con mi gratitud enorme por su compañía, lo invito a que tenga en cuenta lo más importante que hay que saber para desarrollar una verdadera felicidad a prueba de oficinas: este libro es apenas un pretexto o, como máximo un *medio* para llegar a algo, pero la clave de todo está dentro de sí.

En silencio usted sabe bien qué es lo que tiene que hacer, así que, vamos: sonría y hágalo.

PAIDÓS

España
Barcelona
Av. Diagonal, 662-664
08034 Barcelona
Tel. + 34 93 496 70 01
Fax + 34 93 217 77 48
Mail: comunicacioneditorialplaneta@planeta.es
www.planeta.es

Madrid
Josefa Valcárcel, 42
28027 Madrid
Tel. + 34 91 423 03 03
Fax + 34 91 423 03 25
Mail: comunicacioneditorialplaneta@planeta.es
www.planeta.es

Argentina
Av. Independencia, 1682
C1100 Buenos Aires (Argentina)
Tel. (5411) 4124 91 00
Fax (5411) 4124 91 90
Mail: info@ar.planetadelibros.com
www.editorialplaneta.com.ar

Brasil
R. Padre João Manuel, 100, 21o andar –
Edifício Horsa II
São Paulo – 01411-000 (Brasil)
Tel. (5511) 3087 88 88
Mail: atendimento@editoraplaneta.com.br
www.planetadelivros.com.br

Chile
Av. Andrés Bello 2115, piso 8
Providencia, Santiago (Chile)
Tel. (562) 2652 29 10
Mail: info@planeta.cl
www.planetadelibros.cl

Colombia
Calle 73 N.º 7-60, pisos 8 al 11
Bogotá, D.C. (Colombia)
Tel. (571) 607 99 97
Fax (571) 607 99 76
Mail: info@planetadelibros.com.co
www.planetadelibros.com.co

Ecuador
Whymper, N27-166, y Francisco de Orellana
Quito (Ecuador)
Tel. (5932) 290 89 99
Fax (5932) 250 72 34
Mail: planeta@access.net.ec
www.planetadelibros.com.ec

México
Masaryk 111, piso 2.º Colonia Polanco V
Sección Delegación Miguel Hidalgo 11560
México, D.F. (México)
Tel. (52) 55 3000 62 00
Fax (52) 55 5002 91 54
Mail: info@planetadelibros.com.mx
www.planetadelibros.com.mx

Perú
Av. Santa Cruz, 244 San Isidro, Lima (Perú)
Tel. (511) 440 98 98
Mail: info@eplaneta.com.pe
www.planetadelibros.com.pe

Portugal
Planeta Manuscrito
Rua do Loreto 16, 1ºD
1200-242 Lisboa
Tel. + 351 213 408 520
Fax + 351 213 408 526
Mail: info@planeta.pt
www.planeta.pt

Uruguay
Cuareim 1647
11.100 Montevideo (Uruguay)
Tel. (54) 11 2902 25 50
Fax (54) 11 2901 40 26
Mail: info@planeta.com.uy
www.planetadelibros.com.uy

Venezuela
Final Av. Libertador con calle Alameda,
Edificio Exa, piso 3, of. 302
El Rosal Chacao, Caracas (Venezuela)
Tel. (58212) 526 63 00
Mail: info@planetadelibros.com.ve
www.planetadelibros.com.ve

Grupo 🌐 Planeta   Paidós es un sello editorial del Grupo Planeta www.planeta.es

sauces, pastes and condiments

Pastes are the basis of a myriad of Asian dishes, ranging from simple mixtures through to more complex curry pastes. Though some Thai curries can be hot enough to make a tiger cry, generally speaking green curries using fiery long green chillies are hotter than curries made with dried red chillies.

Your mortar and pestle is unequalled for crushing herbs and spices into a paste. The pounding of stone against stone will produce a much smoother paste than the tearing action of food processor blades. Let the pestle do the work while your arm provides the rhythm.

Fresh curry pastes keep for 1–2 weeks in the refrigerator. Make triple the quantity and store in your freezer in large ice-cube trays for 6–12 months, just thawing enough cubes as required. If you buy ready-made pastes, add freshly chopped lemon grass and kaffir lime leaf to counteract the bitter taste of the preservatives.

Just as Europeans set their table with salt and pepper, in Thailand, dining tables are always set with four small bowls of sauces and condiments, which allows diners to adjust the degree of heat and seasoning to personal tastes. Relishes add textures and flavours that contribute to the total flavours of the meal.

Ginger Dipping Sauce

Serve this sauce with steamed seafood wontons.

½ cup light soy sauce
1 tablespoon Shaoxing wine
1 tablespoon sugar
1 tablespoon finely chopped ginger
½ teaspoon sesame oil

Combine all ingredients in a small saucepan and cook, stirring, until the sugar is dissolved. Allow to cool. Transfer to a small bowl to serve.

Makes a generous ½ cup

Sweet Chilli Sauce

This classic Thai sauce is used with all deep-fried food such as fishcakes, spring rolls and fritters.

2–4 fresh red chillies, deseeded and chopped
4 cloves garlic
3 coriander roots
1 teaspoon salt
1 cup white sugar
½ cup coconut vinegar
½ cup water
1 tablespoon fish sauce
fresh coriander leaves, to garnish

Pound chillies, garlic, coriander root and salt in a mortar. Transfer to a saucepan, stir in sugar, vinegar and water, and simmer for 5 minutes. Stir in fish sauce and remove from heat. Transfer to a serving bowl and sprinkle with chopped coriander leaves.

Makes 2 cups

SOY SAUCE

Soy sauce comes in both light and dark varieties. The darker variety has simply been allowed to ferment longer. Light soy sauce is commonly used in Japanese cooking—it is saltier than the dark variety and is often used in stir fries. Dark soy sauce is thicker, so it clings to food and colours it as well.

Previous page:
Ginger Dipping Sauce

Ponzu Dipping Sauce

A classic Japanese dipping sauce. Serve with spring rolls.

60 ml (2 fl oz) mirin (rice wine)
300 ml (10 fl oz) light soy sauce
125 ml (4½ fl oz) rice vinegar
125 ml (4½ fl oz) freshly squeezed lemon juice
75 g (2½ oz) toasted sesame seeds

Pour the mirin into a hot pan. As it heats, the alcohol will dissipate. Allow to cool, whisk in the other ingredients. Add the sesame seeds just prior to serving.

Makes 1½ cups

Nuoc Cham Dipping Sauce

There are many variations of Vietnamese nuoc cham sauces. This recipe is a sour version.

1 fresh red chilli
1 clove garlic
1 teaspoon sugar
1 tablespoon rice vinegar
3 tablespoons water
3 tablespoons nuoc nam
  or Thai fish sauce
2 teaspoons shredded carrot
2 teaspoons shredded daikon

Pound the chilli and garlic to a fine paste in mortar. Blend in sugar, slowly stir in vinegar, water and fish sauce. Transfer to serving bowl with carrot and radish shreds.

Makes ½ cup

Hot and Sour Sauce

A classic red chilli sauce that can be used for dipping or for salad dressing. Rest the sauce for 15 minutes before using to allow the flavours to merge.

4 red chillies, chopped
8 cloves garlic, chopped
⅓ cup fish sauce, to taste
⅔ cup freshly squeezed lime juice
4 teaspoons palm sugar, to taste

Pound chillies and garlic together until a paste is formed. Transfer to a bowl, add fish sauce, lime juice and sugar to taste. Stir well to mix. Adjust flavours so that sauce is equally salty and sour with a touch of sweetness.

Makes 1 cup

Coriander Garlic Paste

These three ingredients are the most important combinations of aromatics and spices in Thai cuisine. Make this paste fresh as required.

1 teaspoon whole white peppercorns
½ cup chopped coriander root and stem
¼ cup garlic, peeled and chopped garlic

Pound white peppercorns in a mortar and pestle. Add coriander and garlic and pound to a paste.

Makes ¾ cup

❧ CORIANDER

Coriander is related to the carrot and so the root and stem is the part to use. The leaves are mostly used as a garnish. With your knife, scrape off the outer skin of the root before chopping it. Don't cook the leaves; they will go black and add bitterness to the dish. Coriander seed is widely used because it keeps well, while retaining the coriander flavour. Coriander must be sown where it is to grow as the seedlings will not transplant—choose a sunny, well-drained position. It will not grow well in extreme heat, as it bolts or goes to seed very rapidly.

Opposite:
Hot and Sour Sauce

Kua Curry Paste

A moderately hot paste that is specifically used for seafood curries, often combined with pineapple.

12 dried red chillies
1 teaspoon coriander seed
1 teaspoon cumin seed
2 teaspoons shrimp paste
1 teaspoon finely chopped lime zest
2 tablespoons chopped coriander stems
1 stalk lemon grass, finely sliced
1 teaspoon finely chopped galangal
3 tablespoons chopped garlic
2 tablespoons chopped red onion

Soak chillies in hot water for 30 minutes. Roast the coriander and cumin seeds until aromatic. Cool. Roast the shrimp paste. Grind the roasted seeds in a mortar and pestle. Add remaining ingredients and transfer to the mortar with the ground seeds and shrimp paste. Pound to a paste using some of the soaking water if necessary.

Makes 1 cup

Yellow Curry Paste

One of the milder pastes, the spices are indicative of its Indian influence.

10 dried red chillies
3 teaspoons coriander seeds, roasted
1½ teaspoons whole cumin seed, roasted
1 teaspoon white peppercorns
½ teaspoon roasted cardamom seeds
1 tablespoon roasted shrimp paste
3 stalks lemon grass, lower stalks finely sliced
12 cloves chopped garlic
1 cup chopped shallots
1 tablespoon galangal, chopped
2 tablespoons coriander root and stem, chopped
2 tablespoons Curry Powder (see page 34)

Cover chillies with hot water and soak for 30 minutes. Drain chillies and chop finely. Grind coriander, cumin, peppercorns and cardamom seeds in a mortar. Add the remaining ingredients and pound to a smooth paste.

Makes approximately 2 cups

Opposite:
Yellow Curry Paste

Jungle Curry Paste

A robust, earthy paste usually simmered with strong-flavoured meat, and with stock rather than coconut milk. Jungle curries originated in the north of Thailand but, as so often happens, the recipes have 'travelled' and been adapted. Always chop or slice ingredients before pounding.

1 teaspoon white peppercorns
3 tablespoons fresh large green chillies
1 tablespoon bird's eye chillies
2 tablespoons coriander root and stem
1 tablespoon lime zest
1 tablespoon krachai
1 tablespoon shrimp paste, roasted
4 tablespoons golden shallots
4 tablespoons garlic
2 tablespoons galangal
4 tablespoons lemon grass, chopped finely
pinch of sea salt

Grind peppercorns in a mortar and pestle. Add other ingredients and pound to a fine paste.

Makes approximately 2½ cups

Laksa Paste

This paste forms the basis of the ever popular laksa, an aromatic seafood noodle soup which is a Malaysian national dish.

1 teaspoon dried shrimp, roasted
2 dried chillies, roasted
1 teaspoon coriander seed, roasted
2 teaspoons shrimp paste, roasted
2 small red onions, diced
4 cloves garlic, chopped
1 teaspoon lime zest
1 stalk lemon grass, tender part only, finely chopped
1 teaspoon finely chopped galangal
4 small red chillies, finely chopped
25 g (2½ oz) candlenuts or macadamia nuts
1 tablespoon finely chopped coriander root and stems
1 teaspoon turmeric powder

Pound the dried shrimp, dried roasted chillies and coriander seed in a mortar and pestle. Add the remaining ingredients and pound until a smooth paste is formed. Keeps for one month in the refrigerator.

Makes approximately 2 cups

PEPPERCORNS

Before chillies were introduced to Asia, the most important hot spice in Thai cooking was pepper. It was the first spice to reach the West, and references to it have been found in ancient Greek and Roman writings. Peppercorns are the berries of a climbing vine that grows wild in the rainforests of Asia. Fresh peppercorns are green, black peppercorns are the unripened berries that have been picked and left to dry in the sun. Removing the black outer skin gives you the white peppercorns that are most commonly used in curry pastes. Pink peppercorns are the berries of an unrelated South American plant. They are milder and sweeter than Asian peppercorns.

GALANGAL

Related to ginger and turmeric, galangal doesn't taste anything like ginger, having its own unique flavour which can be quite hot. Don't substitute ginger for galangal as this will dramatically alter the final flavours in the dish. Use fresh galangal—peel, slice and store in the freezer. Or buy pickled galangal in jars from your local Asian supermarket. In its powdered form, galangal is often called 'Laos powder'.

Opposite:
Laksa Paste

Rempah Paste

This paste is used in 'Nonya' curries, which are a blend of Chinese and Malay culinary styles.

5 tablespoons coriander seeds
1½ teaspoons white peppercorns
1½ teaspoons cumin seeds
13 cloves garlic
26 candlenuts
7 stalks lemon grass
3 coriander roots
1½ tablespoons fennel seeds

Roast the dry spices separately in a frying pan—do not add oil to the pan. When cool, grind them to a powder in a spice grinder. Finely chop the rest of the ingredients. Place in a food processor and process to a fine paste. Keeps for 2–3 weeks, refrigerated.

Makes 2½ cups

Green Curry Paste

Can be one of the hottest of Thai pastes, adjust the number of chillies to suit your chilli tolerance.

20 white peppercorns
2 tablespoons coriander seeds, roasted
1 teaspoon cumin seeds, roasted
2 teaspoons salt
15 green chillies, seeded and chopped
2 small red onions, finely chopped
12 cloves garlic, chopped
4 tablespoons lemon grass, finely sliced
2 teaspoons chopped galangal
4 teaspoons chopped coriander root
2 teaspoons chopped kaffir lime leaf
4 teaspoons shrimp paste, roasted

In a mortar, pound the peppercorns, coriander seeds, cumin seeds and salt together. Add remaining ingredients, one at a time, and pound to a smooth paste. Store in a tightly sealed glass jar in the refrigerator. Keeps for 2–3 weeks.

Makes approximately 2 cups

Opposite:
Green Curry Paste

Red Curry Paste

The most versatile of Thai curry pastes, used in fishcakes, satay sauce and marinades, as well as curries.

15 dried red chillies
2 tablespoons coriander root, chopped
2 teaspoons coriander seeds, roasted
1 teaspoon cumin seeds, roasted
2 teaspoons white peppercorns
2 small red onions
12 cloves garlic
2 stalks lemon grass, finely sliced
1 tablespoon galangal, chopped
1 tablespoon lime zest
½ teaspoon ground mace
2 teaspoons salt
2 teaspoons shrimp paste, roasted

Soak chillies in hot water for 30 minutes. Remove from water and chop finely. In a mortar, grind the coriander root and seeds, cumin and white peppercorns. Add remaining ingredients and pound to a smooth paste. Store in a tightly sealed glass jar in refrigerator. Keeps for 2–3 weeks.

Makes approximately 2 cups

Chu Chee Curry Paste

Infused with kaffir lime, lemon grass and the exotic Asian ginger, krachai, this paste is used only in seafood dishes.

10 large dried red chillies
2 teaspoons coriander seeds
16 whole white peppercorns
½ teaspoon shrimp paste, roasted
10 fresh kaffir lime leaves, finely chopped
½ tablespoon minced lime zest
1 tablespoon chopped coriander stems
1 stalk lemon grass, lower stalk finely chopped
3 tablespoons finely chopped and peeled galangal
1½ tablespoons finely chopped and peeled krachai
¼ cup chopped garlic
½ cup chopped red onion

Soak chillies in hot water for 30 minutes. Remove from water and chop finely. Grind coriander seeds and peppercorns in mortar and pestle or spice mill. Transfer remaining ingredients to the mortar with the ground spices and shrimp paste. Pound to a paste.

Makes approximately 1½ cups

SHRIMP PASTE

This vile-smelling paste is a staple ingredient in most curry pastes. Fermented from tiny, salted shrimp, store it in an airtight container or visitors will think something has crawled into your refrigerator and died. How long does it keep? Months probably, but who would know if it's off! When making curry pastes, shrimp paste is invariably roasted with the other spices. Wrap in foil and place in 180°C (350°F) oven for 5–10 minutes. You will know it's ready when you smell it and it goes crumbly.

KRACHAI

Also called lesser galangal, krachai is a member of the ginger family and gives a subtle spicy flavour, especially to seafood. It is quite aromatic with a light brown skin and yellow interior. Krachai is difficult to buy fresh in Australia, so buy it pickled in brine—the best brand is Cock brand, imported from Thailand. Often spelled 'kachai'.

Opposite:
Red Curry Paste

Massaman Curry Paste

This mild curry paste, influenced by Muslim traders in southern Thailand, is spiced with cardamom, cloves and cinnamon. Used for hearty stew-like dishes, it is one of the most fragrant Thai curries.

10 g (½ oz) dried red chillies
2 cardamom pods, roasted
1¼ teaspoons cumin seed, roasted
1½ tablespoons coriander seed, roasted
1½ teaspoons shrimp paste, roasted
¼ teaspoon whole black peppercorns
2 cloves
¼ teaspoon ground cinnamon
1 stalk lemon grass, finely sliced
1 tablespoon peeled and finely chopped galangal
¼ cup finely chopped garlic
⅓ cup finely chopped red onion

Soak chillies in hot water for 30 minutes. Remove from water and chop finely. Combine roasted spices, peppercorns, cloves and cinnamon and pound in a mortar and pestle. Add remaining ingredients and process to a paste, using some of the soaking water if necessary.

Makes approximately 1 cup

Phrik King Curry Paste

With a peppery taste that is especially suited to pork, chicken and fried fish, this paste is used to make 'dry curries', which are just barely liquefied with a small amount of chicken stock, rather than the usual creamy coconut milk.

6 large dried red chillies
1 teaspoon whole white peppercorns
½ teaspoon salt
½ tablespoon minced fresh lime peel
1 large stalk lemon grass, lower stalk trimmed and finely sliced
1½ teaspoons peeled and finely chopped galangal
¼ cup finely chopped garlic
½ cup finely chopped red onion
1 teaspoon shrimp paste, roasted

Soak chillies in warm water for 30 minutes. Remove from water and chop finely. Grind peppercorns in a mortar and pestle or spice mill, add salt. Add remaining ingredients to mortar with the ground spices and shrimp paste. Pound to a paste using some of the soaking water if necessary.

Makes approximately 1 cup

✦ CARDAMOM

Used since ancient times, cardamom was one of the first spices exported to Europe in the seventeenth century. A member of the ginger family, green cardamom seeds are found inside highly aromatic papery pods. The pods are opened and discarded and only the small seeds are ground. An essential ingredient in curry powder and garam masala, the flavour of cardamom also complements desserts of mangoes or bananas. In Arab countries the seeds are added to coffee or chewed to sweeten the breath.

Opposite:
Massaman Curry Paste

Pickled Garlic

A traditional side dish for soups, curries or noodle dishes. Store for at least two weeks before using.

3 cups water
6 small bulbs garlic, unpeeled
1½ cups coconut vinegar
2 cups sugar
1½ tablespoons salt

Bring water to the boil in a saucepan. Add the garlic bulbs, reduce the heat and simmer for 10 minutes. Drain and set aside. Combine the vinegar, sugar and salt in a small saucepan and bring to boil for 1 minute, stirring occasionally. Reduce the heat and simmer until the pickling solution begins to thicken, about 6–8 minutes. Remove from heat and cool.

Place the garlic in a 2 litres (3½ pints), sterilised glass jar, cover with pickling solution and seal tightly. Store at room temperature in a cool, dark place for 2 weeks or more before using.

To serve, remove one bulb and cut it crosswise into thin slices. The paper covering will slip off easily as you slice the garlic.

Makes 2 litres (3½ pints)

Green Pickled Pawpaw

This pickle is an excellent accompaniment to pork or cold ham. It is most important that only green pawpaws are used as ripe ones are too mushy. The pawpaw should be rock hard and when sliced open it should be white on the inside.

500 g (1 lb) green pawpaw
1 cup finely julienned ginger

PICKLING LIQUID
1 teaspoon black peppercorns
5 cloves
1 teaspoon coriander seeds
½ cinnamon stick
zest of 1 lime
2 cups white granulated sugar
1¼ cups coconut vinegar
1¼ cups water

Halve the pawpaw lengthways and scrape out the seeds. Slice or shred as thinly as possible into 10 cm (4 in) long pieces.

Place all the pickling liquid ingredients in a large saucepan, bring to the boil, stirring constantly to dissolve the sugar. Turn down heat and simmer for 15 minutes. Add the pawpaw slices and ginger and cook for about 1 hour or until the pawpaw is translucent—do not let the liquid boil. Remove from heat and cool. Store in glass container in refrigerator. The flavour will improve with time. Keeps for 4 weeks.

Makes 3 cups

GREEN PAWPAW

Simply an underripe pawpaw, this fruit is used extensively throughout South East Asia, most famously in Thai Green Pawpaw Salad. The pawpaw should be rock hard and white on the inside when sliced open. Readily available from Asian fruit shops, or a friendly neighbour with a pawpaw tree!

Lime Oil Pickle

This vibrant, pungent pickle adds zest to any Indian meal. Keeps for up to two months.

12 limes, cut into wedges
sea salt
3 teaspoons mustard seeds
2 teaspoons ground turmeric
2 teaspoons ground cumin seeds
2 teaspoons ground fennel seeds
2 teaspoons ground fenugreek seeds
1 tablespoon vegetable oil
5 long green chillies, finely sliced
4 cloves garlic
2 teaspoons freshly grated ginger
2 cups vegetable oil
1 tablespoon white sugar

Sprinkle limes with salt and dry in the sun for 2 days.

In a medium pan, dry-roast the mustard seeds, turmeric, cumin, fennel and fenugreek seeds until fragrant. Fry the spices in 1 tablespoon of oil over low heat. Add lime wedges, chillies, garlic, ginger, oil and sugar and simmer for 15 minutes, stirring constantly. Store in sterilised jars.

Makes 1 litre (1¾ pints)

Tomato Kusundi

Use as an accompaniment for duck curry or for dipping chapattis.

2 kg (4 lb) very ripe tomatoes
100 ml (3½ fl oz) vegetable oil
2 tablespoons cumin seed, roasted
1 tablespoon black mustard seeds, soaked overnight in 200 ml (7 fl oz) white vinegar
100 g (3½ oz) ginger
10 cloves garlic
5 long red chillies, deseeded
1 tablespoon ground turmeric
1 tablespoon sambal olek
125 g (4 oz) dark palm sugar
75 ml (2½ fl oz) fish sauce

Place tomatoes on a roasting tray and brush with oil. Roast at 180°C (350°F) for 3 hours. Pass through a food mill and set aside. Process remaining ingredients in a blender to make a paste. Cook over a low heat for 1 hour, stirring constantly. Add the tomatoes and cook for a further hour, stirring constantly.

Makes 1 litre (1¾ pints)

Spicy Cucumber Relish

A traditional accompaniment to many Thai dishes, the cooling cucumber and coriander leaves are tossed in a sweet and sour dressing then garnished with crunchy crushed peanuts and chopped chilli. Use as a side dish with fish, satays and barbecued meats.

1 cup coconut vinegar or white vinegar
1 cup white sugar
splash of fish sauce
1 large continental cucumber
4 small red chillies, finely chopped
½ cup roasted, unsalted peanuts, crushed or finely chopped
⅓ cup chopped coriander, including stems

Combine the vinegar, sugar and fish sauce in a small saucepan over medium heat. Bring to a gentle boil, stirring occasionally, and cook for 1 minute. Remove from heat and cool to room temperature. Peel cucumber, scrape out seeds and cut into small dice. Place the cucumber, chillies, peanuts and coriander in a bowl. Pour over dressing and toss gently. (The dressing can be made one day in advance and refrigerated. Then added to relish ingredients just before serving.)

Makes 2 cups

Chilli Lemon Grass Sambal

There are numerous varieties of sambals from many South-East Asian countries. A hot mixture of chillies and spices, they are served as a relish with curries, stir fries and noodles.

250 g (8 oz) large red chillies, deseeded and finely chopped
½ cup peeled and chopped ginger
½ cup peeled and chopped garlic
2 stalks lemon grass, tender part only, finely diced
½ tablespoon lime zest
100 ml (3½ fl oz) coconut vinegar
¼ cup vegetable oil
1 teaspoon salt
½ cup palm sugar

Puree chillies, ginger, garlic, lemon grass and lime zest in blender with vinegar and oil. Transfer to saucepan with salt and sugar, cook over low heat, stirring often until oil rises to surface and the sambal darkens in colour. Allow to cool and transfer to a sterilised jar. Store in the refrigerator. Keeps for 2–3 months, refrigerated.

Makes 2 cups

⚑ CUCUMBER

Buy crispy cucumbers that are green, with no yellow patches. Cucumbers do not like being cold, that's why they are sold in plastic sleeves in the supermarket. If storing in refrigerator, leave the plastic sleeve on. The cucumber will keep for 5–7 days. A Lebanese cucumber, picked when about 10 cm (4 in) in length, is sweeter and juicier than a continental cucumber, which is thinner and picked when 15–20 cm (6–8 in) long. There's no need to peel or deseed cucumbers—it's purely a preference of the cook!

Pawpaw Sambal

A tropical sambal, delicious served with prawns or chicken. Can also be made with ripe mangoes instead of pawpaw.

1 teaspoon palm sugar
juice of 1 lime
½ red pawpaw, peeled and diced
1 tomato, skinned, seeded and diced
1 large red chilli, seeded and finely chopped
1 tablespoon finely chopped ginger
1 tablespoon chopped coriander leaf
½ red onion, finely chopped
2 tablespoons vegetable oil

Dissolve palm sugar in lime juice. Combine with all other ingredients and mix lightly. Allow to sit for 1 hour at room temperature for flavours to combine. Transfer to side dish.

Makes 2 cups

Pineapple and Rum Chutney

This relish does not have a long shelf life and should be used within a month. It is delicious served with rich meats like duck and ham.

½ cup dark palm sugar or brown sugar
½ cup coconut vinegar
½ cup dark rum
2 teaspoons brown mustard seeds
1 star anise
1 teaspoon coriander seeds
½ teaspoon black pepper
2 cups fresh pineapple chunks

In a heavy-based saucepan, combine the sugar, vinegar, 4 tablespoons of the rum, mustard seeds and spices. Bring to the boil, stirring to dissolve the sugar, then simmer for a few minutes. Add pineapple and cook until syrup has reduced, about 10 minutes. Remove from heat and stir in remaining rum. Bottle in sterilised hot jars and store for a week before using.

Makes 3 cups

Crispy-fried Shallots

A wonderful crunchy garnish for stir fries or salads, buy them in packets in Asian supermarkets or make your own. Bottle the oil when it has cooled—it will have a lovely shallot flavour and can be used for cooking vegetables, noodles or fried rice.

2 cups vegetable oil
250 g (8 oz) red or golden shallots,
  peeled and sliced thinly and evenly

Heat the oil in a wok, add all the shallot slices and cook slowly on gentle heat so that they don't burn. When the slices are golden brown, remove with a slotted spoon and drain on paper towel. Store in an airtight container. Best used on the same day.

Makes 1 cup

Curry Powder

It is best to grind the spices yourself to get the fresh flavours. Buy a coffee grinder and use it exclusively for grinding your spices.

2 teaspoons each of chilli powder,
  ground turmeric, roasted cumin seeds,
  powdered ginger, black peppercorns and
  cardamom pods
1 teaspoon each of roasted coriander seeds,
  roasted mace and fennel seeds
5 roasted cloves
1 nutmeg
2.5 cm (1 in) piece roasted cassia bark

Grind all the ingredients together until very fine. Store the powder in an airtight container in the refrigerator. Keeps for 6 months.

Makes ¼ cup

MACE
Mace is the dried outer coating of the seed of the nutmeg tree, which is native to the Malacca. It is sold whole or ground into powder. Used in spice mixtures like garam masala, mace has more of an earthy flavour than nutmeg.

FENNEL
Used as a vegetable or herb in Europe, but in Asia only the seeds are used. Fennel has a strong aniseed flavour, and the seed looks like cumin seed. Fennel seeds are always included in the spices that make the curry powders of Malaysian, Indian and Indonesian curries. In India, fennel seeds are included in betel leaf chew as a breath sweetener and digestive aid. Sometimes the seeds are offered as a breath sweetener on their own or sugar coated and coloured.

CASSIA
A native of China, cassia is one of the ingredients of Chinese five-spice powder. It is related to cinnamon but is stronger in flavour, and is sold in rolled bark quills or ground into powder.

Master Stock

If you are a keen cook, this Chinese stock is well worth the making. Once started, master stock can be used over and over again for poaching fish, poultry and meat. The stock can be reduced down to make a rich, luscious sauce. Use as base for soups or for braising meats, or add a few spoonfuls to a stir fry. In China, master stocks can be handed down within families as wedding presents —the stock can be generations old because it is continually boiled and added to in readiness for the next use.

2 litres (3½ pints) water
1 cup Shaoxing wine
½ cup light soy sauce
75 ml (2½ fl oz) dark soy sauce
100 g (3½ oz) yellow rock sugar
2 pieces tangerine peel ✔
2 pieces cassia bark
4 pieces star anise
1 knob ginger, roughly chopped
4 cloves garlic

Bring all ingredients to boil in large stock pot. Reduce heat and simmer for 1 hour. Strain through a sieve into clean containers, then portion into smaller quantities and freeze.

Makes 2 litres (3½ pints)

Chicken Stock

If you have the time, make your own stock—it is far superior to stock cubes and can be stored in your freezer.

1 kg (2 lb) chicken bones
1 onion, roughly chopped
1 carrot, roughly chopped
4 cloves garlic
1 teaspoon white peppercorns
4 litres (7 pints) water

Put all ingredients in a large pot, cover with water and bring to the boil. Reduce heat to simmer and cook for 2 hours, skimming often. Strain through a sieve and discard solids. Divide into storage containers and freeze.

Makes 4 litres (7 pints)

starters and entrees

For any dedicated 'foodie', travelling in Thailand is like journeying through a never-ending degustation menu. Anywhere you go, by train, bus, boat or on foot, someone is selling fabulous food—in restaurants, cafes, boats or on the street. Don't be squeamish about eating from street stalls or you will miss out on the most delicious food imaginable. Cheap and quick street food, much of it deep-fried, is the Asian version of fast food. Satays, fishcakes, dumplings, spring rolls—all are street dishes, with vendors often specialising in just one dish.

In Chiang Mai, the local street speciality is a spicy sausage, slowly grilled over charcoal and served with sticky rice. At the Bangkok weekend markets, try 'miang cha plu'—cha plu leaf folded into a small, bite-size package, with an added mixture of toasted coconut, dried shrimp, lime, crushed peanuts, ginger, chilli and palm sugar. Five of these delicious cha plu are skewered, ready to eat, for less than a dollar.

Many of the following recipes, like spring rolls and fish-cakes, are traditional Thai street food. Entrees at the Spirit House restaurant are often adaptations of street food, the recipes given a contemporary twist by the chefs. Calories and cholesterol notwithstanding, our most popular entrees are usually those that are deep-fried!

Steamed Scallop Wontons with Ginger Dipping Sauce

Served with a variety of fillings, wontons are a popular street snack in Thailand. Filled with scallops, this luxury version makes a great first course.

250 g (8 oz) fresh fish, cut into small pieces
250 g (8 oz) scallop meat
2 cloves garlic, roughly chopped
2 coriander roots, cleaned and scraped
2 tablespoons fish sauce
1 teaspoon sugar
freshly ground white pepper, to taste
3 green shallots, finely sliced
1 packet wonton wrappers
1 egg, lightly beaten
½ cup Ginger Dipping Sauce (see page 16)

Process fish, scallop meat, garlic and coriander root in food processor until finely chopped. Transfer to a mixing bowl and stir in the fish sauce, sugar, pepper and green shallots.

Place a teaspoonful of the mixture on the centre of each wonton wrapper, brush edges lightly with egg and bring the pastry together to form a dumpling. Transfer wontons to a large steamer basket lined with banana leaf or oiled greaseproof paper. Steam, covered, over moderate heat for about 5–7 minutes. Serve with dipping sauce.

Makes about 30 wontons

⫙ WONTON WRAPPERS
These very thin sheets of noodle dough are usually cut into 9 cm (3½ inch) squares. Find them in the frozen food section of your supermarket. Use them for dumplings as well as wrappers.

Son-in-law Eggs with Sweet and Spicy Tamarind Sauce

A Thai street food specialty.

4 hard-boiled eggs, peeled
vegetable oil for deep frying

SAUCE
75 g (2½ oz) palm sugar
75 ml (2½ fl oz) fish sauce
90 ml (3 fl oz) tamarind water
6 red shallots, finely sliced
6 garlic cloves, finely sliced
thinly sliced red chillies, to garnish
coriander sprigs, to garnish

To make sauce, combine palm sugar, fish sauce and tamarind water in a small saucepan and bring to the boil, simmer for 5 minutes. Set aside.

Heat oil in wok and fry the shallots until golden and crisp. Remove from wok and repeat with the garlic. Deep-fry the eggs until golden brown and drain on kitchen paper. To serve, cut the eggs into quarters and transfer to serving plate. Spoon over sauce and sprinkle with the shallots, garlic, chilli and coriander.

Serves 4

Previous page:
Steamed Scallop Wontons with
Ginger Dipping Sauce

Pork Satay with Peanut Sauce

Barbecued pork satays—this is our version of a perennial market favourite.

500 g (1 lb) pork, cut into strips
12 bamboo skewers

MARINADE
1 tablespoon Coriander Garlic Paste
(see page 18)
1 tablespoon shaved palm sugar
1 tablespoon fish sauce
½ cup coconut cream
1 tablespoon commercial curry powder
(or make your own—see page 34)

SAUCE
2 cups coconut cream
2 tablespoons Red Curry Paste (see page 26)
1 tablespoon palm sugar
2 tablespoons fish sauce
2 tablespoons tamarind water
1 tablespoon sweet soy sauce (kecap manis)
1 cup roasted, unsalted, ground peanuts

Combine all marinade ingredients. Place pork in glass dish, pour over marinade and leave for a minimum of 2 hours, but preferably overnight. Soak the bamboo skewers before threading on the pork so that they won't burn on the barbecue. Barbecue on medium heat for about 10 minutes. Serve with the peanut sauce.

To make sauce, heat half a cup of coconut cream in a wok, add curry paste and cook until fragrant. Add palm sugar, fish sauce, tamarind water, sweet soy, peanuts and remaining coconut cream. Bring to a boil, reduce heat to a simmer and cook for a further 10 minutes. Store in a sealed glass container in the refrigerator. Keeps well for 2–3 weeks.

Serves 4 (makes 2 cups Peanut Sauce)

CURRY POWDER
Prepared curry powder is a European solution to making an Indian curry in the simplest, quickest way without first having to grind all the spices in a mortar. Spices used are usually the seeds of coriander, cumin, black mustard, fenugreek and peppercorns, plus ground ginger, turmeric, chilli and cardamom pods.

Leaf Lilies

This unusual appetiser, traditionally made with cha plu leaves—a wild betel leaf—illustrates the wonderful contrast of flavours found in Thai cuisine. To quote one of our students, 'It is like a rainbow in my mouth!'

200 g (7 oz) cooked school prawns, peeled and chopped
2 tablespoons roasted, crushed peanuts
½ cup sliced golden shallots
½ stalk lemon grass, tender part only finely chopped
1–2 fresh red chillies, deseeded and finely chopped
1 tablespoon finely chopped ginger
1 lime, peeled, pith removed and cut into 5 cm (2 in) pieces
1 bunch cha plu leaves (if unavailable use butter lettuce or spinach leaves)

DRESSING
1 tablespoon palm sugar
1 tablespoon lime juice
1 tablespoon tamarind water
2 tablespoons dried shrimp floss
1 clove garlic, finely chopped

To make the dressing, combine all the ingredients in a bowl.

To assemble, combine all the filling ingredients except cha plu in a bowl. Toss with the dressing. Arrange cha plu leaves on serving platter and spoon filling onto each leaf.

Makes about 20 leaf lilies

CHA PLU
Related to betel leaves, these leaves have a slight peppery flavour and are eaten wrapped around various fillings. Buy in bunches from Asian greengrocers and store wrapped in damp paper in the refrigerator for several days. In Vietnam these leaves are called 'ba-la-lot'.

SHRIMP FLOSS
This seasoning is made from dried shrimps that have been pounded to a light fluffy powder in a mortar. Often used to flavour salads.

Opposite:
Leaf Lilies

Seafood Noodle Balls with Sweet Chilli Sauce

*If Annette received a royalty every time diners ordered this entree,
she would now be retired in style!*

200 g (7 oz) prawn meat, roughly chopped
200 g (7 oz) squid, roughly chopped
1 red onion, thinly sliced
½ cup chopped coriander stems
1 tablespoon finely chopped garlic
1 tablespoon finely chopped ginger
2 eggs, beaten
½ cup plain flour
fish sauce, to taste
freshly ground white pepper
1 teaspoon sambal olek
2 bundles dried egg noodles,
soaked in warm water until soft,
then drained and cut into 5 cm (2 in) pieces
2 cups vegetable oil
½ cup Spicy Cucumber Relish (see page 32)
½ cup Sweet Chilli Sauce (see Page 16)

Place all the ingredients except the oil in large bowl and mix thoroughly until well combined. Heat oil in wok. Drop teaspoons of the mixture into hot oil and cook until golden brown, about 5 minutes. Don't make the balls too large or they will be doughy in the middle. Drain on paper towel. Serve with cucumber relish and sweet chilli sauce.

Serves 4

 SAMBAL OLEK

This is simply ground chilli processed in vinegar or citric acid. It is convenient to use and saves you chopping chillies. Buy it in jars in the supermarket.

Opposite:
Seafood Noodle Balls with
Sweet Chilli Sauce

Spring Roll of Salmon with Nuoc Cham Dipping Sauce

For a stunning presentation, cut these spring rolls diagonally to expose the layers of contrasting colours of the pink salmon, green herbs and orange carrot.

8 spring roll wrappers
8 butter lettuce leaves
75 g (2½ oz) finely sliced Chinese cabbage
100 g (3½ oz) finely grated carrot
320 g (about 10 oz) fresh salmon, cut into 8 batons
16 coriander leaves
16 mint leaves
vegetable oil for frying
Nuoc Cham Dipping Sauce (see page 17)

GARNISHES
coriander sprigs
2 red chillies, finely julienned

SEALING PASTE
1 egg yolk
2 tablespoons plain flour
3 tablespoons water

To make sealing paste for spring rolls, combine all ingredients in bowl and whisk.

To assemble, lay a wrapper in a diamond shape on a board. Place a piece of butter lettuce one-third of the way up the wrapper. Place some cabbage and carrot on the lettuce. To this, add a baton of salmon, then two each of the coriander and mint leaves. Roll the corner of the sheet closest to you over the filling. Roll reasonably tightly until just halfway up the wrapper. Fold in outside flaps and continue rolling until last corner remains. Put some sealing paste on the corner and continue rolling. Rest the roll with this corner underneath to improve sealing. Repeat with remaining wrappers.

Heat oil in deep fryer or wok. Fry spring rolls for approximately 2 minutes. Remove from fryer and shake off excess oil. Drain on paper towel. Cut rolls in half diagonally, arrange on serving plate with the dipping sauce. Garnish with coriander sprigs and julienned red chilli.

Serves 4

ASIAN GREENS

All these greens require only brief cooking. The baby leaves are excellent in salads.

Chinese cabbage
Long leaves like a cos lettuce, can be shredded finely for salads or cut roughly for stir-frying.

Chinese broccoli (gai larn)
The leaves are not important, the stems are the choice part, steamed or stir-fried and served with oyster sauce.

Chinese chard (bok choy, pak choy)
Has thick white leaf ribs and dark green leaves. Wash well, trim off most of the dark green leaf and cook the white rib. The larger leaves can be used in stir fries; the white rib, if thinly sliced, can be eaten raw in salads.

Flowering cabbage (choy sum)
Has small yellow flowers and tender leaves and stems. Steam, stir-fry, season with salt and a few drops of sesame oil or serve with oyster sauce.

Mizuna (a Japanese herb/vegetable)
Has long spiky, serrated leaves that are great in salads or as a garnish.

Grilled Prawn Paste on Sugar Cane

This spicy prawn paste mixture can be moulded over sugarcane sticks or stalks of lemon grass. Serve with Vietnamese dipping sauce.

RICE PAPERS

Especially in the south of Vietnam where the climate is tropical, most of the meals are served with raw, leafy vegetables, bean sprouts and herbs, which are wrapped in rice papers and dipped in sauce. Rice papers are made from a thin batter of rice flour, water and salt. The rice batter is spooned over a taut fine cloth that has been stretched over a pot of steaming water, covered and steamed for a few minutes, then lifted off and dried in the sun on bamboo racks. The papers must be moistened with a wet cloth before using.

500 g (1 lb) green king prawns, peeled and deveined
1 teaspoon sugar
2 tablespoons rice flour
1 teaspoon baking powder
2 spring onion bulbs, minced
sea salt
freshly ground white pepper
8 sugarcane sticks (available in cans at Asian supermarkets)
2 tablespoons vegetable oil
4 spring onions
1 Lebanese cucumber, cut into strips
1 medium carrot, cut into strips
1 cup bean sprouts
selection of herb sprigs (Vietnamese mint, basil, coriander leaves)
Nuoc Cham Dipping Sauce (see page 17)
1 packet rice papers

In a food processor, blend prawns to a paste. Transfer paste to a bowl and add sugar, rice flour, baking powder, minced spring onions, salt and pepper to taste. Mix well. Divide mixture into 8 equal portions, and wrap around a sugarcane stick, leaving the cane free at either end. Preheat barbecue to medium heat. Brush the sugarcane prawn sticks with oil and lightly oil the barbecue. Cook for about 5 minutes, turning occasionally.

Arrange the vegetables, herbs and sugarcane prawn sticks on a platter with the dipping sauce. Alongside the platter and dipping sauce, serve a bowl of hot water for guests to soften the rice papers. Each diner takes a piece of the prawn meat and a selection of the vegetable and herbs and rolls them in a rice paper.

Serves 4

Stuffed Prawns in Spiced, Crispy Coconut Batter

The crunchy coconut crust coating these succulent prawns is absolutely delicious.

1 clove garlic
½ teaspoon white pepper
1 coriander root
1 teaspoon chopped ginger
125 g (4 oz) chicken breast,
finely chopped
2 tablespoons coconut cream
1 teaspoon fish sauce
20 large green king prawns, peeled,
deveined and butterflied

BATTER

2 teaspoons sambal olek
1 tablespoon very finely chopped lemon grass
1 cup plain flour
1 cup cornflour
enough soda water to give the batter a
consistency of pouring cream

extra plain flour
1½ cups shredded coconut
2 cups vegetable oil
½ cup Sweet Chilli Sauce (see page 16)

In a mortar, pound garlic, pepper, coriander root and ginger to a paste. Place finely chopped chicken and coconut cream in food processor and process to a paste. Add seasoning paste and fish sauce. Mix well. Place in refrigerator to chill for 2 hours. Fill each prawn with about 1 teaspoon of the chilled mix.

To make the batter, mix all the ingredients together in bowl and whisk lightly until the batter has the consistency of pouring cream.

Dip prawns in the extra flour, then coat in batter. Roll in shredded coconut. Heat oil in wok and fry prawns gently until cooked, about 5 minutes. Serve with sweet chilli sauce.

Serves 4–6

Opposite:
Stuffed Prawns in Spiced,
Crispy Coconut Batter

Golden Egg Nets with Chicken, Peanuts, Bean Sprouts and Sweet Vinegar Sauce

A favourite recipe in Annette's Thai cooking class, the technique to make these lacy nets takes a bit of practice, but the more you do, the better the results.

FILLING

½ teaspoon white pepper
¼ cup coriander root and stem
8 cloves garlic, chopped roughly
1 tablespoon vegetable oil
500 g (1 lb) chicken thigh meat, finely chopped
1 tablespoon palm sugar
1 tablespoon fish sauce
2 cups bean sprouts
½ cup roasted and coarsely chopped peanuts

SAUCE

1 cup coconut vinegar
1 cup white sugar
6 golden shallots, finely sliced
1 tablespoon finely julienned ginger
1 knob pickled garlic, sliced
½ cucumber, peeled, deseeded and finely diced
1 long red chilli, deseeded and julienned

6 beaten eggs

To make the filling, pound white pepper in a mortar, add coriander and garlic and pound to a paste. Heat oil in a wok and gently fry the paste until fragrant. Add chicken and stir-fry until cooked, about 5 minutes. Season with palm sugar and fish sauce. Remove from heat, toss through bean sprouts and peanuts.

To make the sauce, combine coconut vinegar and sugar in saucepan, bring to boil and reduce by one-quarter. Remove from heat and cool. Combine with remaining ingredients in a serving bowl.

To make the egg nets, heat a heavy-based skillet to medium heat. Give it a light coating of vegetable oil. Dip your fingers and palm into the beaten egg, then wave your hand back and forth across the width of the skillet with unhurried even strokes. The beaten egg will trail off your fingers in fine liquid threads. Repeat this technique until you have 3–4 layers, which will form a fine netting. Cook netting until the egg is firmly set, about 1–2 minutes. Remove from the skillet and layer between baking paper. Repeat with egg mix to make 5 more nets, discarding any leftover mix.

To assemble, place each egg net on a serving plate, spoon a few tablespoons of filling into the net and fold over edges. Serve with the sauce in a separate bowl.

Makes 6 egg nets

BEAN SPROUTS

Both mung and soy beans are used for bean sprouts, with the mung bean sprouts best for eating raw. The long straight sprouts are the ones traditionally used in Asian dishes—pick off the long straggly brown tails before using. Tinned bean sprouts do not have the flavour or crunchiness.

Opposite:
Golden Egg Nets with Chicken, Peanuts, Bean Sprouts and Sweet Vinegar Sauce

Thai Fishcakes with Sweet Chilli Sauce and Cucumber Relish

The secret to fishcakes is not to overwork the fish mixture, otherwise the cakes will be tough and chewy.

500 g (1 lb) white fish fillets, finely diced
2 tablespoons Red Curry Paste (see page 26)
2 tablespoons fish sauce
1 tablespoon cornflour
1 egg, beaten
½ cup finely sliced green beans
¼ cup finely sliced spring onion
vegetable oil for deep-frying
½ cup Sweet Chilli Sauce (see page 16)
½ cup Spicy Cucumber Relish (see page 32)

In a food processor, mince fish to a paste. Add curry paste, fish sauce, cornflour and egg. Combine well. Transfer to a bowl and mix in beans and onions. Wet hands and shape mix into flat round cakes approximately 5 cm (2 in) in diameter and 1 cm (½ in) thick. Deep-fry in vegetable oil until golden brown, about 5–7 minutes. Drain on paper towel. Serve with sweet chilli sauce and cucumber relish.

Serves 4–6

Pork and Glass Noodle Spring Rolls

If entertaining with finger food, cut the spring rolls diagonally in half for convenient bite-sized pieces. Add a bowl of Sweet Chilli Sauce to the platter for dipping.

2 cloves garlic
½ teaspoon white peppercorns
1 tablespoon chopped coriander root and stem
1 tablespoon vegetable oil
½ red onion, finely diced
120 g (4 oz) minced pork
1 tablespoon palm sugar
2 tablespoons fish sauce
50 g (1½ oz) glass noodles, soaked and cut into 5 cm (2 in) pieces
100 g (3½ oz) bean sprouts
¼ cup roughly chopped fresh coriander leaves
packet of spring roll wrappers
2 tablespoons cornflour
2 tablespoons water
vegetable oil for frying
½ cup Sweet Chilli Sauce (see page 16)

In a mortar, pound garlic, peppercorns, coriander root and stem to a paste. Heat 1 tablespoon of oil in wok, add onion and stir-fry until softened. Add paste and stir-fry briefly. Add pork and stir-fry until cooked, about 5 minutes. Add palm sugar, fish sauce and glass noodles, then remove from heat. Allow to cool. Stir in bean sprouts and coriander leaves.

Lay a spring roll wrapper on a board. Place 1 tablespoon of mixture in centre and roll packed as tightly as possible. Seal the ends with a paste made from the cornflour and water. Heat oil in wok until medium hot and fry spring rolls until golden, about 5 minutes. Drain on paper towel. Serve with sweet chilli sauce.

Makes approximately 20 spring rolls

⚡ DEEP-FRYING

Deep-fried food is a favourite cooking method across Asia. Most of the snacks offered at roadside stalls are deep-fried. And because the food is cooked at such high temperatures any bacteria is killed. Woks make an ideal cooking vessel for deep-frying as the sloping sides allow you to deep-fry with the minimum of oil. Spring rolls, fishcakes, fritters, wontons— the list of snacks is endless and all of them delicious. Serve most deep-fried food with the classic Thai sweet chilli dipping sauce.

⚡ SPRING ROLL WRAPPERS

Packets of wrappers are available frozen in supermarkets. These light pastry sheets are always square but can be packaged in different sizes. Thaw until you can peel off as many sheets as required, then wrap and refreeze the unused sheets. Spring roll wrappers are perfect for any deep-fried food.

Prawn and Ginger Fritters

Simple and delicious bite-size appetisers.

2½ cups coarsely chopped breadcrumbs
½ cup coconut milk
500 g (1 lb) green prawn meat
2 tablespoons finely chopped ginger
½ cup coriander leaves, chopped
1 egg
1 tablespoon fish sauce
vegetable oil for deep frying
½ cup Sweet Chilli Sauce (see page 16)

Soak the breadcrumbs in the coconut milk. Pulse the prawn meat in a food processor with the ginger, coriander leaves, egg and fish sauce. Add the soaked breadcrumbs and pulse until just blended. Do not overwork the mixture. Heat the oil to 180°C (350°F) and drop teaspoonfuls of the mixture into the oil. Turn and cook until golden brown, about 2–3 minutes. Drain and serve with sweet chilli sauce.

Makes 24 fritters

GINGER

Choose firm-skinned pieces and peel them thinly, as the flesh nearest the skin has the most flavour. The easiest way to peel ginger is to scrape the skin off with the edge of a soup spoon. Don't buy ginger if the skin is dark and withered as it will be long past its use-by date. Store in a plastic bag or airtight container in the refrigerator—keeps for 3–4 weeks. Do not substitute with ground ginger.

WATER CHESTNUTS

With crispy white flesh under a thin brown skin, they are used to give a crunchy texture contrast. Peel before use and add to pork dishes with bamboo shoots and black mushrooms.

Steamed Pork and Water Chestnut Wontons

These tasty little morsels make great finger food for functions. They can also be deep-fried for a calorific treat!

1 tablespoon finely chopped coriander root and stem
1 clove garlic, chopped
250 g (8 oz) minced pork
100 g (3½ oz) water chestnuts
2 tablespoons chopped spring onion
1 egg
1 tablespoon fish sauce
1 teaspoon soy sauce
pinch white sugar
freshly ground white peppercorns, to taste
24 wonton wrappers
½ cup Sweet Chilli Sauce (see page 16)

In a mortar, pound coriander and garlic. Transfer to mixing bowl with pork mince, water chestnuts, onion, egg, fish sauce, soy sauce, sugar and peppercorns. Mix to combine.

Place a teaspoonful of the mixture in each wonton wrapper, then moisten edges with a little water. Pull edges together to make a pouch. Place wontons in large steamer basket and steam, covered, for 8–10 minutes. Serve with sweet chilli sauce.

Makes about 24 wontons

Spicy Mussel and Yam Fritters with Ginger and Lime Sauce

This sauce keeps for several weeks, so make double the quantity. Delicious heated and served with pan-fried chicken breasts, pork medallions or fish fillets.

FRITTERS

1 tablespoon chopped lemon grass
2 cloves garlic, roughly chopped
1 tablespoon roughly chopped ginger
1 large red chilli, chopped
½ tablespoon roughly chopped fresh turmeric
or ½ teaspoon turmeric powder
250 g (8 oz) golden sweet potato
125 g (4 oz) New Zealand mussel meat, roughly chopped
½ cup self-raising flour
½ cup rice flour
1 teaspoon white sugar
1 tablespoon fish sauce
1½ cups coconut cream
2 cups vegetable oil for deep-frying

SAUCE

1 tablespoon vegetable oil
4 golden shallots, finely sliced
225 ml (7½ fl oz) coconut or rice vinegar
375 g (12 oz) dark palm sugar
1½ cups water
150 ml (5 fl oz) soy sauce
½ cup finely julienned ginger
½ cup lime juice

Combine the lemon grass, garlic, ginger, red chilli and turmeric in a mortar and pound to a paste. Grate the sweet potato coarsely and squeeze out excess moisture. Place in a bowl with the mussel meat, seasoning paste, flours, sugar and fish sauce. Add coconut cream and stir to combine—it should resemble a very thick batter. Heat enough oil in a wok to deep-fry the fritters. Cook a generous teaspoonful of the batter, several at a time, for 4–5 minutes. The fritters should be golden brown on the outside and moist inside. Serve with the sauce in a separate bowl.

To make the sauce, heat oil in a heavy-based saucepan to low and cook shallots until softened but not coloured. Add vinegar, palm sugar, water, soy sauce and ginger, bring to the boil and cook for 10 minutes, until slightly reduced. Stir in the lime juice and remove from the heat. Makes about 1 litre (1¾ pints). Keeps well for 3–4 weeks.

Makes 24 fritters

⚡ TURMERIC

Found in curry powders and mustards, because of its yellow colouring turmeric is a cheap substitute for saffron. Related to the ginger family, its rhizomes are bright orange and very tough. Buy fresh from Asian greengrocers, or buy ground powder in small quantities only as it turns musty very quickly.

Opposite:
Spicy Mussel and Yam Fritters with Ginger and Lime Sauce

Twice-cooked Crispy Skin Quail with Shallot Pancake and Spiced Plum Sauce

A delicious and elegant entree, the spicy plum sauce can be served with any poultry.

2 litres (3½ pints) Master Stock (see page 35)
6 jumbo quails

PANCAKE
4 cups plain flour
1½ cups boiling water
1 cup finely chopped shallots, green part only
sesame oil for brushing

SAUCE
3 Granny Smith apples, peeled and chopped
4 kg (8 lb) blood plums, halved and stoned
4 large red chillies, seeded and finely chopped
2 large red onions, chopped
125 g (4 oz) ginger, chopped
1 tablespoon Szechwan peppercorns, roasted and ground
1 cinnamon stick
½ tablespoon coriander seeds, roasted and ground
350 g (11½ oz) dark palm sugar
1 litre (1¾ pints) coconut or rice vinegar

SZECHWAN SALT AND PEPPER
1 tablespoon each of sea salt and roasted and ground Szechwan pepper

2 cups vegetable oil for deep-frying
sliced green shallots, coriander sprigs and red chilli strips, to garnish

Bring master stock to a boil in a large saucepan, add quails and poach on a gentle simmer for 10 minutes. Remove from the stock and drain well.

Combine the flour and boiling water in a large bowl and knead for 10 minutes. Add shallots and knead to combine. Divide the dough into 50 g (1½ oz) balls. Roll out to about 7.5 cm (3 in) in diameter, brush with sesame oil, cover with another even-sized disc of dough and roll to about 15 cm (6 in) in diameter. Lightly oil a skillet and cook until brown spots appear, turning frequently. Separate when cool. Store covered tightly with plastic wrap. Reheat in microwave or place on plate and steam until warm.

To make sauce, combine all ingredients in a pan, bring to the boil, reduce to a simmer and cook uncovered, stirring often, until mixture is thick and pulpy, about 45 minutes. Remove from heat, cool, and puree in a food processor. Pour into sterilised jars and seal immediately. Will keep for 2 months.

To serve, cut quails in half. Heat vegetable oil in a wok and deep-fry quails until the skin is crisp and golden, about 5 minutes. Drain on paper towel. Transfer quails to a serving plate with folded pancake. Spoon over plum sauce, sprinkle with the salt and pepper and garnish with sliced shallot, coriander sprigs and red chilli strips.

Serves 6

Opposite:
Twice-cooked Crispy Skin Quail with Shallot Pancake and Spiced Plum Sauce

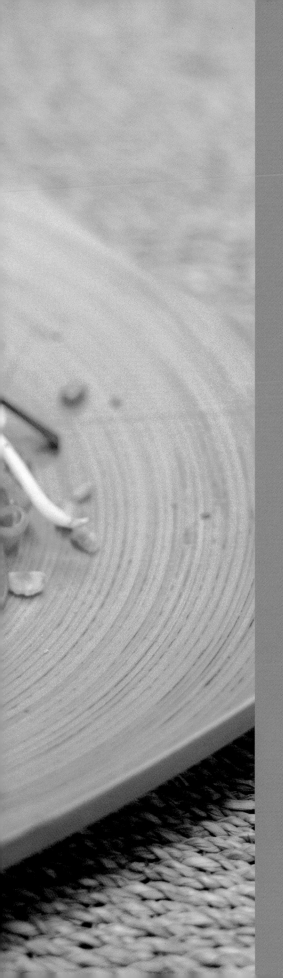

soups and noodles

Once while travelling in rural Thailand, our car brakes failed and we rolled off the road. Our initial, very European reaction was to phone for a tow truck. Dismissing this suggestion, our Thai companions insisted that 'first we must eat to settle our stomachs'. With nothing but farms in sight, this seemed highly improbable. Be patient, was their advice, as we sweated by the roadside in the shade of our battered car. Then, seemingly from nowhere, up peddled a soup vendor. Lighting his gas burner, he served us a simple, delicious noodle soup. With our stomachs settled and spirits lifted, a tow truck was then summoned. It made us wonder about Western priorities—such thoughts often occur whenever we're in Thailand.

From simple breakfast rice soups to lunchtime staples such as Malaysian Laksa or Vietnamese Pho, the range of soups and noodle dishes in Thailand is as vast as Asia itself. Soups are usually of three varieties—hot and sour, which are tart, spicy and aromatic, simple broths based on a clear stock, and rich coconut milk soups gently simmered to infuse delicate flavours.

Noodles made from mung beans, rice, wheat or eggs, reflect regional agriculture. Some are best in liquid dishes, while others give a satisfying crunch when deep-fried. Fresh noodles cook faster than dried noodles, and all can be cooked in advance. When adding noodles to a stir fry, remove them from the hot water while still slightly undercooked. Drain well and rinse.

Pad Thai

My first meal in a local Bangkok night market was this fried noodle dish—twenty years later my mouth still waters at the memory. This version of Annette's is one of the best.

350 g (11½ oz) rice noodles
3 tablespoons vegetable oil
2 eggs, lightly beaten
½ cup finely sliced onion
250 g (8 oz) green prawns or finely chopped chicken or pork
1 tablespoon chopped garlic
2 tablespoons palm sugar
2 cups bean sprouts
½ cup roasted unsalted peanuts, coarsely ground
2 tablespoons tamarind water
2 tablespoons fish sauce
1 tablespoon dried shrimp, rinsed
1 tablespoon pickled cabbage
75 g (2½ oz) tofu, cut into small dice
½ teaspoon dried chilli flakes
coriander leaves, to garnish

Soak rice noodles in warm water until soft, then drain. Heat 1 tablespoon vegetable oil in wok and cook eggs until scrambled, about 1–2 minutes. Set aside. Heat 2 tablespoons oil in wok and fry onion for 1 minute. Add prawns and garlic and stir briefly. Add palm sugar, soaked noodles, half the bean sprouts and half the peanuts. Add the tamarind water, fish sauce, dried shrimp, pickled cabbage, tofu and chilli flakes. Toss well until the noodles are heated through. Add eggs and toss briefly. Serve garnished with remaining bean sprouts, peanuts and coriander.

Serves 4–6

PICKLED CABBAGE

Pickling vegetables in vinegar, salt or oil is very common in Asia as it is a way of preserving vegetables after harvest time to be used during the winter months. Pickled cabbage is used in noodle soups to add flavour. Usually packed in squat, dark brown jars, look for it in Asian supermarkets.

Previous page:
Pad Thai

Hot and Sour Soup of Smoked Fish

A version of Tom Yum, the smoked fish adds an intriguing flavour. Serve Thai style with steamed jasmine rice—ladle small amounts of the broth over spoonfuls of rice.

1 banana chilli
1 dried red chilli, deseeded, chopped and soaked in hot water
1 large fresh red chilli, chopped
2 cloves garlic, chopped
2 golden shallots, chopped
pinch of sea salt
1 teaspoon shrimp paste
300 g (11 oz) smoked trout
1 litre (1¾ pints) Chicken Stock (see page 35)
2 stalks lemon grass, pounded
3 kaffir lime leaves, torn
2 tablespoons fish sauce
1 teaspoon palm sugar
2 tablespoons freshly squeezed lime juice

Heat griller to high and cook the banana chilli until outer surface is charred, about 10 minutes. Allow to cool. Peel and remove seeds. Slice finely and set aside. In a mortar, crush the dried chilli, fresh chilli, garlic, shallots, salt and shrimp paste until fine. Flake the smoked fish very coarsely. In a large pot, bring stock to the boil, then stir in the paste. Add the fish, lemon grass and lime leaves, then the fish sauce, palm sugar and lime juice. Mix well and serve.

Serves 4

Chiang Mai Beef Noodles

A hearty beef noodle soup with a creamy curry-spiced base.

2 tablespoons vegetable oil
1 red onion, diced
3 cloves garlic, finely chopped
2 tablespoons Curry Powder (see page 34)
1 tablespoon Red Curry Paste (see page 26)
4 cups coconut milk
500 g (1 lb) beef, cut into 2.5 cm (1 in) strips
¼ cup fish sauce
2 tablespoons palm sugar
1 tablespoon freshly squeezed lime juice
200 g (7 oz) fresh thin egg noodles
2 spring onions, finely chopped
2 tablespoons coriander leaves
lime wedges

Heat the oil in a large wok and stir-fry the onion and garlic for 1 minute. Add the curry powder, curry paste and 2 tablespoons of coconut milk. Stir-fry for another minute. Add beef and turn up the heat and stir-fry until brown, about 5 minutes. Add the remaining coconut milk and simmer for 30 minutes. Add the fish sauce, palm sugar and lime juice and simmer for a further 10 minutes. Blanch the noodles in boiling water and divide between the serving bowls. Pour over the curry mixture and garnish with the spring onions, coriander leaves and lime wedges.

Serves 4

Tom Yum Goong—Hot and Sour Prawn Soup

*With its juicy prawns, pungent chilli jam and scented citrus flavours,
this most elegant soup is famous throughout Thailand.*

1 litre (1¾ pints) chicken or prawn stock
2 stalks lemon grass, outer leaves discarded
and angle cut into 5 cm (2 in) pieces
4 pairs kaffir lime leaves
4 slices galangal
2 tablespoons chilli jam
½ cup lime juice
100 ml (3½ fl oz) fish sauce
16 green king prawns, peeled and deveined
1–2 red chillies, seeded and finely chopped
coriander leaves, to garnish
finely sliced green shallots, to garnish

Put stock, lemon grass, kaffir lime leaves and galangal into saucepan. Bring to the boil, then reduce heat to a simmer and cook for 5 minutes. Add chilli paste, lime juice and fish sauce and cook until blended. Add prawns and simmer gently until prawns are just cooked, about 1 minute. Ladle into serving bowls and garnish with chillies, coriander and shallots.

Serves 4

Seafood Laksa

The famous Malaysian national dish is a deliciously satisfying meal in itself.

3 cups coconut milk
2 tablespoons Laksa Paste (see page 22)
3 cups Chicken Stock (see page 35)
1 teaspoon palm sugar
2 tablespoons fish sauce
allow 150 g (5 oz) mixed seafood per person
250 g (8 oz) fresh Chinese egg noodles or
rice noodles if preferred
½ cup chopped laksa leaf (Vietnamese mint)
100 g (3½ oz) bean sprouts
2 tablespoons Crispy-fried Shallots
(see page 34)
2 spring onions, finely diced
4 lime wedges

Skim the thick cream off the top of the coconut milk. Heat the cream to a simmer in a large saucepan. Add Laksa Paste and fry until fragrant, about 5 minutes. Add remaining coconut milk and stock. Bring to the boil. Add palm sugar and fish sauce. Add seafood, reduce heat and poach gently until cooked, about 3–4 minutes. Blanch noodles in boiling water and divide between four serving bowls. Pour on laksa and garnish with remaining ingredients.

Serves 4

Opposite:
Tom Yum Goong

Assam Laksa

From Penang, this tart broth flavoured with tamarind is a variation of seafood laksa.

2 tablespoons vegetable oil
2 tablespoons Laksa Paste (see page 22)
3 cups Chicken Stock (see page 35)
3 cups tamarind water
allow 150 g (5 oz) mixed seafood per person
250 g (8 oz) dried rice vermicelli,
soaked in boiling water for 5 minutes
½ cup finely chopped Vietnamese mint

GARNISHES

bean sprouts, mint, lime wedges,
thin pineapple slices, slices of deep-fried
tofu, Crispy-fried Shallots (see page 34)

Heat the oil in a large pan and gently fry the paste until fragrant. Add the stock and tamarind water and bring to the boil. Reduce heat. Add seafood and Vietnamese mint and simmer until seafood is cooked, about 3–4 minutes. Divide the noodles between individual serving bowls, ladle the soup over the top and serve with the garnish ingredients on the side.

Serves 4

RICE VERMICELLI

Sold in flat bundles of five to a pack, rice vermicelli turn white when soaked in hot water and expand into a frothy white cloud when deep fried. It's eaten in soups, deep-fried into crispy cakes with meat, seafood and seasonings, steamed or served cold in salads. Rice vermicelli needs to be soaked before using; simply place noodles in a bowl, pour on hot water and soak for about 8 minutes or until soft. If using boiling water, soak for about 1 minute. Rice vermicelli can be deep-fried without soaking to create a crispy garnish.

Snapper, Tomato and Lemon Grass Soup

An aromatic and tart fish broth, its flavours are highlighted by the lemon grass.

4 stalks lemon grass, bruised and chopped into 2.5 cm (1 in) lengths
4 ripe tomatoes, roughly chopped
½ red onion, chopped
1 tablespoon chopped ginger
½ tablespoon chopped garlic
1 large red chilli, roughly chopped
1¼ litres (2 pints) fish or chicken stock
2 tablespoons fish sauce
1 tablespoon finely julienned ginger, extra
2 teaspoons sugar
350 g (11 oz) snapper fillets or similar fish, cut into 2.5 cm (1 in) dice
1 extra tomato, finely diced
4 kaffir lime leaves, finely shredded
¼ cup finely chopped coriander leaves
¼ cup finely chopped Thai basil leaves

Combine the lemon grass, tomatoes, onion ginger, garlic, chilli and fish stock in a large saucepan. Bring to the boil, reduce the heat and simmer for 45 minutes. Strain through a fine sieve and discard the solids. Transfer to a clean saucepan, reheat and add the fish sauce, ginger and sugar. Add the diced fish and cook on gentle heat until just cooked, about 3 minutes. Divide the diced tomato, kaffir lime, coriander and basil leaves between individual serving bowls, ladle on the soup and serve.

Serves 4

Pho Bo—Hanoi Beef and Rice Noodle Soup

Pho is a Vietnamese classic—a one-dish meal, the essence of which is its delicately spiced, beef stock base.

CLOVES

Cloves are the dried flower buds of a member of the myrtle family and can be used whole or in powdered form. They are native to the Malacca Islands in Indonesia, which were so famous for their spices that they were known as the Spice Islands. The clove trade was monopolised by the Portuguese, then by the Dutch. Cloves were used in China more than 2000 years ago and were also used by the Romans as a preservative. Their oil contains a powerful antiseptic. Usually used in conjunction with peppercorns, nutmeg and cinnamon. In Thai cooking, cloves are most commonly added to curries.

RICE STICKS

Made from rice and tapioca flours, rice sticks look like milky flat pasta, turning soft and white when cooked. They can then be fried or added to soups. Cook for no more than 1 minute in boiling water—do not overcook or they will break apart.

VIETNAMESE BEEF STOCK

1 kg (2 lb) whole beef brisket
1 large white onion, peeled and halved
5 whole cloves
125 g (4 oz) fresh ginger, peeled and sliced
1 cinnamon stick
2 star anise
1 teaspoon white peppercorns

SOUP

1¼ litres (2 pints) Vietnamese beef stock
1 packet rice noodle sticks, soaked in hot water for 20 minutes
1 small white onion, peeled, halved and thinly sliced
300 g (11 oz) beef eye fillet, slightly frozen and thinly sliced

GARNISHES

4 bird's eye chillies, thinly sliced
½ cup Crispy-fried Shallots (see page 34)
1 cup bean sprouts
1 bunch fresh garden mint
1 bunch coriander
1 bunch Vietnamese mint
1 lime, quartered
hoisin sauce
fish sauce

To make the stock, place brisket in a pot and cover with 2 litres (3½ pints) of water. Bring to the boil and add the onion, cloves, ginger, cinnamon stick, star anise and peppercorns. Season with a little salt and reduce the heat to low. Simmer for 2 hours, skimming any fat that rises to the surface. Remove brisket from the heat. Slice when cool. Strain the stock and discard any remaining solids.

To make the soup, bring strained stock to the boil. Divide rice noodles into four bowls. Add a few brisket slices, scatter over sliced onion and place raw beef slices on top. Ladle boiling stock over the top and serve the garnishes on the side, allowing each diner to add their own garnishes and seasonings to taste.

Serves 4

Spiced Pumpkin Soup with Prawns and Basil

A fragrantly spiced soup, this is a fusion between an Australian favourite and a Thai classic.

1 tablespoon vegetable oil
2 cups coconut milk
1 tablespoon Red Curry Paste (see page 26)
4 cups chopped pumpkin
2 cups Chicken Stock (see page 35)
1 tablespoon palm sugar
1 tablespoon fish sauce
16 green king prawns, shelled, deveined and heads removed
½ cup loosely packed Thai basil
3 kaffir lime leaves, finely shredded

In a saucepan, heat vegetable oil with ¼ cup of the coconut milk. Add curry paste and stir over low heat for 5 minutes. Add pumpkin and stock and simmer until pumpkin is cooked. Cool. Puree in blender, then transfer to a saucepan and season with palm sugar and fish sauce. Add prawns and simmer until just cooked, about 1 minute. Stir in Thai basil and remaining coconut milk. Divide prawns between indivdual serving bowls and garnish with shredded kaffir lime leaves.

Serves 4

Silken Tofu and Pork Dumpling Soup

Include this soup, with its peppery pork dumplings and silky tofu, in a Thai banquet.

DUMPLINGS
2 cloves garlic
2 coriander roots
½ teaspoon whole white peppercorns
½ teaspoon salt
250 g (8 oz) minced pork
2 tablespoons finely chopped green shallots
2 teaspoons fish sauce
½ beaten egg

SOUP
250 g (8 oz) silken tofu
2 tablespoons vegetable oil
4 cloves garlic, chopped
1 litre (1¾ pints) Chicken Stock (see page 35)
4 tablespoons oyster sauce
2 teaspoons palm sugar
200 g (7 oz) bean sprouts
½ cup coriander leaves, to garnish

To make dumplings, in a mortar, pound the garlic, coriander and peppercorns to a paste. Combine paste with remaining ingredients in a bowl. With wet hands, roll mixture into large marble-sized dumplings.

To make soup, slice tofu into 2.5 cm (1 in) dice. Heat oil in a wok and fry garlic until a light golden colour. In a pan, bring stock to the boil, add dumplings and poach until cooked, about 5 minutes. Add oyster sauce, palm sugar, bean sprouts and tofu. Stir. Serve immediately, garnished with the fried garlic and coriander leaves.

Serves 4

☙ TOFU/BEAN CURD

Fresh bean curd, or tofu as the Japanese call it, is processed from soy beans. It was first made in China between 200–900AD. Store, covered with water, in the refrigerator for 2–3 days, changing the water daily. A high protein food, tofu has a delicate flavour with a smooth texture like baked custard. Dried bean curd is sold in flat sheets and needs no refrigeration. It has to be soaked before using. It can be used in a similar fashion as spring roll wrappers, and has a delicate crunchy texture when deep fried.

Opposite:
Spiced Pumpkin Soup with Prawns and Basil

Chicken Dumpling and Omelette Soup

Nutritious, simple omelette-style soups are very popular across Asia.

DUMPLINGS

2 cloves garlic
2 coriander roots
½ teaspoon whole white peppercorns
½ teaspoon salt
250 g (8 oz) minced chicken
2 tablespoons finely chopped green shallot
2 teaspoons fish sauce
½ beaten egg

SOUP

2 tablespoons vegetable oil
4 cloves garlic, chopped
4 eggs
3 red shallots, finely sliced
1 litre (1¾ pints) Chicken Stock (see page 35)
4 tablespoons oyster sauce
2 teaspoons palm sugar
200 g (7 oz) bean sprouts
½ cup chopped coriander leaves, to garnish

To make the dumplings, in a mortar, pound garlic, coriander and peppercorns to a paste. Combine paste with remaining ingredients in a bowl. With wet hands, roll mixture into large marble-sized dumplings.

Heat oil in wok and fry garlic until light golden. Remove and save oil. Scramble eggs in a bowl and stir in red shallots. Cook omelette in garlic oil. Remove from wok, cool and cut into shredded pieces. In a saucepan, bring stock to the boil, add dumplings and poach until cooked, about 5 minutes. Stir through shredded egg, oyster sauce, palm sugar and bean sprouts. Serve immediately, garnished with fried garlic and coriander leaves.

Serves 4

Chicken, Yellow Bean and Ginger Soup

Simple but tasty, the yellow bean sauce adds a salty depth of flavour.

3 golden shallots
2 tablespoons chopped coriander root and stem
½ teaspoon whole white peppercorns
1 litre (1¾ pints) Chicken Stock (see page 35)
⅓ cup yellow bean sauce
1 tablespoon oyster sauce
2 teaspoons palm sugar
2 tablespoons finely julienned ginger
250 g (8 oz) chicken thigh or breast fillets, thinly sliced
1 bunch of Asian greens, such as bok choy, roughly chopped

In a mortar, pound shallots, coriander and peppercorns to a paste. Bring stock to the boil in a large pot with the paste, yellow bean sauce, oyster sauce, palm sugar and ginger. Add chicken and simmer until just cooked, about 5 minutes. Stir in Asian greens and cook until just wilted, about 1 minute.

Serves 4

YELLOW BEAN SAUCE

There are many soy bean sauces ranging in colour from yellow through to black. All are very thick and must be spooned from the jar. They add depth and an earthy flavour to dishes. The sauce is made by salting and fermenting split and crushed soy beans.

Rice Noodles with Four-flavoured Prawns

A delicious hot and sour noodle stir fry.

RICE NOODLES

Made from rice flour, these noodles are produced in sheets and then cut at three different widths to make flat noodles, narrow noodles or thin noodles. Packages of fresh rice noodles are available in Asian supermarkets. They can be cut to any required width or filled with meat and vegetables and steamed as rice rolls. They will only keep for a few days in the refrigerator. Rice noodles should only be rinsed and softened in hot water, then added at the last minute to a soup or stir fry.

SPICE PASTE

2 large dried red chillies, seeded
3 golden shallots, sliced
6 garlic cloves, chopped
¼ teaspoon white pepper
¼ teaspoon salt

250 g (8 oz) dried thin rice noodles
2 tablespoons vegetable oil
16 green prawns, peeled and butterflied
¼ cup palm sugar
¼ cup tamarind water
¼ cup fish sauce
1 cup bean sprouts
¼ cup finely chopped garlic chives
½ cup basil leaves
lime wedges

To make spice paste, soak the dried chillies in hot water for 10 minutes, then drain and chop finely. Combine in a mortar with the shallots, garlic, pepper and salt. Pound to a paste.

Soak noodles in hot water for 10 minutes until just softened, then drain. Heat oil in a wok and stir-fry the prawns until just cooked, about 2–3 minutes. Remove and set aside. Add the spice paste and stir-fry until fragrant. Add the palm sugar, tamarind water and fish sauce. Bring to the boil and cook for 1 minute. Add noodles and stir-fry until noodles have absorbed the sauce. Add prawns, bean sprouts and chives. Stir to combine. Transfer to serving bowls and top with the basil leaves. Serve with lime wedges.

Serves 4

Chinese Duck with Fresh Rice Noodles, Chilli Jam and Cashews

Chinese ducks hang in the windows of China Town specialty shops.

500 g (1 lb) fresh rice noodles
1 Chinese roast duck
1 tablespoon vegetable oil
1 red capsicum, cut into strips
125 g (4 oz) snow peas
1 tablespoon chilli jam
1 tablespoon oyster sauce
1 tablespoon fish sauce
2 tablespoons water or chicken stock
2 tablespoons roasted unsalted cashews
½ cup Thai or sweet basil

Slice rice noodles into 2.5 cm (1 in) strips. Remove duck meat from bones and chop into bite-size pieces. Heat oil in a wok until smoking, add capsicum and snow peas and stir-fry about 1 minute. Add duck pieces, chilli jam, oyster sauce, fish sauce and water, and stir-fry until combined. Add noodles and toss until noodles have softened. Add cashews and basil, stir-fry for 30 seconds, until basil has wilted.

Serves 4

Pork and Crab Wonton Soup

Poaching these Chinese-spiced wontons in a basic stock produces a delicately light soup.

WONTONS

1 tablespoon coriander root and stem
1 tablespoon chopped ginger
2 tablespoons chopped spring onion
250 g (8 oz) pork mince
100 g (3½ oz) fresh crabmeat
½ teaspoon freshly ground white pepper
1 tablespoon fish sauce
½ tablespoon soy sauce
½ tablespoon Shaoxing wine
24 wonton wrappers (allow 4 per person)
1 lightly beaten egg

SOUP

1 litre (1¾ pints) Chicken Stock (see page 35)
2 tablespoons oyster sauce
2 tablespoons fish sauce
½ teaspoon palm sugar

GARNISHES

1 cup bean sprouts
½ cup sliced spring onions
coriander leaves

To make the wontons, in a mortar combine the coriander, ginger and spring onion and pound to a paste. Combine in bowl with the remaining ingredients and mix well. Lay wonton wrappers on lightly floured surface, place a teaspoon of the mixture in middle of each wonton. Lightly egg wash the edges and pull together either into triangles, or pull edges up into dumplings. Refrigerate wontons until ready to use.

To make the soup, combine stock, oyster sauce, fish sauce and palm sugar in a pan. Bring to the boil and poach wontons for 5 minutes. Transfer to a serving tureen and garnish with bean sprouts, spring onions and coriander leaves.

Serves 6

SHAOXING WINE

Chinese rice wine is also called 'Shaoxing' as it is traditionally made in a city of that name, south of Shanghai. It has a lovely amber colour with a rich, slightly sweetish flavour. It is a fermented, sherry-like wine made from glutinous rice and mineral-rich water from Lake Jiang. The wine is allowed to ferment in huge pottery jars that are wrapped in lotus leaves, sealed with ceramic covers, then covered in mud and allowed to age, sometimes up to 10 years. There are three different qualities. Ask for Shaoxing wine in Asian supermarkets and make sure you buy 'drinking' quality. Substitute with dry sherry if unavailable. Do not confuse it with mirin, which is a golden, sweet rice wine from Japan.

Opposite:
Pork and Crab Wonton Soup

Tamarind Soup of Seafood and Tomatoes

A tart but fragrant broth. Include some black mussels for colour.

4 large dried red chillies
1 litre (1¾ pints) Chicken Stock (see page 35)
4 slices galangal
2 stalks lemon grass,
5 cm (2 in) long and angle cut
2–3 red shallots, chopped
500 g (1 lb) mixed seafood (prawns, squid, mussels, scallops)
1 tomato, roughly chopped
1 green chilli, chopped
1 tablespoon fish sauce
1 teaspoon palm sugar
3 tablespoons tamarind water
coriander leaves, to garnish
Crispy-fried Shallots (see page 34), to garnish

Preheat oven to 180°C (350°F). Place red chillies on a baking tray and roast until dark and crisp, about 10 minutes. Bring the stock to the boil in a large pot, add galangal, lemon grass and shallots, and simmer for 2–3 minutes. Add seafood and tomato, cover and simmer until seafood is cooked, about 3–4 minutes. Add the roasted red chillies and green chilli, fish sauce, palm sugar and tamarind water. Ladle into individual serving bowls and garnish each serve with coriander leaves and crispy shallots.

Serves 4

TAMARIND

Tamarind comes from the beanlike pod of the tamarind tree. The sweet–sour flavour is the basis of many sauces and is used to give the sour flavour to curries. Buy tamarind pulp in blocks from your Asian supermarket, seal in plastic wrap and store in your refrigerator—keeps for months. To make tamarind water, put 1 tablespoon of tamarind pulp in a bowl and pour over half a cup of boiling water and leave to cool. Mash pulp with a fork and strain the liquid through a sieve, retaining the liquid. Discard the tamarind seeds and skins.

Tom Kha Gai—Chicken Galangal Soup

A creamy coconut soup infused with galangal, lemon grass and kaffir lime.

2 cups Chicken Stock (see page 35)
2 stalks lemon grass, tough outer leaves removed and angle cut into 5 cm (2 in) pieces
6 pairs kaffir lime leaves
8 slices peeled galangal, either fresh or bottled
2 cups coconut milk
2 tablespoons chilli paste
2 tablespoons palm sugar
3 tablespoons fish sauce
¼ cup lime juice
300 g (11 oz) boneless and skinless chicken meat, cut into thin strips
125 g (4 oz) mushrooms, sliced
coriander leaves, to garnish
1–2 fresh red chillies, seeded and sliced

Put stock, lemon grass, kaffir lime leaves and galangal into a large saucepan and bring to the boil. Reduce heat and simmer for 5 minutes. Add coconut milk, chilli paste, palm sugar, fish sauce and lime juice and simmer for 1 minute until combined. Add chicken and mushrooms and simmer until chicken is cooked, about 5 minutes. Ladle into serving bowls and garnish with coriander leaves and sliced chillies.

Serves 4

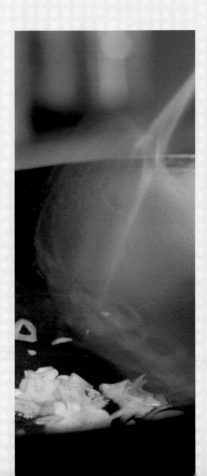

Prawns and Asian Greens with Chinese Roast Pork, Basil and Noodles

Chinese roast pork is delicious in stir fries, salads or eaten cold.

CHINESE ROAST PORK

1 tablespoon whisky
1 tablespoon light soy sauce
1 tablespoon crushed garlic
1 tablespoon crushed ginger
1 tablespoon hoisin sauce
1 teaspoon dark soy sauce
1 tablespoon oyster sauce
1 x 350–400 g (10–12 oz) pork fillet

DRESSING

2 tablespoons tamarind water
1 tablespoon palm sugar
2 tablespoons lime juice
1 tablespoon fish sauce
1 teaspoon finely chopped ginger

1 teaspoon sesame oil
2 tablespoons vegetable oil
3 red shallots, finely sliced
1–2 tablespoons Red Curry Paste
(see page 26)
12 green king prawns, peeled,
deveined and butterflied
250 g (8 oz) dried flat rice noodle sticks,
softened in hot water
250 g (8 oz) thin medallions of Chinese
roast pork
2 red chillies, julienned
50 g (1½ oz) snow peas, halved
1 head bok choy, chopped roughly
½ cup basil leaves

To prepare the pork, mix all the marinade ingredients together in a bowl and then rub into the pork fillet. Leave to marinate for 2 hours at room temperature.

Roast pork on a rack in a preheated 200°C (400°F) oven for 20–25 minutes, turning every 10 minutes and basting continuously with remainder of the marinade. Allow to cool before slicing into thin medallions.

To make the dressing, whisk the ingredients together. Set aside. Heat sesame oil and vegetable oil in a wok and fry the shallots for 1 minute. Add curry paste and prawns and stir-fry for 1 minute. Add all other ingredients except the basil and cook over a high heat for 2 minutes. Pour over dressing, stir in basil. Divide between four bowls and serve immediately.

Serves 4

salads

The Thai word for salad is *yam*, which means to toss or mix together. The essence of all Asian salads is freshness and balance of flavours. To contrast textures and flavours, a salad is usually included in a Thai banquet, but the flavours of the salad need to be taken into account with the other dishes. For instance, if serving a salad with strong citrus flavours, you would not include a sour curry or tart soup in the banquet.

Always taste the dressing while making it, because the balance of flavours is very subjective. It should taste hot, sour, salty and sweet without any one flavour overpowering the others. The palm sugar is the ingredient that brings the sour and salt flavours together. Generally, if the sour or salt is dominating, the addition of more palm sugar will restore the balance.

All dressings must be made only a few hours before serving, as the lime juice loses its perfume and the fish sauce overwhelms the more subtle flavours if left standing too long.

Szechwan Pepper-crusted Rare Tuna
with Pickled Ginger, Avocado and Wasabi Mayonnaise

SPICE MIX

1 tablespoon black peppercorns, ground
½ tablespoon roasted and ground Szechwan pepper
½ tablespoon roasted and ground coriander seeds
½ large dried chilli, seeds removed,
roasted until crisp and ground
½ tablespoon onion powder
1 tablespoon sea salt

TUNA

400 g (14 oz) piece Sashimi-grade tuna
1 tablespoon vegetable oil

WASABI MAYONNAISE

2 tablespoons wasabi powder,
dissolved in enough water to make a paste
1 egg yolk
1 tablespoon lime juice
1 tablespoon Japanese rice vinegar
1 tablespoon Japanese soy sauce
pinch of white sugar
salt and freshly ground white pepper, to taste
1 cup vegetable oil

DRESSING

2 green shallots, finely chopped
1 small clove garlic
2 teaspoons chopped ginger
75 ml (2½ fl oz) rice vinegar
30 ml (1 fl oz) soy sauce
1 tablespoon brown sugar
¼ cup coriander leaves and stalks

SALAD

1 avocado, finely diced
2 golden shallots, finely sliced
50 g (1½ oz) watercress
2 tablespoons pickled ginger slices
1 tablespoon sesame seeds, to garnish

To make the spice mix, combine the ingredients and store in an airtight container. Makes about ¼ cup and keeps for several months.

To make the tuna, coat the tuna with oil and sprinkle generously with the spice mix. Heat a heavy-based frying pan until smoking, sear tuna 1 minute on all sides. Remove from pan and wrap in plastic wrap. Refrigerate until required.

To make the mayonnaise, in a food processor combine the wasabi paste, egg yolk, lime juice, rice vinegar, soy sauce, sugar, salt and pepper and process until thick. Slowly drizzle in the oil. If the mayonnaise is too thick, thin with a little warm water.

To make the dressing, combine the ingredients in a blender and whiz until emulsified.

To assemble salad, thinly slice tuna and divide between four serving plates. Toss salad ingredients with enough of the dressing to lightly coat the leaves. Divide the salad between the plates, piling in the centre of the tuna. Sprinkle the sesame seeds over the salad. Swirl the wasabi mayonnaise around the outside of the tuna and add a few extra dollops of the dressing.

Serves 4

⌁ PICKLED GINGER

A tangy addition to salads, the flavour of pickled ginger teams especially well with avocado or any of the melon family. Buy pickled ginger in supermarkets or Asian foodstores.

Previous page:
Szechwan Pepper-crusted Rare Tuna
with Pickled Ginger, Avocado and
Wasabi Mayonnaise

Barbecue Lamb Salad
with Thai Lime and Chilli Dressing

Though not a meat used in Thailand, lamb marries beautifully with Thai flavours.

DRESSING

4 small Thai red chillies, chopped
8 cloves garlic, chopped
½ small red onion, finely chopped
⅓ cup fish sauce, to taste
⅔ cup freshly squeezed lime juice, to taste
4 teaspoons palm sugar, to taste

SALAD

500 g (1 lb) lamb eye of short loin
2 tablespoons oyster sauce
1 teaspoon ground white peppercorns
100 g (3½ oz) mixed salad greens
1 red onion, finely sliced
1 red capsicum, julienned
1 cucumber, finely sliced
½ cup mint leaves
1 cup soaked bean thread vermicelli noodles
2 tablespoons roasted, crushed peanuts
2 tablespoons Crispy-fried Shallots
(see page 34)

To make the dressing, in a mortar, pound the red chillies and garlic to a paste. Transfer to a bowl and add the red onion, fish sauce, lime juice and sugar to taste. Stir well to mix. Adjust the flavours so that the sauce is equally salty and sour with a light touch of sweetness. Let the sauce sit for at least 15 minutes before using, to allow the flavours to amalgamate.

Rub lamb with oyster sauce and white peppercorns. Cook on a hot, lightly oiled barbecue to medium rare, about 5–7 minutes, then rest for 5 minutes. Slice thinly and place in a large mixing bowl with the salad greens, onion, capsicum, cucumber, mint and noodles. Toss gently with the dressing and pile onto a serving plate. Sprinkle with crushed peanuts and crispy shallots.

Serves 4

LAMB

Lamb is usually associated with Middle Eastern cultures and their religious ceremonies. Muslim people serve lamb at weddings and to mark the birth of a child, Jews serve lamb at Passover, and for early Christians, lamb was a symbol of Christ. A lamb is a sheep younger than 12 months with no permanent teeth. Mutton is a sheep older than two years. The older the sheep the stronger the flavour, the coarser the texture. Choose tender cuts for barbecuing as the meat is cooked very quickly and will dry out. Be sure to remove any excess fat because it can drip onto the coals and cause flare-ups. Brush the meat with oil to avoid it sticking to the barbecue.

Warm Salad of Seared Scallops, Roasted Capsicum and Ginger Vinaigrette

This is a popular restaurant salad recipe from our early days.

DRESSING

1 tablespoon finely diced fresh ginger
2 cloves garlic, peeled and chopped
¼ cup coriander leaves
3 tablespoons freshly squeezed lime juice
1 tablespoon white wine vinegar
1½ tablespoons soy sauce
1½ tablespoons brown sugar
2 tablespoons finely chopped green shallots
¾ cup vegetable oil
salt and pepper, to taste

SALAD

1 tablespoon vegetable oil
500 g (1 lb) scallops
250 g (8 oz) mixed salad leaves
4 golden shallots, peeled and finely sliced
2 red capsicums, roasted, peeled and cut into strips
½ cup loosely packed basil leaves

To make the dressing, combine all the ingredients in a blender and process until emulsified.

To make the salad, heat oil in a heavy-based frying pan and sear scallops for 1 minute on each side. Set aside. In a large mixing bowl, combine the salad leaves and shallots, toss with ¼ cup of the dressing. Divide leaves between six entree plates, portion scallops, add a mound of red capsicum and finely chopped basil leaves as garnish. Drizzle a teaspoon of remaining salad dressing around each plate.

Serves 4

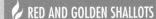

RED AND GOLDEN SHALLOTS
These shallots look like a large clove of garlic but have a red or golden skin. If they are not available, substitute with a red onion.

Opposite:
Warm Salad of Seared Scallops,
Roasted Capsicum and Ginger Vinaigrette

Vietnamese Lemon Grass Beef Salad with Rice Vermicelli

Vietnamese mint leaves add a spicy piquancy to salads.

BEEF

400 g (14 oz) beef rump, thinly sliced
3 stalks lemon grass, finely chopped
4 cloves garlic
2 tablespoons fish sauce
1 teaspoon white sugar
ground white pepper, to taste
2 tablespoons vegetable oil
1 small red onion, very thinly sliced
¼ cup coarsely chopped peanuts
1 tablespoon Crispy-fried Shallots
(see page 34)
½ cup Nuoc Cham Dipping Sauce
(see page 17)

SALAD

2 cups finely shredded lettuce
(cos or mignonette)
½ Lebanese cucumber, peeled and julienned
1 cup bean sprouts
½ carrot, julienned
¼ cup basil, shredded
¼ cup mint or Vietnamese mint, shredded
200 g (7 oz) rice vermicelli,
cooked according to instructions on packet

To make the beef, in a bowl, combine the beef, lemon grass, garlic, fish sauce, sugar and pepper. Mix well, cover and set aside.

To make the salad, combine all the salad ingredients in a large bowl, then portion into individual bowls. Top each salad with equal quantities of noodles.

To cook beef, heat oil in wok until smoking, add onion and stir-fry briefly until layers start to separate. Add beef slices and stir-fry until just cooked, about 5 minutes. Spoon the beef over the salad, garnish with the peanuts and crispy shallots. Serve with the dipping sauce and season to taste.

Serves 4

Opposite:
Vietnamese Lemon Grass Beef Salad
with Rice Vermicelli

Crispy Flathead with Green Mango Salad

Technically a challenge, but worth the effort for any inspired Thai cook!

500 g (1 lb) flathead fillets
sea salt
2 cups vegetable oil

DRESSING
5 cloves garlic
2 tablespoons chopped coriander root and stem
6–8 green chillies
1 teaspoon sea salt
1 tablespoon palm sugar
3 tablespoons fish sauce
½ cup lime juice
10 red shallots, finely sliced

SALAD
3 green mangoes, peeled, grated or cut into long strips
1 cup coriander leaves
1 cup mint leaves
2 tablespoons roasted and crushed peanuts, to garnish
2 tablespoons Crispy-fried Shallots (see page 34)

Wash and dry the fillets. Rub with salt and place them on a rack in the oven. Roast in a preheated 200°C (400°F) oven until dry, about 20 minutes. Remove from oven and pulse in a food processor to the consistency of fresh breadcrumbs. Half fill a wok with vegetable oil and heat until very hot. Sprinkle fish over the top to form a raft and when oil stops bubbling, turn fish over. Remove and drain on absorbent paper.

To make the dressing, pound the garlic, coriander, chillies and sea salt to a paste in a mortar. In a bowl, dissolve the palm sugar in fish sauce, then stir in the lime juice, red shallots and then the paste.

To serve, break the crispy flathead into chunks in a large bowl. Add the mango strips, coriander leaves, mint and dressing. Toss gently. Transfer to a serving platter and garnish with the crushed peanuts and crispy shallots.

Serves 4

SEA SALT

A basic necessity for life and vital to the preservation of food, especially of meat and fish over winter, salt has been of such economic importance in the past that wars were fought over it to ensure continuing supplies. Roman soldiers were paid with salt—our word 'salary' originates from this use. Table salt is manufactured with various additives from common salt extracted from the ground. Other varieties of salt include rock salt from salt mines; the chefs' favourite, sea salt, from evaporated sea water; and salt from mineral springs, known as brine salt.

Salad of Roast Sweet Potato, Avocado and Pickled Ginger

A colourful piquant salad of peppery rocket, sweet potato, nutty avocado and pink ginger pickle. The dressing will become a family favourite.

DRESSING

1 tablespoon fresh, finely diced ginger
2 cloves garlic, peeled and chopped
¼ cup chopped basil leaves
3 tablespoons freshly squeezed lime juice
1 tablespoon white wine vinegar
1½ tablespoons soy sauce
1½ tablespoons brown sugar
2 tablespoons finely chopped green spring onion
¾ cup vegetable oil
salt and pepper, to taste

SALAD

1 large sweet potato, peeled and cut into
2.5 cm (1 in) cubes
2 tablespoons vegetable oil
salt and freshly ground black pepper
100 g (3½ oz) rocket or mesclun mix
2 avocados, peeled, pitted and diced
2 tomatoes, finely diced
1 Lebanese cucumber, finely diced
1 salad onion, finely sliced
2 tablespoons pickled ginger

To make dressing, combine ingredients in a blender and whiz to emulsify.

To make salad, toss sweet potato pieces with vegetable oil and season well with salt and pepper. Place on a baking tray and bake in a preheated moderate 180°C (350°F) oven for about 30 minutes. Set aside to cool.

Combine sweet potato with remaining salad ingredients in a large bowl and toss with enough dressing to coat leaves. Transfer to a serving plate.

Serves 4

Som Tam Salad and Sticky Rice

*From northern Thailand, this classic salad is eaten with sticky rice,
which is a daily staple in that region. The rice is eaten by rolling a
small ball in your fingers, then dipping it into the spicy sauce.*

DRESSING
1 teaspoon peeled and chopped garlic
2 golden shallots, sliced
2 red chillies, chopped
3 teaspoons fish sauce
1½ tablespoons palm sugar
3 tablespoons lime juice

SALAD
3 cups finely shredded green pawpaw
200 g (7 oz) green beans,
blanched and sliced
2 tablespoons dried shrimp
punnet of cherry tomatoes, halved
2 tablespoons roasted, crushed peanuts

STICKY RICE
2 cups glutinous rice
water

To make dressing, pound garlic, shallots
and chillies to paste in a mortar. Mix with
fish sauce, sugar and lime juice. Set aside.

To make the salad, combine the green
pawpaw, beans, dried shrimp and tomatoes
in a large mixing bowl. Toss with dressing
and pile onto a serving plate. Sprinkle with
peanuts for garnish. Serve with sticky rice.

To make sticky rice, soak the glutinous rice
overnight in cold water. Rinse several times
in cold water and drain well. Transfer to a
steamer basket that has been lined with a
clean cloth or line with banana leaf. Add
drained rice to steamer basket. Fill wok with
enough water to sit just under steamer
basket. Bring water to boil, place covered
steamer basket in wok and steam for
30 minutes. Keep an eye on the water level
and add more water if necessary.

Serves 4

DRIED SHRIMP
Used as a flavouring agent, dried shrimp
is available in packets from Asian supermarkets. Only buy if deep pink in colour
and if it 'gives' slightly when pressed.
Don't buy if very hard or smells strongly
of ammonia. Store in a sealed container
in the refrigerator after opening.

Opposite:
Som Tam Salad and Sticky Rice

Thai Salad of Prawns with Tamarind Dressing

No cooking required! Just chop, slice and stir to create this fast, fresh, fabulous salad.

DRESSING

3 tablespoons palm sugar
3 tablespoons fish sauce
3 tablespoons freshly squeezed lime juice
1½ tablespoons tamarind water

SALAD

500 g (1 lb) peeled and cooked king prawns,
chopped into bite-size pieces
8 golden shallots, finely sliced
3 stalks lemon grass, tender part only,
finely chopped
6 kaffir lime leaves, finely sliced
3 tablespoons julienned ginger
1 long red chilli, deseeded and julienned
½ cup coriander leaves
¼ cup mint leaves

To make the dressing, dissolve palm sugar in fish sauce and combine with lime juice and tamarind water.

To assemble, combine the salad ingredients in a bowl and toss gently with the dressing. Arrange on individual serving plates.

Serves 4

Salad of Sugar Snap Peas and Corn with Sesame and Mirin Dressing

This recipe makes a crisp side salad to serve with meat, poultry or seafood.

DRESSING

2 teaspoons sesame oil
2 teaspoons mirin
2 tablespoons peanut or vegetable oil
2 teaspoons soy sauce
1 tablespoon rice vinegar
ground black pepper, to taste

SALAD

250 g (8 oz) green beans, topped and tailed
kernels from 2 cobs corn
250 g (8 oz) sugar snap peas, topped and tailed
3 shallots, finely sliced on an angle
2 tablespoons roasted sesame seeds

To make the dressing, combine the dressing ingredients in a screw-top jar and shake well. Refrigerate until ready to use.

To make the salad, bring a large pot of water to the boil to blanch the vegetables. Have ready a large bowl full of ice and water. Blanch the beans for 1 minute and then the corn for 1 minute. Add the sugar snap peas, swish around and remove from the heat, drain immediately. Add the drained vegetables to the ice bath and refresh. When cool, remove and drain well. Combine beans, peas, corn and green shallots in a large bowl and toss with the dressing. Transfer to a serving platter and sprinkle with sesame seeds.

Serves 4 as a side dish

Salad of Sweet Pork
with Green Chilli and Lime Dressing

Be warned—this sweet pork is addictive!

SWEET PORK
500 g (1 lb) pork neck
125 g (4 oz) white sugar
2 tablespoons water
2 tablespoons fish sauce
1 tablespoon soy sauce
1 tablespoon dark soy sauce
2 star anise

DRESSING
5 cloves garlic
2 tablespoons chopped coriander root and stem
6–8 green chillies (preferably serrano)
1 teaspoon sea salt
1 tablespoon palm sugar
3 tablespoons fish sauce
½ cup lime juice
10 red shallots, finely sliced

SALAD
1 cup coriander leaves
1 cup mint leaves
2 tablespoons roasted and crushed peanuts
2 tablespoons Crispy-fried Shallots (see page 34)

Slice pork into 2.5 cm (1 in) strips, place in saucepan and cover with cold water. Bring to the boil and remove from heat. Strain and set aside. To caramelise sugar, place in a heavy-based saucepan with 2 tablespoons water. Stir briefly over medium heat until sugar dissolves, then boil rapidly, without stirring. As sugar starts to colour around the edges, swirl the pan and keep cooking until you have obtained a rich, golden brown syrup. Immediately add fish sauce, soy sauce, dark soy sauce and star anise, taking care not to let it splatter. Add pork and simmer until tender and coated with the caramel syrup, about 10–15 minutes. Cool pork before adding to the salad.

To make the dressing, pound garlic, coriander, salt and chillies to a paste in a mortar. In a bowl, dissolve palm sugar in fish sauce, then stir in the lime juice, shallots and paste.

To assemble the salad, in a large bowl combine the coriander leaves, mint leaves and the sweet pork. Toss through the dressing. Transfer to a serving platter and sprinkle with the cushed peanuts and crispy shallots.

Serves 4

Opposite:
Salad of Sweet Pork with Green Chilli and Lime Dressing

Barbecue Squid Salad with Cashews, Chilli and Mint

Bright colours, smoky soft squid curls and a garnish of crunchy textures.

DRESSING
2 cloves garlic
3 bird's eye chillies
3 coriander roots washed, scraped and chopped
1 teaspoon salt
3 tablespoons palm sugar
½ cup freshly squeezed lime juice
75 ml (2½ fl oz) fish sauce

SALAD
500 g (1 lb) squid
1 tablespoon vegetable oil
1 cup each of mint, coriander and sweet basil
8 red shallots, finely sliced
2 long red chillies, deseeded and thinly sliced
1 baby cos lettuce or mesclun mix
½ cup chopped, roasted cashews
6 cloves garlic, thinly sliced and fried until golden
6 red shallots, thinly sliced and fried until golden
2 tablespoons rice, roasted and ground to coarse powder

To make the dressing, pound the garlic, chillies, coriander roots and salt in a mortar. Add the palm sugar and mix in the lime juice and fish sauce.

To make the salad, score the squid and cut into pieces. Toss with oil and sear quickly on the barbecue. Place in a bowl with the herbs, shallots, chilli strips and dressing. Arrange the lettuce on a serving plate and place the squid on top. Garnish with the roasted cashews, fried garlic, red shallots and rice powder.

Serves 4

Thai Prawn, Coconut and Glass Noodle Salad with Mint and Lime Dressing

The fine noodles add an interesting textural element to this delicious salad.

100 g (3½) oz glass noodles
500g (1 lb) cooked king prawns
2 tablespoons fish sauce
2 tablespoons freshly squeezed lime or lemon juice
100 ml (3½ fl oz) coconut milk
2 tablespoons light palm sugar
2 cloves garlic, finely chopped
1 tablespoon finely julienned or grated ginger
2 chillies, deseeded and julienned
freshly ground white pepper
½ cup mint leaves, finely sliced

Soak glass noodles in boiling water until softened. Drain well. Peel and devein prawns. Mix fish sauce, lime or lemon juice, coconut milk, palm sugar, garlic, ginger, chillies and pepper in a bowl. Add prawns, mint and noodles and toss through dressing. Transfer to a serving plate.

Serves 4

ROASTED RICE POWDER

Place 2 tablespoons of raw sticky or glutinous rice on a baking tray in a preheated 180°C (350°F) oven. Dry-roast until golden, about 15 minutes. Grind to a powder in a spice mill or with a mortar and pestle. Store in a sealed container. Rice powder is always used in the classic Thai salad, larb.

GLASS NOODLES

Also known as bean thread vermicelli, these noodles are made from mung beans and when cooked turn nearly transparent. They are sold dried in tight bundles tied with white cotton. When dry, they are extremely tough and difficult to break. To use, just place them in a bowl, pour on hot water, and soak for about 8 minutes or until soft. If using boiling water, soak for about 1 minute.

Korean Rare Beef Salad with Sesame Dressing

The nutty sesame oil and seeds give the rare beef a distinctive flavour.

CHINESE SESAME SEED PASTE

This thick golden-brown paste made from dry-roasted white sesame seeds adds a nutty flavour to noodles or salad dressings. The paste resembles peanut butter and sometimes has a film of oil on top of the jar. Shake or stir the jar to blend the oil back into the paste. Refrigerate after opening.

MARINADE
3 tablespoons light soy sauce
3 tablespoons chicken stock or water
1 tablespoon sesame oil
2 tablespoons finely chopped spring onion
1 clove garlic, crushed
1 tablespoon finely chopped ginger
1 tablespoon sugar
½ teaspoon freshly ground black pepper
300 g (11 oz) beef sirloin, trimmed

EXTRA
1 tablespoon light soy sauce
2 tablespoons Shaoxing wine
1 tablespoon Chinese sesame seed paste
1 tablespoon caster sugar

SALAD
1 carrot, finely julienned
1 cup finely shredded Chinese cabbage
2 shallots, finely sliced
2 tablespoons roasted sesame seeds

To make marinade, combine all ingredients and pour over the beef. Cover and refrigerate overnight if possible.

Drain the beef and reserve the marinade. Sear the beef in a hot pan for 2 minutes on both sides until well browned and still very rare in the middle. Remove to a plate and cover with foil. Heat the reserved marinade in a small pot with the extra ingredients and boil for 1 minute. Allow to cool.

To assemble, combine the salad ingredients in a bowl and dress with half the dressing. Slice the beef thinly and serve on top of the salad with the rest of the dressing poured over the beef.

Serves 4

Thai Rare Beef Salad

*This classic salad with its fiery dressing is the most famous of all Thai salads.
You will find variations on the theme from the south to the north of Thailand.*

500 g (1 lb) piece beef eye fillet
1 tablespoon oyster sauce
1 tablespoon vegetable oil
½ cup mint leaves
½ cup coriander leaves
1 tablespoon finely chopped lemon grass
2 teaspoons roasted rice powder
1 teaspoon roasted chilli powder
2 golden shallots, finely sliced
½ cup Hot and Sour Sauce (see page 18)
1 tablespoon Crispy-fried Shallots
(see page 34)
1 tablespoon coarsely crushed peanuts

Rub beef with oyster sauce. Heat oil in a heavy-based frying pan. Sear meat well on all sides. Transfer to preheated hot 220°C (450°F) oven for 10 minutes. Remove from oven and rest for 20 minutes, then slice thinly. Combine sliced beef in a bowl with the mint, coriander, lemon grass, rice powder, chilli powder, golden shallots and sauce. Transfer to a serving plate and garnish with crispy shallots and crushed peanuts.

Serves 4

ROASTED CHILLI POWDER
In 180°C (350°F) oven, roast 6 large, dried red chillies for 3–5 minutes. Cool. Grind to a powder in a spice mill or mortar and pestle. The powder adds a distinctive, rich roasted flavour to larb, pad Thai and Thai salads.

Warm Salad of Caramelised Pumpkin, Spinach, Seared Prawns with Chilli Jam Lime Juice Dressing

From one of Annette's cooking classes, this recipe always receives a 'wow', immediately followed by a 'yum'.

DRESSING
1 tablespoon chilli jam
2 tablespoons lime juice
1 tablespoon fish sauce
1 tablespoon palm sugar
¼ cup Chicken Stock (see page 35)

SALAD
1 kg (2 lb) pumpkin cut into 5 cm (2 in) cubes
3 tablespoons vegetable oil
16 prawns, deveined, heads and tails intact
125 g (4 oz) baby spinach leaves or similar greens
1 red onion, thinly sliced

To make dressing, combine all ingredients in a pan and bring to the boil. Set aside.

Toss pumpkin lightly in 2 tablespoons of the vegetable oil, place in baking tray and bake in preheated oven at 200°C (400°F) until golden brown, about 45 minutes. Heat remaining oil in wok and stir-fry prawns until just cooked, about 2–3 minutes. Drizzle half the dressing over the prawns and toss to coat. To assemble, combine pumpkin, baby spinach and onion in a bowl. Divide mixture between individual serving plates. Arrange prawns on top of salad and drizzle remaining dressing around the plates.

Serves 4

Opposite:
Thai Rare Beef Salad

Chicken, Crab and Pomelo Salad with Vietnamese Dressing

If pomelo is unavailable, substitute with grapefruit but add a little more sugar to the dressing.

POMELO

The largest of all citrus fruits, native to South-East Asia, pomelo flesh is drier but sweeter than grapefruit. The flesh can be quite tart when first picked, but the longer the time since picking, the sweeter it becomes. The segments are used in salads or savoury dishes, tossed with salt, lime juice and chilli. Remove all the thick white membrane before using.

VIETNAMESE DRESSING

2 tablespoons fish sauce
¼ cup water
2 teaspoons vinegar
2 tablespoons shredded pineapple
¼ stalk lemon grass, finely shredded
1 red chilli, finely chopped
1 clove garlic, crushed
1 teaspoon white sugar
pinch of white pepper

SALAD

1 cup cooked crabmeat
1 cup cooked and shredded chicken breast
1 cup julienned carrot
½ cup sliced cucumber
1 pomelo, peeled and segmented
½ cup Vietnamese Dressing
2 tablespoons torn mint leaves

GARNISHES

4 tablespoons crushed peanuts
2 tablespoons torn coriander leaves
2 tablespoons Crispy-fried Shallots
(see page 34)

To make dressing, combine all ingredients and stir well.

To assemble salad, combine all the salad ingredients in a large mixing bowl and toss gently. Transfer to a serving platter, cover with dressing and garnish with the peanuts, coriander leaves and crispy shallots.

Serves 4–6

Opposite:
Chicken, Crab and Pomelo Salad
with Vietnamese Dressing

Salad of Tea-smoked Salmon and Ruby Grapefruit

The smoky flavours of the salmon contrast with the acidity of the grapefruit and the richness of the dressing.

SMOKING MIXTURE
200 g (7 oz) jasmine rice
200 g (7 oz) brown sugar
200 g (7 oz) black tea

500 g (1 lb) Atlantic salmon fillet

SALAD
1 ruby grapefruit, segmented and seeded
3 cloves garlic, sliced and deep fried
4 golden shallots, sliced and deep fried
1 tablespoon roasted peanuts, crushed
2–5 green bird's eye chillies, sliced
½ cup torn mint leaves
2 tablespoons fresh coriander leaves
3 long red chillies, seeded and julienned
3 tablespoons shredded coconut, roasted

DRESSING
30 ml (1 fl oz) fish sauce
4 teaspoons palm sugar
2 teaspoons lime juice
1 tablespoon chilli jam
3 tablespoons coconut cream

Wrap the smoking mixture in aluminium foil and place in the bottom of a wok. Position a small rack over the foil and warm wok over a high heat. When mixture starts to smoke, put salmon fillet on the rack and cover the wok with a lid or more foil. Allow to smoke for 10 minutes, then remove fish and refrigerate.

To make the salad, flake cooled salmon into a medium-sized bowl and add all the salad ingredients.

To make the dressing, mix the dressing ingredients together in a small bowl then toss gently through the salad. Serve on a large platter.

Serves 4

TEA

Tea in China is of limitless variety, being fermented, green, semi-fermented and so on. It was discovered by Shen Nung, an emperor of the third century BC. While sitting underneath a camellia tree, it is said, watching water boil in a campfire cauldron, a breeze rustled through the tree and sent some leaves drifting into the water. The fragrance of the water tempted Shen Nung to sample it, and tea drinking was born. Later, the close relative of the camellia, the tea tree, was used. In northern China different varieties of black tea have aromas of rose or orchid blossoms, or a delicate smoky flavour, while in the southern Fukian Province, the flavours are much bolder.

Spicy Marinated Octopus with Green Pawpaw Salad

This 'zingy' marinade is worth doubling the quantity. Keeps well for three to four weeks in the refrigerator. Use with chicken and prawns.

BABY OCTOPUS

You can usually buy baby octopus in frozen blocks, already cleaned, from your local fishmonger. If you are lucky enough to get fresh octopus and it's not cleaned, split the head down one side and remove the insides by turning the head inside out. Push your thumbs against the black 'beak' in the centre of the octopus and push it out through the other side. Wash well in cold water and drain thoroughly.

OCTOPUS

1 kg (2 lb) baby octopus, defrosted
1 tablespoon chopped garlic
1 tablespoon chopped coriander root
1 tablespoon chopped red chilli
1 tablespoon chopped ginger
½ tablespoon lime zest
½ teaspoon white peppercorns, ground
½ tablespoon palm sugar
1 tablespoon soy sauce
1 tablespoon fish sauce

SALAD

1 cup shredded green pawpaw
6 golden shallots, finely sliced
¼ cup coriander leaves
¼ cup mint leaves
1 tablespoon finely chopped lemon grass
1 tablespoon finely shredded kaffir lime leaf
¼ cup Hot and Sour Sauce (see page 18)
2 tablespoons roasted and crushed peanuts
2 tablespoons Crispy-fried Shallots
(see page 34)

To make the octopus, place baby octopus in a pan, cover with cold water and slowly bring to the boil. Remove from heat and let cool in the water. Strain. In a mortar, combine the garlic, coriander root, chilli, ginger and lime zest and pound to a paste. Mix the remaining ingredients in a bowl and pour over the cooled octopus. Leave to marinate overnight.

Place the octopus on a hot chargrill and cook quickly until crispy, about 2–3 minutes.

To make the salad, in a large bowl, toss the green pawpaw, golden shallots, coriander leaves, mint leaves, lemon grass, kaffir lime leaf and sauce. Transfer to a serving platter, top salad with the barbecued octopus and garnish with the peanuts and crispy shallots.

Serves 4

Carrot and Kaffir Lime Salad

Simple, delicious and refreshing. A vibrant salad to serve with barbecued meats or seafood.

4 cups finely grated carrot
3 golden shallots, finely sliced
6 double kaffir lime leaves, finely sliced or shredded
1 cup mint leaves
1 cup coriander leaves
½ cup Hot and Sour Sauce (see page 18)

Combine all the ingredients in a bowl and toss with the sauce.

Serves 4

Chiang Mai Larb with Fresh Herbs

There are many larb-style salads, the common feature is finely chopped meat first cooked then added to a spicy dressing. The meat and dressing are held together by the roasted rice powder. Larb salads are served with herbs and raw vegetables. This is our version, eaten by spooning the spicy mixture into cupped lettuce leaves.

2 tablespoons vegetable oil
500 g (1 lb) pork mince
3 golden shallots, finely sliced
1 tablespoon lemon grass, tender part only, finely sliced
1 tablespoon finely sliced kaffir lime leaf
4 tablespoons lime juice
3 tablespoons fish sauce
1 teaspoon chilli flakes
½ cup mint leaves
½ cup coriander leaves
1–2 fresh red chillies, finely chopped
2 tablespoons roasted rice powder

GARNISHES
1 head soft lettuce (butter or mignonette)
½ cup ground roasted peanuts
½ cup Crispy-fried Shallots (see page 34)
1 tablespoon chopped red chilli

Heat oil in a wok and stir-fry pork until cooked, about 5–7 minutes. Remove from heat and mix in remaining ingredients. Arrange garnishes on a large platter around a bowl of the pork. Diners help themselves to the lettuce leaves and pork, creating their own flavour combinations with the garnishes.

Serves 4

KAFFIR LIME LEAVES

Kaffir lime leaves are readily available either fresh or frozen. Or buy a kaffir lime tree from any good nursery and have your own fresh supply. The fruit has little juice—its skin is used for zest in curry pastes and the leaves are used extensively, either whole or shredded, to impart an incomparable flavour. Unless you are using the kaffir leaf whole in a soup, be sure to remove the stem and spine of the leaf. Doing this will give you two half leaves—slice or chop them finely before blending, as they are tough to process. Add one kaffir leaf when steaming rice to impart a subtle yet delicious lime flavour to the rice.

Opposite:
Carrot and Kaffir Lime Salad

Cuttlefish, Snake Bean and Cashew Salad with Chilli and Coconut Dressing

Cuttlefish is very similar to squid, but more tender. For some reason, cuttlefish always sells better than squid in the restaurant, even though it's the same species.

DRESSING

1 tablespoon dark palm sugar
2 tablespoons water
75 ml (2½ fl oz) coconut cream
2 teaspoons chilli jam
2 tablespoons lime juice
1 tablespoon fish sauce

SALAD

500 g (1 lb) cleaned and scored cuttlefish
2 tablespoons oyster sauce
2 tablespoons vegetable oil
¼ cup mint leaves
¼ cup coriander leaves
¼ cup basil leaves
3 golden shallots, finely sliced
2 tablespoons finely julienned ginger
2 large chillies, seeded and finely sliced
2 stalks lemon grass, finely sliced
¼ cup roasted cashews
125g (4 oz) snake beans, blanched and sliced on the diagonal
1 tablespoon Crispy-fried Shallots (see page 34), to garnish

To make the dressing, combine the palm sugar and the water in a small pan and stir over low heat until sugar is dissolved. Cool and then add remaining ingredients.

To make the salad, toss cuttlefish with oyster sauce and leave for 1 hour. Heat half the oil in a wok until smoking, sear half the cuttlefish until just cooked, about 4–5 minutes. Transfer to a large bowl. Heat remaining oil and repeat with remaining cuttlefish. Add all the remaining ingredients except the crispy shallots, toss with the dressing and transfer to a serving plate. Garnish with the shallots.

Serves 4

CASHEW NUTS

Cashews came from the Amazon region but were successfully transplanted to India by the Portuguese in the sixteenth century. India and East Africa are the world's largest producers and the cashew is second only to the almond in world nut trade. The cashew is related to poison ivy, which is why the nut is never sold in the shell as it contains an irritating oil that must be processed off by heating before the seed can be extracted. The oil is used in paint, varnish and rocket lubricants.

Opposite:
Cuttlefish, Snake Bean and Cashew Salad with Chilli and Coconut Dressing

Salad of Coconut Poached Chicken
with Avocado, Mango and Lemon Basil

The coconut poaching liquid is also used in the dressing of this elegant summer salad.

400 ml (14 fl oz) can coconut milk
500 g (1 lb) boneless and skinless
chicken breast
2 tablespoons fish sauce
1 tablespoon palm sugar
1 tablespoon lime juice
1 green chilli, seeded and chopped
1 red chilli, seeded and chopped
6 red shallots, finely chopped
1 mango, diced
1 avocado, diced
1 cup loosely packed lemon basil leaves
(if unavailable use mint, coriander or
sweet basil leaves)
banana leaf or lettuce leaves
2 tablespoons fresh or dried shredded
coconut, lightly toasted, to garnish

Heat the coconut milk to simmering in a medium saucepan. Add chicken and poach until just cooked, about 10 minutes. Leave to cool in coconut milk, then remove with slotted spoon. Retain the liquid. Shred chicken finely. In a mixing bowl, dissolve the palm sugar in the fish sauce, add the lime juice and about ½ cup of the cooled poaching liquid. Add shredded chicken, green and red chillies, shallots, mango, avocado and basil leaves. Toss gently to combine. Line four entree plates with clean banana leaf or lettuce leaves. Divide the salad between the plates and garnish with toasted coconut.

Serves 4

Seafood Salad with Soba Noodles

Mizuna, rice wine vinegar, mirin and buckwheat soba noodles give this salad a distinctive Japanese flavour.

DRESSING

½ cup peanut oil
2 teaspoons white sugar
2 tablespoons soy sauce
2 tablespoons mirin
2 tablespoons rice vinegar
1 teaspoon sesame oil
1 teaspoon minced garlic
1 teaspoon minced ginger

250 g (8 oz) buckwheat (soba) noodles

SALAD

500 g (1 lb) mixed cooked seafood
(squid, prawns, scallops, crab etc.)
1 red capsicum, roasted and cut into thin strips
1 avocado, peeled, seeded and diced
1 red onion, thinly sliced
handful of washed mizuna or similar tender Asian leaves
1 tablespoon roasted sesame seeds, to garnish

To make the dressing, combine ingredients in a blender and whiz to emulsify.

Cook the noodles according to instructions on the packet and refresh under cold water. Drain well.

To assemble, place the noodles and salad ingredients in a large bowl and toss gently with the dressing. Transfer to a serving platter and garnish with sesame seeds.

Serves 4

stir fries

When Annette asks her cooking classes, 'Do your stir fries end up a soggy, stewed mess?' nearly everyone solemnly nods their head in agreement. The secret to a successful stir fry is speed and heat. Never overcooked, the food should remain crunchy and full of flavour. Prepare all the ingredients before you start and have them on hand next to the stove. Cooking time is minimal, and once started, there is no time to suddenly remember you haven't chopped the garlic. Do not cook more than 500 g (1 lb) of meat at any one time.

Have the wok very hot, otherwise the ingredients will start to 'stew', and don't overcrowd the wok. On a domestic wok burner, you can make a brilliant stir fry for one or two people, but the quality diminishes once you start to cook for more at any one time. So if you are stir-frying for large numbers, cook two serves first and put aside in a warm place, then quickly cook the next serve. When the food goes into the wok, keep it moving. Remember, it is called a 'stir and fry', not a 'steam and stew'!

Use a good quality vegetable oil such as canola or peanut oil. Never use cold-pressed oil, especially extra virgin olive oil, because the fruitiness is incompatible with Asian flavours. Add a few drops of sesame oil to the finished dish for a delightfully nutty sesame flavour.

Sesame Lemon Chicken with Ginger, Soy and Mirin

Tastes as delicious as it sounds!

500 g (1 lb) chicken breast or thigh meat, cut into stir-fry strips
1 tablespoon ginger, finely chopped
2 tablespoons soy sauce
1 tablespoon vegetable oil
1 tablespoon mirin
1 tablespoon oyster sauce
1 teaspoon sesame oil
2 teaspoons white sugar
juice and zest of 1 lemon
2 cups seasonal vegetables (asparagus, sugar snap peas, baby corn)
1 tablespoon toasted sesame seeds, to garnish
2 green shallots, finely sliced

Toss chicken with ginger and 1 tablespoon of the soy sauce. Set aside. Heat oil to medium heat and stir-fry chicken until just cooked, about 5 minutes. Add remaining soy sauce, mirin, oyster sauce, sesame oil, sugar, lemon juice and zest. Stir-fry until sauce has reduced. Add vegetables and stir-fry for 2–3 minutes. Transfer to a serving plate and garnish with the sesame seeds and sliced shallots. Serve with steamed jasmine rice (see page 131).

Serves 4

Chicken, Ginger, Asparagus and Cashews

Grown in the cooler mountainous regions of northern Thailand, asparagus is a good stir-fry vegetable because it cooks so quickly. Kecap manis provides an added sweet–salty richness.

3 tablespoons vegetable oil
1 red onion, finely sliced
500 g (1 lb) chicken thigh meat, thinly sliced
6 cloves garlic, finely chopped
2 tablespoons finely julienned ginger
2 tablespoons kecap manis
2 tablespoons fish sauce
1 tablespoon palm sugar
½ teaspoon freshly ground white pepper
1 bunch thin asparagus, cut in half lengthways
1 red capsicum, cut into strips
½ cup roasted cashews
sliced spring onion, to garnish

In a wok, heat vegetable oil until hot. Add onion and chicken, stir-fry for 1 minute. Add garlic and ginger, stir-fry for another minute. Add kecap manis, fish sauce, sugar and pepper, stir-fry until the chicken is just cooked, about 5 minutes. Add asparagus and red capsicum, stir-fry for 1 minute. Toss through cashews. Transfer to a serving plate and garnish with the spring onion. Serve with steamed jasmine rice (see page 131).

Serves 4

MIRIN

A Japanese sweet rice wine used only for cooking, when mixed with an equal quantity of soy sauce it makes teriyaki sauce. When buying, look for naturally brewed mirin, also called hon-mirin. Sweet sherry can be used as a substitute but it will not give the same flavour.

ASPARAGUS

Originating in the eastern Mediterranean, asparagus requires a cold season to grow and is harvested by hand in spring. White asparagus is harvested while the shoot is still below the ground, green asparagus is cut when the shoots are about 20 cm (8 in) above ground. Asparagus does not keep, so only store in the refrigerator for up to two days. Do not buy if the stems are dried out or woody, or the tips are slimy or wrinkled.

Previous page:
Sesame Lemon Chicken with Ginger, Soy and Mirin

Satay Beef with Pumpkin and Kaffir Lime Leaf

Although beef isn't a traditional stir-fry meat in Asia, this recipe uses eye fillet and is one of the most popular stir-fry dishes from our classes.

1 tablespoon vegetable oil
500 g (1 lb) eye fillet, sirloin or other tender cut, sliced into stir-fry strips
1 tablespoon Red Curry Paste (see page 26)
¼ cup coconut cream
1 tablespoon fish sauce
1 tablespoon kecap manis
2 cups lightly steamed pumpkin, cut into 5 cm (2 in) dice
100 g (3½ oz) snow peas, sliced
2 tablespoons crushed roasted peanuts
1 tablespoon finely shredded kaffir lime leaves

Heat oil in wok until smoking, add beef and stir-fry until brown, about 5 minutes. Add curry paste, stir-fry for a few minutes until fragrant. Add coconut cream, fish sauce, kecap manis, diced pumpkin and snow peas and stir-fry until heated through, about 2 minutes. Transfer to a serving plate and sprinkle with peanuts and kaffir lime leaves. Serve with steamed jasmine rice (see page 131).

Serves 4

> ### ◈ STIR-FRYING BEEF
>
> Beef has a tendency to lose a lot of juice during the stir-frying process, which tends to 'stew' the meat and vegetables. To avoid ending up with a stewed mess, stir-fry the beef first, then set aside and keep warm. Stir back into the wok just before serving.

Sweet and Salty Beef with Coconut Rice

Because of the high level of sugar and fish sauce, which preserves the meat, food like this was originally used to take on journeys. Nowadays, it is sold by food vendors at popular picnic spots, or eaten as a chewy snack with a cold beer.

3 tablespoons vegetable oil
500 g (1 lb) topside steak, cut into strips
2 tablespoons palm sugar
1 tablespoon fish sauce
1 teaspoon ground white peppercorns

COCONUT RICE
1½ cups jasmine rice
400 ml (14 fl oz) can coconut milk
½ cup water
1 teaspoon white sugar
pinch of salt

Heat oil in wok to medium heat, add beef strips in batches and deep-fry until rich brown in colour, about 2–3 minutes. Drain on paper towel. In a clean wok, combine sugar, fish sauce and pepper. Bring to the boil. Add beef strips and stir-fry briefly until beef is coated with the sauce. Transfer to a serving plate and serve with Coconut Rice.

Rinse the rice several times to remove the starch. Put the coconut milk, water, sugar and salt in a saucepan. Stir until the sugar is dissolved and the liquid is well blended. Add the rice and cook for 20–25 minutes.

Serves 4

Stir Fry of Pork with Thai Eggplant and Chilli Jam

The roasted chilli jam adds an earthy, smoky pungency to the pork.

2 tablespoons vegetable oil
1 tablespoon crushed garlic
500 g (1 lb) pork fillet or leg steaks,
cut into small strips
1 tablespoon chilli jam
¼ cup chicken stock or water
2 tablespoons fish sauce
1 tablespoon white sugar
200 g (7 oz) Thai or Japanese eggplant,
cut into strips
6 kaffir lime leaves, shredded
2–4 large red chillies, halved and deseeded

Heat the oil in a wok, add garlic and fry until golden. Add pork and fry until coloured, about 5 minutes. Add chilli jam with enough water or stock to moisten. Add the fish sauce and sugar. Stir in the eggplant, kaffir lime leaves and chillies and fry for a further 2 minutes. Serve immediately.

Serves 4

Chicken Stir-fried with Thai Basil and Kaffir Lime Leaves

An everyday lunch dish in Thailand, always served with a big bowl of steamed jasmine rice, and sometimes if you're lucky, a fried egg on top!

2 tablespoons vegetable oil
4 golden or red shallots, finely sliced
1 tablespoon chopped fresh garlic
500 g (1 lb) boneless chicken thigh,
chopped into bite-size pieces
2 red chillies, chopped finely
2 green chillies, chopped finely
2 kaffir lime leaves, finely shredded
2 tablespoons kecap manis
2 tablespoons fish sauce
1 cup chopped Thai basil
(if unavailable use sweet basil)
freshly ground white pepper, to taste

Heat oil in a wok until smoking. Add shallots and stir-fry briefly, then add garlic and stir-fry until golden. Add chicken pieces and stir-fry until it is coloured, about 1–2 minutes. Toss in red and green chillies, kaffir lime leaf, kecap manis and fish sauce and stir-fry until chicken is cooked, about 5 minutes. Add basil and stir-fry until wilted. Sprinkle on white pepper and serve immediately.

Serves 4

EGGPLANTS

Native to India, eggplants come in a variety of sizes, shapes and colours ranging from egg-like to a flat sphere, marble to ping-pong ball size and from white to yellow, green and purple. Choose ones that are heavy with firm skins—wrinkled skins indicate age. Eggplants can be deep-fried, steamed or braised in sauces. They are commonly used in curries, sambals and pickles. Cultivated in Italy, Greece and the Balkans since the fifteenth century, they are also called aubergines.

KECAP MANIS

An Indonesian staple sauce, kecap manis is predominately used in dipping sauces and marinades. This soy sauce is very thick, perfumed with cassia bark and thickened with palm sugar. Kecap is a Malaysian word from which we have adapted the word 'ketchup'.

Opposite:
Stir Fry of Pork with Thai Eggplant and Chilli Jam

Prawns in Tamarind Sauce

Serve with steamed jasmine rice to mop up all the mouth-watering tamarind sauce.

2 tablespoons vegetable oil
1 onion, finely sliced
1–2 red chillies, seeded and sliced
20 green king prawns, peeled and deveined, with head and tail intact
2 tablespoons finely chopped garlic
¼ cup tamarind water
2 tablespoons palm sugar
2 tablespoons fish sauce
2 spring onions, sliced
fresh coriander leaves, to garnish

Heat oil in wok until smoking. Add onion and chilli, stir-fry 30 seconds. Add prawns and garlic, stir-fry until prawns are just starting to colour, about 2 minutes. Add tamarind water, palm sugar and fish sauce, stir-fry until prawns are cooked and sauce is thick, about 2–3 minutes. Transfer to a serving plate and garnish with the spring onions and coriander leaves. Serve with steamed jasmine rice (see page 131).

Serves 4

Traditional Thai Fried Rice with Prawns

Always prepared from cold, cooked rice and usually eaten for breakfast, fried rice is a way of using up leftover rice from dinner the night before. When in Thailand, forgo your hotel breakfast with its predictable eggs and bacon. Ask hotel staff for directions to the nearest fried rice vendor and give your tastebuds their first treat of the day!

4 tablespoons vegetable oil
2 eggs, beaten
1 red onion, diced
500 g (1 lb) green prawns, peeled and deveined
½ tablespoon Coriander Garlic Paste (see page 18)
4 cups cold, Steamed Jasmine Rice (see page 131)
2 tablespoons fish sauce
1 tablespoon palm sugar
1 tomato, cut into thin wedges
3 spring onions, sliced
2 cups bean sprouts
½ cup coriander leaves
2 tablespoons crushed, roasted peanuts
½ cup Hot and Sour Sauce (see page 18)

Place 1 tablespoon of the oil in wok over medium heat, add the beaten egg and scramble. Set aside. Add remaining oil to wok. When hot, add the onion, prawns and paste. Stir-fry until prawns turn pink, about 30 seconds. Add rice, fish sauce and sugar, and stir-fry for 1 minute. Add tomato and egg mix, stir-fry for 1 minute. Transfer to serving platter and garnish with the spring onions, bean sprouts, coriander leaves and crushed peanuts. Serve with a side dish of the sauce.

Serves 4

Opposite:
Prawns in Tamarind Sauce

Stir-fry of Pork with Pineapple, Ginger and Yellow Bean Sauce

A sweet and sour stir-fry, the tartness of the pineapple blends with the mild sweet flavours of the pork.

2 tablespoons vegetable oil
1 tablespoon chopped fresh garlic
500 g (1 lb) pork fillet, chopped into bite-size pieces
1 tablespoon finely shredded ginger
2 tablespoons yellow bean sauce
2 tablespoons oyster sauce
2 tablespoons palm sugar
1 red capsicum, cut into thin strips
½ fresh pineapple, peeled, cored and cut into chunks
½ teaspoon freshly ground white peppercorns
½ bunch green shallots, cut into long slices

Heat oil in wok over moderate heat. Stir-fry garlic briefly until golden, then turn heat to high. Add pork and ginger, stir-fry until pork starts to colour. Add yellow bean sauce, oyster sauce and palm sugar and stir-fry until pork is cooked, about 5 minutes. Add capsicum and pineapple, stir-fry for 1 minute. Add white pepper and shallots, toss briefly. Transfer to serving platter and serve with steamed jasmine rice (see page 131).

Serves 4

OYSTER SAUCE

A rich, salty sauce, highly prized for its distinctive taste and colour, it is made from ground oysters that have been boiled, dried, then blended with soy sauce and cooked into a thick sauce.

WATER SPINACH

Growing prolifically in swamps throughout Asia, this leafy, highly nutritious vegetable is cooked like spinach, added to soups and stir fries. The dark green leaves are long and pointed, the stems are hollow and pale green. It is related to the morning glory vine, not to spinach, and is sometimes called swamp cabbage. In Thailand it is called pak boong, and to watch it cooked is a spectacle in itself. In a local market, order a dish of pak boong fai dang (literally, 'water spinach with red fire'). The spinach is cooked very quickly in an extremely hot wok which erupts in flame. The chef plays to the audience and tosses the flaming pak boong across the room into another wok or dish, making great street theatre!

Stir-fry Water Spinach with Yellow Bean Sauce and Golden Garlic

1 bunch water spinach or similar Asian greens
2 tablespoons vegetable oil
2 tablespoons roughly chopped garlic
2 tablespoons yellow bean sauce
freshly ground white pepper
1 teaspoon white sugar
1–2 chopped red chillies, to taste

Wash the water spinach and trim into 5 cm (2 in) pieces. Heat oil in wok and fry garlic on a gentle heat until starting to colour. Add water spinach and toss until just starting to wilt. Add remaining ingredients and toss to combine. Transfer to a serving plate and serve as a side dish.

Serves 4 as a side dish

Opposite:
Stir-fry of Pork with Pineapple, Ginger and Yellow Bean Sauce

Indonesian Sweet Chilli Squid

For an authentic Indonesian touch, serve with krupuks.

500 g (1 lb) squid
½ red onion, diced
6 cloves garlic, chopped
1 stalk lemon grass, finely chopped
6 red chillies, deseeded and chopped
2 tablespoons vegetable oil
1 tablespoon tamarind water
1 tablespoon fish sauce
2 tablespoons kecap manis
1 red capsicum, cut into thin strips
200 g (7 oz) snow peas,
topped and tailed
1 Lebanese cucumber, sliced
1 tomato, cored and sliced
2 green shallots, cut into strips
200 g (7 oz) packet of krupuks

To prepare squid, open the tubes and lay flat on cutting board with inside surface facing up. There is a very thin membrane on the surface which is hard to see—scrape the surface with a knife to break up the membrane. Pull off as much of the membrane as possible. To cut the squid Chinese style, hold a flexible knife on an angle and score the squid in a crisscross fashion. Cut the tubes into bite-size triangles.

In a mortar, pound onion, garlic, lemon grass and chillies to a paste. Heat vegetable oil in a wok to medium heat, add paste and stir-fry for about 2 minutes. Add squid, turn up the heat to high and stir-fry until squid curls, about 3–5 minutes. Add tamarind water, fish sauce and kecap manis. Stir-fry all briefly until coated with sauce. Add capsicum and snow peas and stir-fry for 1 minute.

Serve over a bed of rice and garnish with slices of cucumber, tomato, green shallot strips and some Indonesian krupuks.

Serves 4

KRUPUKS

Krupuks are an Indonesian cracker made from cornflour pounded with fish, vegetables or prawns then dried in the sun. When deep-fried in hot oil, they puff up. Available in packets from Asian supermarkets, they keep indefinitely in an airtight container.

Opposite:
Indonesian Sweet Chilli Squid

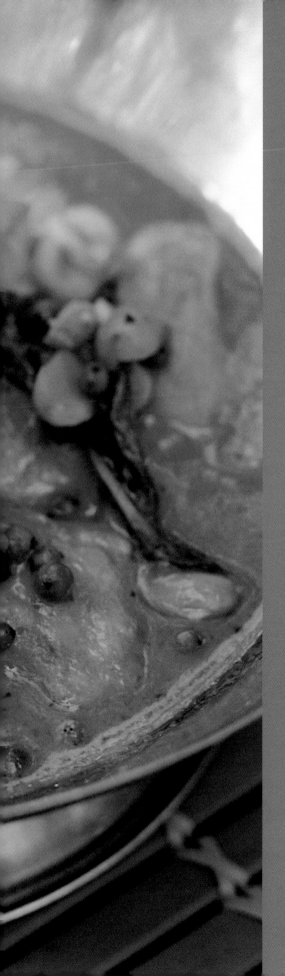

curries

A recipe is much more than a list of ingredients and instructions for cooking. Recipes tell a story—of the people who grew the ingredients, the climate, local raw materials, of foreign influences, of goods traded. Thai curries are a perfect illustration of this.

In the 1600s, when the Portuguese began to trade with Thailand, they brought with them hot chillies. Before that, the heat in Thai food came from peppercorns harvested from wild jungle vines. Massaman curry reflects the influence of Indian Muslim merchants who traded spices like cardamom and cumin. Gradually, Thai recipes were adapted until curries like massaman, with its subtle Indian spice flavours, became part of the traditional Thai culinary repertoire.

Most Westerners think that all Thai curries are based on a rich, creamy coconut sauce, but some curries are cooked in stocks, some can be quite sour, and some quite dry, just liquefied with a little water. The following recipes include coconut milk-based curries, and also some of the bolder styles—a jungle curry based on stock and a dry style phrik king curry.

Curries are always served with steamed jasmine rice. As the most frequently asked question in our cooking classes is how to cook rice that is light and fluffy, we have included the instructions here. Though if you want to do it the easy way, an electric rice cooker produces perfectly steamed rice every time.

Penang-style Chicken Curry with Green Peppercorns and Pumpkin

This moderately hot curry, always containing peanuts, originated on the island of Penang. The whole green peppercorns add a burst of heat.

500 g (1 lb) chicken thigh meat, cut into bite-size pieces
2 teaspoons fresh or tinned green peppercorns, crushed
2 tablespoons vegetable oil
400 ml (14 fl oz) can coconut milk
¼ cup Red Curry Paste (see page 26)
2 tablespoons palm sugar
3 tablespoons fish sauce
¾ cup roasted, crushed peanuts
2 cups lightly steamed pumpkin pieces
1 cup loosely packed Thai basil leaves

Rub chicken pieces with crushed peppercorns. Combine vegetable oil and the thick coconut cream from top of the can in a wok. Stirring constantly, heat until sizzling. Add curry paste and cook, stirring, until fragrant, about 5 minutes. Add chicken and stir until sealed, about 5–7 minutes. Add remaining coconut milk, sugar, fish sauce and peanuts and bring to the boil, stirring well. Add pumpkin pieces and simmer until well coated with the sauce and cooked through, about 5 minutes. Add basil leaves and stir until wilted. Transfer to serving platter and serve with steamed jasmine rice (see page 131).

Serves 4

COCONUT MILK

Coconut milk is made from the flesh of the coconut, not the liquid in the shell. This gives the milk the oil needed to cook with. When cooking curries using coconut milk, don't shake the can. Use the solidified cream on the top to fry out the curry paste and intensify the flavours. To make 1 litre (1¾ pints) of coconut milk you'll need 2 coconuts and 1 litre (1¾ pints) of warm water. Hold the coconut over a bowl and give it a good crack with the back of a cleaver. Turn and repeat so there is a hairline crack all around the coconut. Gently prise it open, allowing the water to run out, which you can drink. That was the easy bit! With a large spoon, prise the meat from the shell. With a sharp knife, clean the brown skin from the meat and cut the flesh into small chunks. Pop into blender or processor with the warm water and puree until all chunks are dissolved. Pour into a bowl and let stand for 15 minutes. Now pour into a large strainer and push all the rich, white milk through, leaving the pulp behind. Chill in the refrigerator until set, then scoop the cream from the top. The taste will be something else and well worth the effort!

Previous page:
Penang-style Chicken Curry with Green Peppercorns and Pumpkin

Nonya-style Braised Duck Curry

'Nonya' food, an amalgamation of Malay and Chinese cuisines, is a typical example of how food is influenced by trade between nations. Chinese merchants trading around the Strait of Malacca and Penang married Malaysian women who were called 'Nonya'. Like Thai food, nonya cuisine is based on hot spicy pastes called rempah.

CURRY SAUCE

100 ml (3½ fl oz) vegetable oil
20 g golden shallots, finely chopped
50 g (1½ oz) minced ginger
6 cloves garlic
10 dried red chillies
3 cinnamon sticks
6½ teaspoons salt
1 litre (1¾ pints) coconut milk
6 cardamom pods
⅓ cup Rempah Paste (see page 25)
3 teaspoons dark palm sugar

DUCK

8 duck maryland pieces
2 litres (3½ pints) Chicken Stock (see page 35)
12 golden shallots
4 red chillies, deseeded and halved
2 banana chillies, deseeded and cut into pieces
4 kaffir lime leaves
20 basil leaves
fresh coriander sprigs, to garnish

To make the sauce, fry the shallots, ginger, garlic, chillies, cinnamon and salt in the oil until fragrant. Add the coconut cream from the top of the coconut milk and boil until the coconut looks like it has curdled. Add the cardamom and rempah paste and fry until fragrant, about 5 minutes. Add the palm sugar and remaining coconut milk. Bring to the boil and simmer for 30 minutes.

To braise the duck, preheat the oven to 220°C (450°F). Place marylands in a baking tray and pour over the stock. Cover with foil and braise in the oven for 1 hour or until the meat starts to come away from the bone. While marylands are cooking, place golden shallots on a tray and roast until golden brown, about 30 minutes. Remove the marylands from the stock and place into a pan with the hot curry sauce. Add roasted golden shallots, red and banana chillies and kaffir lime leaves. Heat until the chillies are cooked, about 10 minutes. Add the basil leaves and cook until just wilted.

To serve, place 2 duck marylands on each individual serving plate, spoon sauce over and garnish with coriander sprigs.

Serves 4

Chicken with Yellow Curry Sauce and Cucumber Relish

A mild curry flavoured with Indian spices, this hearty meal is complemented by a side dish of cucumber relish.

1 tablespoon vegetable oil
2 cups coconut cream
3 tablespoons Yellow Curry Paste (see page 21)
500 g (1 lb) chicken thigh meat, sliced
250 g (8 oz) potato, parboiled and diced
200 g (7 oz) green beans, topped and tailed
1 tablespoon palm sugar
fish sauce, to taste
coriander leaves, to garnish
¼ cup Spicy Cucumber Relish (see page 32)

Heat oil in a wok, add 2 tablespoons of the thick cream off the top of the coconut cream. Add curry paste and simmer gently for 5 minutes until fragrant. Add chicken, potato, beans, palm sugar and remaining coconut cream. Simmer gently until just cooked, about 10 minutes. Season to taste with fish sauce. Garnish with coriander leaves, serve with steamed jasmine rice (see page 131) and a side dish of cucumber relish.

Serves 4

PALM SUGAR

Processed from palm tree sap that is boiled down in large vats until thick. Palm sugar is packed into bamboo tubes or halved coconut shells—so when you buy it in these shapes you know it has been traditionally made. There are two sorts of palm sugar—light and dark. Both are made the same way, but the dark palm sugar has been processed for a longer time, giving it a richer caramel flavour. Add palm sugar to dressings and sauces to bring out the flavours. It has a fudge-like consistency and tastes like caramel. Buy it in jars or packets—the packets are easier to use, as palm sugar is such a solid lump. With your knife, shave the sides of the sugar block, then chop the shavings. Like sugar, palm sugar keeps for ages and is best stored in the refrigerator.

Chu Chee Curry with Prawns

A complex, moderately hot curry perfumed with kaffir lime leaves—always served with seafood.

2 cups coconut milk
¼ cup Chu Chee Paste (see page 26)
500 g (1 lb) prawns, shelled and deveined
4 tablespoons fish sauce
4 tablespoons palm sugar
6 kaffir lime leaves, finely sliced
1 cup Thai basil leaves
4 chillies, stemmed and cut lengthways into slithers

Spoon the thick cream from the top of the can of coconut milk into a wok on medium heat. Stir in curry paste and bring to a low boil. Simmer, stirring constantly, for 5 minutes. Stir in rest of the coconut milk and add the prawns. Simmer for 2 minutes, stirring occasionally. Add fish sauce and palm sugar and stir until dissolved. Add lime leaves, basil and chillies and simmer for 1 minute, stirring often. Transfer to a serving bowl.

Serves 4

Opposite:
Chicken with Yellow Curry Sauce and Cucumber Relish

Jungle Curry of Duck

This fiery curry comes from northern Thailand.
The paste is always liquefied with a stock, not coconut milk.

2 tablespoons vegetable oil
2–3 tablespoons Jungle Curry Paste
(see page 22)
2 tablespoons fish sauce
1 cooked Chinese barbecued duck,
boned and finely sliced
½ bunch snake beans,
cut into 2.5 cm (1 in) lengths
600 ml (20 fl oz) Chicken Stock
(see page 35)
1 teaspoon white sugar
1 tablespoon green peppercorns
6 kaffir lime leaves, finely sliced
½ bunch Thai basil leaves
2 tablespoons whisky

In a wok, heat the vegetable oil, add the curry paste and fry until fragrant, about 2–3 minutes. Add the fish sauce and continue to fry for another minute. Add the duck and snake beans, and cover with the stock. Bring to the boil and simmer for 1–2 minutes. Add all the remaining ingredients and simmer for a few minutes to allow the flavours to combine. Serve with steamed jasmine rice (see page 131).

Serves 4

Kua Curry of Pineapple and Mussels

Always made with seafood, the heat of this curry is balanced by the acidity of the pineapple. The black mussels contrast beautifully with the golden colour of the sauce.

2 cups coconut milk
¼ cup Kua Curry Paste (see page 21)
2 tablespoons palm sugar
3 tablespoons fish sauce
1 kg (2 lb) black mussels, cleaned, or
500 g (1 lb) peeled green prawns
2 cups fresh pineapple chunks
2 cups Thai or lemon basil leaves

Spoon the thick cream from the top of the coconut milk into a wok on medium heat. Stir in curry paste and bring to a low boil. Simmer, stirring constantly, for 5 minutes. Add the palm sugar, fish sauce and mussels and stir until dissolved. Cover wok and cook until the mussels open, about 2 minutes. Stir in the reserved coconut milk, pineapple and basil, bring to the boil and remove from heat. Serve with steamed jasmine rice (see page 131).

Serves 4

MUSSELS

Two major varieties of mussels are farmed—Australian blue and New Zealand green-lipped mussels. Mussels must be alive when purchased and cooked. They can be eaten raw, steamed or barbecued. Store in the refrigerator covered with damp cloth for no more than two days. To use, rinse in cold water and remove the hairs or beard. Discard any mussels that do not open after cooking.

Green Curry of Ocean Trout with Krachai and Basil

This classic green sauce enhanced with the exotic flavours of krachai and basil is a perfect match with seafood.

400 ml (14 fl oz) can coconut milk
2 tablespoons Green Curry Paste
(see page 25)
1 tablespoon palm sugar
1 tablespoon fish sauce
500 g (1 lb) ocean trout,
skinned and cut into serving portions
1 tablespoon shredded krachai
3 kaffir lime leaves, finely shredded
1 cup Thai basil leaves

Spoon the thick cream from the top of the coconut milk—there should be about half a cup—add to a wok and heat until sizzling. Add the curry paste and cook over gentle heat until fragrant, about 5 minutes. Add the palm sugar and fish sauce and stir until sugar is dissolved. Add remaining coconut milk, bring to the boil then reduce to low heat. Add ocean trout, krachai and kaffir lime leaves and simmer gently until fish is cooked, about 4–5 minutes. Stir in basil leaves and serve with steamed jasmine rice (see page 131).

Serves 4

COCONUT-BASED CURRIES

Traditionally, coconut-based dishes were simmered until the oil from the coconut cream rose to the surface. This layer of oil would then act as a seal and preservative. The classic method for cooking Asian-style curries is to first 'crack' the coconut cream. This entails simmering the thick cream from the top of the milk until all the water is evaporated, leaving just the coconut oil in the wok. To this oil, add the curry paste, fry for about 5 minutes until fragrant, then add the meat, vegetables and more coconut cream, simmering until everything is cooked.

PEANUTS

Really a legume, not a nut, as they grow underground, peanuts are extensively used in Asian cuisines as a source of oil, and to add 'crunch' as a garnish. Because peanuts do not burn at high temperatures, they are great in stir fries. To cook raw peanuts, deep-fry in vegetable oil in a wok on low heat for about 10 minutes. Drain on paper towel.

Peanut Curry of Tofu, Potato and Roast Shallots

The tofu and potato absorb the rich flavours of the red curry sauce.

150 g (5 oz) golden shallots,
peeled and left whole
375 g (13 oz) washed potatoes,
cut into 5 cm (2 in) pieces
⅓ cup vegetable oil
2 tablespoons Red Curry Paste (see page 26)
2 tablespoons palm sugar
2 tablespoons soy sauce
2 cups coconut milk
½ cup roasted unsalted peanuts
375 g (13 oz) firm tofu,
cut into 2.5 cm (1 in) pieces
1 cup firmly packed Thai basil leaves
4 kaffir lime leaves, finely sliced
chopped red chilli, to garnish

Place shallots and potatoes in a roasting pan and toss with 2 tablespoons of the vegetable oil. Bake in a preheated 200°C (400°F) oven until the potatoes are crisp and the shallots soft, about 30–40 minutes. Heat remaining oil and fry the curry paste until fragrant, about 5 minutes. Add palm sugar, soy sauce and coconut milk. Bring to boil and adjust seasoning if necessary. Stir in peanuts, tofu and basil, simmer until the basil is wilted, then add roasted shallots and potatoes. Transfer to a serving bowl and garnish with the kaffir lime leaves and chilli.

Serves 4

Banana Chillies Stuffed with Crab and Chicken in Green Curry Sauce

Banana chillies contain no heat, having more the flavour of a capsicum. Here they are filled with a seasoned mixture and poached in a fresh green curry sauce.

2 cloves garlic
1 tablespoon chopped coriander root and stem
250 g (8 oz) chicken mince
250 g (8 oz) crabmeat
½ teaspoon ground white pepper
4–6 banana chillies
400 ml (14 fl oz) can coconut milk
1 tablespoon vegetable oil
¼ cup Green Curry Paste (see page 25)
2 tablespoons fish sauce
1 tablespoon palm sugar
1 cup Thai basil leaves

In a mortar, pound the garlic and coriander to a paste. Combine with chicken mince, crabmeat and white pepper in a mixing bowl. Cut tops off the banana chillies and remove the seeds and ribs. Stuff the chillies with the chicken and crab mix. Skim thick cream from the top of the can of coconut milk and combine with vegetable oil in a wok. Heat until sizzling. Add curry paste and stir for 5 minutes. Add remaining coconut milk, fish sauce and palm sugar. Place the stuffed chillies in the simmering sauce and cook until the chillies are tender, about 15–20 minutes. Remove chillies from sauce and place on serving platter. Stir the basil into the sauce. Remove from heat and pour sauce over chillies. Serve with steamed jasmine rice (see page 131).

Serves 4

Opposite:
Banana Chillies Stuffed with Crab and Chicken in Green Curry Sauce

Phrik King Curry of Pork and Snake Beans

This 'dry-style' peppery curry, liquefied with just a dash of stock, tastes especially good with pork. It's delicious served with Green Pickled Pawpaw as a side dish (see page 30).

2 tablespoons vegetable oil
1 tablespoon finely chopped garlic
500 g (16 oz) pork belly or neck pork, steamed and sliced in small strips
3 tablespoons Phrik King Curry Paste (see page 29)
3 tablespoons fish sauce
2 tablespoons palm sugar
2 tablespoons water or chicken stock
125 g (4 oz) snake beans, cut into 2.5 cm (1 in) lengths
6 kaffir lime leaves, finely sliced
2 fresh red chillies, julienned

In a wok, heat oil, add garlic and fry until golden. Add pork and fry until it begins to colour, about 3 minutes. Add curry paste and fry until fragrant, about 5–8 minutes. Add fish sauce, palm sugar and water. Mix in beans, kaffir lime leaves and chillies and fry for a further 2–4 minutes. Serve with steamed jasmine rice (see page 131).

Serves 4

SNAKE BEANS

Probably the most popular bean in Thai cuisine, snake beans are darker and slightly stronger in flavour than the usual green bean. They can grow up to a metre in length. If unavailable, substitute with ordinary green beans. Snake beans hold up very well in curries and any dishes with long cooking times.

Green Seafood Curry with Lemon Grass and Tamarind

Flavoured with aromatic herbs, this is a much lighter style of green curry.

400 ml (14 fl oz) can coconut milk
2 tablespoons vegetable oil
2 tablespoons Green Curry Paste (see page 25)
½ tablespoon palm sugar
2 tablespoons fish sauce
½ cup tamarind water
½ cup chicken stock or water
2 stalks lemon grass, lightly bruised and cut into 10 cm (4 in) lengths
6 kaffir lime leaves, roughly torn
6 medium green chillies, left whole
200 g (7 oz) swordfish or other meaty fish, cut into 2.5 cm (1 in) dice
200 g (7 oz) green prawn meat
24 black mussels, cleaned
2 squid tubes, prepared Chinese style
1 cup Thai or sweet basil leaves

Spoon off thick cream from top of the coconut milk. Combine with vegetable oil in wok and cook over a medium heat, stirring constantly, until the oil has split from the cream and the mix looks foamy and smells like toasted coconut, about 5–7 minutes. Add curry paste and fry gently for 5 minutes. Add remaining coconut milk, palm sugar, fish sauce, tamarind water, stock, lemon grass, kaffir lime leaves and chillies. Bring to the boil and then reduce to a simmer. Add diced fish and cook for 2 minutes. Add prawn meat and mussels and cook a further 2 minutes. Add squid and basil. Stir until the basil has wilted. Transfer to a large serving bowl and serve with steamed jasmine rice (see page 131).

Serves 4

TO CUT SQUID CHINESE STYLE

Using a flexible knife held on a slight angle, score the tubes in a crisscross fashion. Cut into bite-sized triangles. By removing the membrane, scoring the skin, then cooking very fast in a wok, the squid will be very tender.

Red Curry of Steamed Fish Pudding with Kaffir Lime and Coconut Cream

This delicate curry, infused with the aniseed fragrance of Thai basil, presents superbly in its bamboo steamer basket.

1 tablespoon palm sugar, shaved
30 ml (1 fl oz) fish sauce
1 egg
2 tablespoons Red Curry Paste (see page 26)
2 cups coconut cream
500 g (1 lb) firm-fleshed white fish, such as parrot fish or snapper, thinly sliced
1 banana leaf cut, into a circle to fit steamer basket
12 Thai basil leaves
2 red chillies, julienned
3 kaffir lime leaves, finely shredded

In a large mixing bowl, dissolve the palm sugar in the fish sauce. Add the egg and stir to combine. Stir in the curry paste, coconut cream and fish. Line steamer basket with the banana leaf and secure with a skewer. Layer with basil leaves and fill with fish mixture. Cover and steam over gently simmering water for 15–20 minutes. Test with a wooden skewer—if it comes out clean, the fish is cooked. Serve in the basket with the remaining coconut cream drizzled over the top and garnished with the red chilli and kaffir lime leaves. Accompany with steamed jasmine rice (see page 131).

Serves 4

Red Curry of Pork, Pineapple and Ginger

Red is one of the classic Thai curries. Here the pineapple and ginger infuse the sauce with extra flavour. For a delicious vegetarian variation, substitute tofu for the pork.

2 cups coconut milk
3 tablespoons Red Curry Paste (see page 26)
¼ cup julienned ginger
500 g (1 lb) pork fillet, cut into strips
1 tablespoon palm sugar
2 tablespoons fish sauce
2 cups pineapple chunks
1 cup Thai basil or sweet basil leaves
3 kaffir lime leaves, finely shredded
coriander leaves, to garnish

Heat ½ cup of coconut milk in a wok and add the curry paste and ginger. Cook until fragrant and the oil is starting to separate from the milk, about 5–10 minutes. Add pork, palm sugar and fish sauce and stir-fry until pork is sealed, about 3 minutes. Add remaining coconut milk and simmer until pork is tender, about 3 minutes. Add pineapple and simmer for 1 minute. Stir in basil and transfer to a serving bowl. Garnish with kaffir lime leaves and coriander leaves and serve with steamed jasmine rice (see page 131).

Serves 4

BANANA LEAVES

Banana leaves are used throughout Asia to wrap food for baking or steaming and so retain its moisture. Foil can be used to the same effect. Use this leaf on a white plate to make a great presentation impact. Immerse the leaves in hot water to soften, then cut into circles to fit inside the rim of your plates, or cut into squares or rectangles.

PINEAPPLES

From Central America, the pineapple is actually a 'false' fruit. It consists of hundreds of true fruits, which are indicated by the 'eyes' revealed when the skin is cut away. The short brown hairs in the centre of each eye are the remnants of the flowers that once grew along the woody central stem. Pineapples contain an enzyme that digests protein, so you can tenderise tough meat by rubbing it with pineapple before cooking. In Asia, the pineapple is eaten ripe and also used while still green in sour soups and curries. Buy pineapples on basis of their sweet smell not their colour, as even a dark green pineapple may be ripe. To hasten ripening, place the pineapple in a plastic bag with a ripe banana and leave closed at room temperature.

Red Curry of Duck and Lychees

This rich duck curry is perfectly complemented by the sweet but slightly acidic lychees.

2 cups coconut cream
3 tablespoons Red Curry Paste (see page 26)
2 tablespoons fish sauce
2 tablespoons palm sugar
1 Chinese roast duck, boned and sliced
2 large red chillies, halved and deseeded
6 kaffir lime leaves
12 lychees, halved and stoned
1 cup loosely packed basil leaves

Skim off ½ cup of the coconut cream and boil in wok until starting to separate. Add the curry paste and fry for 5 minutes, stirring constantly. Add the fish sauce and palm sugar, cook for 3–4 minutes. Add the remaining coconut cream and bring to the boil. Add remaining ingredients and simmer for 2–3 minutes. Serve with steamed jasmine rice (see page 131).

Serves 4

Massaman Lamb Curry with Sweet Potato

Make this curry a few hours before serving to improve its flavour. Keep refrigerated until ready to use, then just gently heat through without letting it come to the boil.

2 tablespoons vegetable oil
500 g (1 lb) lamb leg, diced
1 large onion, chopped
1 large sweet potato, cut into bite-size dice
2 cups coconut milk
2 tablespoons Massaman Curry Paste (see page 29)
½ cup roasted, unsalted peanuts
2 tablespoons palm sugar
2 tablespoons fish sauce
¼ cup tamarind water

Heat oil in wok and sear the meat. Add onion and cook for about half a minute. Add enough water to cover, bring to the boil and simmer for 15 minutes. Add the sweet potatoes. Cover the wok with a lid or foil and simmer until potato is partially cooked, about 5 minutes. Strain out meat and vegetables, reserving the broth. Pour the thick coconut cream from the top of the milk into the wok, stir in curry paste and cook for 5 minutes. Mix in the sweet potato, meat and peanuts. Stir in reserved coconut milk, add sugar, fish sauce and tamarind water. Stir until sugar is dissolved. If necessary, stir in a quantity of the reserved broth to thin the sauce. Simmer until the potatoes are cooked through, about 10 minutes. Serve with steamed jasmine rice (see page 131).

Serves 4

LYCHEES

Lychees do not ripen after picking, so choose firm mature fruit with a deep red skin colour and no splitting. Do not buy lychees with brown skins—they are past their use-by date. Store in a plastic bag in the refrigerator. Canned lychees can be substituted for fresh.

SWEET POTATO

This tuber is a native of Central America. There are three varieties of sweet potato commonly found in Australia: the brown-skinned sweet potato which is ideal for baking and is soft and moist, the orange-skinned or 'kumara' variety which is drier and often used for puddings or candying, and the purple-skinned one which is all purpose and medium dry. The brown and purple varieties discolour quickly after being peeled, so drop the peeled pieces into cold water until ready to use. Store in a cool, dark airy place. Do not buy sweet potatoes if sprouting. They can be boiled, baked, mashed, fried, candied or made into breads and puddings.

Opposite:
Red Curry of Duck and Lychees

Classic Green Curry of Chicken and Thai Basil

This curry is probably the most popular of all Thai curries.

2 cups coconut cream
3–4 tablespoons Green Curry Paste
(see page 25)
1 tablespoon palm sugar
2 tablespoons fish sauce
500 g (1 lb) skinless chicken breast or thigh,
cut into bite-size pieces
2 tablespoons tamarind water
1 cup Thai basil leaves

In a wok, heat half a cup of the coconut cream, add the curry paste and cook until fragrant, about 5 minutes. Add the palm sugar and fish sauce and cook a further few minutes, adding a little more coconut cream if necessary. Stir in the chicken, tamarind water and remaining coconut cream. Bring to boil, then reduce to simmer. Cook until the chicken is tender, about 10 minutes. Stir in basil leaves. Serve with steamed jasmine rice (see page 131).

Serves 4–6

THAI BASIL

Thai basil has pointy leaves and purple stems with a strong anise flavour and pink flowers. It is easy to grow in a sheltered but sunny position with good drainage. Plant seeds in intended growing area in early spring. Pinch out basil flowers to encourage bushiness. If you can't buy Thai basil, substitute with ordinary basil.

Massaman Curry of Beef with Cinnamon and Tamarind

Massaman is a spice-driven curry that lends itself to slow-braised meats.

2 tablespoons vegetable oil
500 g (1 lb) beef shin or chuck steak, diced
1 large onion, chopped
1 cinnamon stick
2 cups coconut milk
2 tablespoons Massaman Curry Paste
(see page 29)
½ cup roasted, unsalted peanuts
2 tablespoons palm sugar
2 tablespoons fish sauce
¼ cup tamarind water

Heat oil in a heavy-based pan and sear meat. Add onion and cinnamon and enough water to cover. Bring to the boil, reduce to simmer and cook until meat is tender, about 1–2 hours. Strain meat and reserve broth. Place thick cream from the coconut milk in a wok, stir in curry paste and cook for 5 minutes. Add meat and peanuts. Stir in reserved coconut milk, add palm sugar, fish sauce and tamarind water. Stir until sugar is dissolved. If necessary, stir in a quantity of the reserved broth to thin the sauce. Serve with steamed jasmine rice (see page 131).

Serves 4

Yellow Curry of Swordfish with Cucumber Relish

A delicious main course for entertaining.

POTATOES

A potato low in moisture and sugar is termed 'floury'. These potatoes are best for baking, mashing and frying. The washed potato available in most supermarkets is called 'Coliban', and is a floury variety. A 'waxy' potato is high in moisture, low in starch and remains firm when boiled. These varieties are best for salads or eating whole. The most commonly available waxy potato is the Desiree, with a long, oval shape, pink skin and creamy yellow flesh. The Kipler is also a waxy variety, popular with chefs. A chat potato is simply a new, small potato.

3 tablespoons vegetable oil
4 x 125 g (4 oz) swordfish steaks
400 ml (14 fl oz) can coconut cream
2 tablespoons Yellow Curry Paste (see page 21)
1 tablespoon palm sugar
1 tablespoon fish sauce
4 medium potatoes, roasted with the skin on, then sliced into thick rounds

GARNISHES
1 cup Spicy Cucumber Relish (see page 32)
red chilli strips
coriander sprigs

Heat 1 tablespoon of the oil in a pan and seal the swordfish on both sides. Place on an oven tray and bake in preheated oven at 200°C (400°F) for about 5 minutes. In another pan, heat remaining oil with 2 tablespoons of thick coconut cream from the top of the can until sizzling. Add curry paste and cook until fragrant, about 5 minutes. Add palm sugar, fish sauce and remaining coconut cream. Bring sauce to boil, place sliced roast potato in sauce and warm through, about 5 minutes. Arrange potato slices on centre of each serving plate, top with swordfish and spoon sauce over fish. Garnish with cucumber relish, chilli strips and coriander sprigs

Serves 4

Steamed Jasmine Rice

Don't add salt to the water. Jasmine rice has its own delicate perfume which is destroyed by salt. Before cooking, always rinse the rice thoroughly in a sieve under a running cold tap to remove the residue starch.

2½ cups jasmine rice
3½ cups cold water

Put the washed rice and water into a heavy-based saucepan and bring to the boil. Cover tightly and reduce the heat to its lowest setting. Simmer for 18 minutes. Lift the lid to check that it is cooked, cook for 1–2 minutes longer if necessary. The rice is done when the grains are soft enough to crush between your thumb and forefinger. Turn off the heat and let rice stand, covered, for 8–10 minutes to absorb the steam before serving.

Serves 4

mains

Seafood in some form—steamed, fried or grilled—is a daily 'must' for Thais. Preserved by drying, smoking or salting, a common sight in rural villages are rows of small fish drying in the sun, often laid out on the baking hot roofs of the villagers' parked cars!

No part of a chicken is wasted. In Laos, the gizzard and foot are considered as delicacies, while in Vietnam we were once presented with a gastronomic atrocity of chicken flesh, skin, entrails, bones and feathers all minced into dumplings for a soup. Gazing down at a feather protruding from one of the dumplings, my quick-thinking husband announced solemnly, 'Our apologies, but it is against our religion to eat poultry'. This face-saving statement rescued the meal, for us and our hosts.

Annette once ordered chicken satays from a Thai street vendor who, pointing to his stomach, rubbed his hands vigorously around his belly. Assuming he meant the satays would be delicious for her stomach, Annette bit into a skewer of satay chicken entrails!

When designing main course dishes for the restaurant, our chefs often give a contemporary twist to traditional Thai recipes. Some of their recipes use lamb, which, like pork, marries beautifully with Thai spices and sauces. The following selections are from both cooking class and restaurant menus—we guarantee there are no entrails or feathers!

Spicy Coconut Lamb Cutlets with Mint and Green Chilli Sauce

An Asian version of lamb and mint sauce!

½ cup coconut cream
1 tablespoon oyster sauce
16 lamb cutlets, trimmed
1 cup shredded coconut
½ teaspoon ground cinnamon
1 tablespoon coriander seed,
roasted and ground
1 tablespoon Szechwan peppercorns,
roasted and ground

SAUCE
1 large green chilli,
deseeded and finely chopped
1 cup mint leaves
2 red or golden shallots, chopped
1 teaspoon finely chopped fresh ginger
2 teaspoons fish sauce
1 teaspoon lime juice
1 teaspoon palm sugar
1 cup plain yoghurt

Combine coconut cream with oyster sauce and brush onto lamb cutlets. Mix shredded coconut and spices together in a bowl and coat lamb cutlets with this mixture. Barbecue on medium to high heat until coconut is golden and crispy and lamb is cooked pink, about 7–8 minutes.

To make the sauce, combine all ingredients except yoghurt in a food processor and process to a paste. Add the yoghurt and process briefly. Arrange cutlets on serving platter and drizzle sauce over the top.

Serves 4

SZECHWAN PEPPERCORNS
One of the ingredients of Chinese five-spice powder, this is not really a true pepper but the seed casings of the berries of the prickly ash which grows wild in China. The peppercorns have a peculiar numbing effect on the tongue and are indispensable in Chinese cooking. Buy them whole and store in an airtight container.

Previous page:
Spicy Coconut Lamb Cutlets with Mint and Green Chilli Sauce

Soy and Star Anise Braised Duck with Pickled Cumquats

The classic combination of duck and citrus, with a Chinese twist. Perfect served with steamed Asian vegetables.

CUMQUATS

1 kg (2 lb) cumquats
1 kg (2 lb) caster sugar
2 cups rice vinegar
2 cups water
2 cinnamon sticks
5 cloves
2 star anise
1 teaspoon black pepper
1 teaspoon Szechwan pepper

DUCK

8 duck marylands
1 litre (1¾ pints) Master Stock (see page 35)
8 pickled cumquats

To make the cumquats, place cumquats in a large pot and add enough water to cover. Bring to the boil then reduce to a simmer and cook, uncovered, for 25 minutes. Strain off water and set aside. Bring remaining ingredients to the boil in a large pot, add cumquats and simmer for 1 hour. Transfer cumquats to sterilised jars, pour pickling liquid over cumquats and seal while hot. Store for 2 weeks before using. Once opened, keep refrigerated.

To cook the duck, preheat oven to 180°C (350°F). Place marylands skin side up in a baking pan and pour over stock. Cover pan with foil and place in oven. Bake for 40 minutes, then lift foil and turn ducks over. Cover again and bake another 40 minutes. Remove foil and turn marylands skin side up, bake another 20 minutes uncovered. The skin should be crisp and glossy. Remove ducks from pan, strain stock into saucepan, skimming off excess fat. Add pickled cumquats, bring back to boil and cook until the sauce is reduced by two-thirds. On individual serving plates, place 2 duck marylands on a bed of steamed Asian greens, then spoon sauce and cumquats around the plate.

Serves 4

Kecap Manis and Lime-glazed Salmon with Red Coconut, Pineapple Salad and Tamarind Dressing

Most restaurant dishes involve many stages of preparation, with the finished dish reflecting all the effort. This recipe is a typical example.

4 x 180 g (6 oz) Atlantic salmon steaks

MARINADE

6 tablespoons kecap manis
4 tablespoons vegetable oil
1 teaspoon finely grated ginger
1 clove garlic, finely chopped
1 golden shallot, finely chopped
1 teaspoon freshly squeezed lime juice
1 tablespoon lime zest
1 tablespoon sambal olek

GLAZE

75 ml (2½ fl oz) kecap manis
2 tablespoons white vinegar
1 tablespoon dark palm sugar
2 cloves
1 cinnamon stick

RED COCONUT GARNISH

75 g (2½ oz) freshly grated coconut
1 teaspoon salt
1 teaspoon chilli powder
1 teaspoon paprika
2 teaspoons shrimp powder
2 tablespoons freshly squeezed lime juice

TAMARIND DRESSING

2 tablespoons tamarind water
2 tablespoons freshly squeezed lime juice
2 teaspoons palm sugar
2 teaspoons Vietnamese fish sauce
1 teaspoon peanut oil

SALAD

½ pineapple, diced
½ cucumber, deseeded and julienned
1 large fresh red chilli, julienned
2 tablespoons sliced golden shallots
2 tablespoons crushed roasted peanuts
½ avocado, diced
¼ cup chopped basil leaves
¼ cup chopped mint leaves

Combine marinade ingredients in a bowl. Add salmon steaks and leave to marinate for at least 4 hours.

Bring all glaze ingredients to the boil in a pan and simmer for 1 minute to dissolve the sugar. Let cool. Strain to remove cloves and cinnamon stick.

Combine all garnish ingredients in a bowl, making sure that the paprika is rubbed well into the coconut to change its colour.

Combine all dressing ingredients in a bowl.

Preheat oven to 220°C (450°F). Sear salmon steaks in hot pan with 1 teaspoon vegetable oil, presentation side down. Turn steaks over, pour marinade on top and place pan in oven. Bake for 5 minutes. While salmon is cooking, combine the salad ingredients and toss with the dressing. Divide salad onto individual serving plates. Drizzle the glaze around each salad to make a complete circle. Place a salmon steak on top of each salad and sprinkle with red coconut.

Serves 4

*Opposite:
Kecap Manis and Lime-glazed Salmon with Red Coconut, Pineapple Salad and Tamarind Dressing*

Steamed Coconut Pancake with Prawns and Scallops and Green Curry Sauce

Serve two of these delicately fragrant pancakes per person for a main course, or one for an entree.

PANCAKES

3 eggs
1 tablespoon rice flour
150 ml (5 fl oz) coconut milk
½ teaspoon fish sauce
½ teaspoon sesame oil
2 teaspoons vegetable oil

GREEN CURRY SAUCE

1 tablespoon vegetable oil
1 tablespoon Green Curry Paste
(see page 25)
1 cup coconut milk
½ tablespoon fish sauce, to taste
½ tablespoon palm sugar, to taste

PRAWN AND SCALLOP FILLING

16 medium green king prawns,
peeled and deveined
16 medium scallops
4 kaffir lime leaves, finely shredded
2 green shallots, finely chopped
½ cup lemon basil or Thai or
sweet basil leaves
coriander sprigs, to garnish
red chilli strips, to garnish

To make the pancakes, whisk together the eggs, rice flour, coconut milk, fish sauce and sesame oil. Heat a non-stick crepe pan or skillet over medium heat. Drizzle a small amount of vegetable oil into the pan, then ladle enough pancake batter in to thinly cover the surface. Cook until the mixture is set, about 1 minute, and then turn out onto a plate. Continue until all the batter is used. You should have 8 pancakes. Set aside.

To make the curry sauce, heat vegetable oil in wok over moderate heat, add curry paste and cook, stirring, for about 5 minutes. Add coconut milk, fish sauce and palm sugar. Bring to the boil and then reduce heat and simmer for 5 minutes. Taste and adjust seasoning with fish sauce and palm sugar if necessary. Keep warm.

To make the filling, cut the prawns and scallops in half and mix with the kaffir lime leaves, green shallots and lemon basil. Divide the mixture into 8 portions. To assemble, place a pancake on a board, put one portion of the filling on the pancake and roll into a neat package. Repeat with the remaining pancakes and filling. Place pancakes in steamer basket lined with greaseproof paper over a wok of simmering water and steam for about 8 minutes.

Place cooked pancakes in a shallow serving bowl, garnish with coriander and chilli strips and serve with the warm green curry sauce.

Serves 8

Barbecue Chilli Squid with Sweet Chilli Sauce

Succulent spicy marinated squid, cooked very quickly on a hot barbecue plate.

1 stalk lemon grass, tender part only, finely chopped
½ red onion, diced
2 medium chillies, chopped
1 tablespoon chopped garlic
juice and zest of 1 lime
1 teaspoon palm sugar
1 tablespoon fish sauce
500 g (1 lb) squid, cleaned, cut into large, Chinese-style pieces
¼ cup vegetable oil
¼ cup Sweet Chilli Sauce (see page 16)

Combine lemon grass, onion, chilli, garlic and lime zest in a mortar and pound to a paste. Dissolve palm sugar in fish sauce and lime juice. Add to paste ingredients. Place squid in a bowl, cover and marinate for at least 2 hours.

To cook the squid, pour oil onto barbecue hotplate and heat to high. Place all the squid on the hotplate and keep moving with tongs until squid has curled and lost its translucency, about 3–5 minutes. Transfer to a serving bowl and toss thoroughly with the sweet chilli sauce.

Serves 4

Steamed Barramundi with Ginger and Shallots and Green Chilli Sesame Oil

This is a deceptively simple, but absolutely delicious, steamed fish.

4 x 180 g (6 oz) barramundi fillets, or other good quality fillets
2 tablespoons oyster sauce
½ teaspoon freshly ground white pepper
½ cup finely julienned ginger
4 green shallots, finely sliced
2 large green chillies, seeds removed and finely sliced
2 tablespoons soy sauce
handful coriander sprigs
2 tablespoons Shaoxing wine
½ cup safflower oil
1 teaspoon sesame oil

Rub fish with the oyster sauce and season with the white pepper. Steam in a steamer basket lined with banana leaf or oiled greaseproof paper, for about 5 minutes for medium rare. Transfer to individual serving plates. Cover the fish with ginger, shallots, green chillies, soy sauce, coriander sprigs and Shaoxing wine. Heat the safflower and sesame oils together until almost smoking and pour them over the fish.

Serves 4

Crispy-fried Whole Fish with Tamarind Chilli Sauce

A feature of our menu since opening day, chefs became bored with continually cooking this fish and removed it from the menu. Our regular clients were so upset, the waiters joked about suing the chefs for the verbal abuse they'd suffered!

SAUCE

10 white peppercorns
4 tablespoons chopped garlic
2 golden or red shallots, sliced
1 tablespoon finely chopped fresh or pickled galangal
1 tablespoon finely chopped coriander root or stem
2 tablespoons vegetable oil
4 red chillies, deseeded and finely chopped
2 tablespoons fish sauce
2 tablespoons palm sugar
½ cup tamarind water
½ cup coriander or Thai basil leaves, to garnish

FISH

1 litre (1¾ pints) vegetable oil
1 whole fish, weighing about 500 g (1 lb), cleaned, scaled, gutted and gilled
plain flour, to coat fish

To make the sauce, in a mortar, pound the white peppercorns. Add garlic, shallots, galangal and coriander and pound to a coarse paste. Heat oil in a wok and fry the paste and chillies until fragrant, about 2 minutes. Add fish sauce, palm sugar and tamarind water. The sauce should be sweet, tangy and salty and quite thick. If too dry, moisten with a few tablespoons of water. Simmer for 1–2 minutes for the flavours to come together. Remove sauce from wok and keep warm.

To cook the fish, heat oil in wok until sizzling hot. Coat fish in flour then slide gently into oil, head first. Using a wok flipper, spoon oil over the top of the fish while cooking. This will take about 10 minutes. Carefully turn the fish and cook on the second side for 5 minutes more. Lift out and drain on paper towel. Transfer fish to serving plate, pour over sauce and garnish with coriander or Thai basil leaves.

Serves 2

Opposite:
Crispy-fried Whole Fish with Tamarind Chilli Sauce

Barbecue Chicken with Wasabi Butter and Sesame Spinach Salad

With the searing pungency of the wasabi balanced by the gentle spinach salad, this is a great main course for entertaining around the barbecue.

CHICKEN

4 cloves garlic, crushed
1 teaspoon ground cumin
1 teaspoon ground ginger
2 teaspoons ground coriander seed
1 teaspoon paprika
1.5 kg (3 lb) chicken pieces, skin on and bone in

WASABI BUTTER

250 g (8 oz) unsalted butter, softened
1 tablespoon wasabi paste
1 tablespoon dijon mustard
1 tablespoon chopped coriander leaf
1 tablespoon chopped parsley
1 tablespoon chopped dill
1 tablespoon chopped chives
1 tablespoon lemon juice
salt and pepper

SALAD

1 tablespoon rice vinegar
1 teaspoon soy sauce
½ teaspoon sesame oil
1 tablespoon peanut oil
¼ teaspoon white sugar
125 g (4 oz) washed baby spinach leaves
1 red onion, finely sliced
1 tablespoon toasted sesame seeds

To make the chicken, combine the garlic and spice ingredients. Dry chicken pieces with paper towel and rub spice mix into skin. Place chicken skin side down on a preheated, well-oiled barbecue and turn when the skin comes away freely from the barbecue. Cook for 20–25 minutes, turning often.

To make the wasabi butter, combine all the ingredients and have at room temperature when ready to use.

To make the salad, stir together the rice vinegar, soy sauce, sesame oil, peanut oil and white sugar in a small bowl. Add the baby spinach leaves and sliced onion and toss with the dressing. Sprinkle over the sesame seeds. Arrange the spinach salad on a platter and place chicken on top with a generous dollop of wasabi butter. Any leftover butter can be wrapped in plastic and frozen.

Serves 4

Opposite:
Barbecue Chicken with Wasabi Butter and Sesame Spinach Salad

Steamed Shellfish with Garlic, Coriander, Peppercorns and Basil

Steamed in a spicy sauce infused with fresh basil, this is a healthy way to enjoy local fresh seafood.

½ teaspoon white peppercorns
2 red chillies, chopped
4 cloves garlic, chopped
1 tablespoon chopped coriander root
3 tablespoons vegetable oil
1½ tablespoons oyster sauce
1 tablespoon fish sauce
½ teaspoon sugar
500 g (1 lb) black mussels, cleaned
250 g (8 oz) peeled green prawns
250 g (8 oz) scallops or fish
¼ cup Chicken Stock (see page 35)
½ cup Thai basil leaves
coriander leaves, to garnish

In a mortar, pound the peppercorns until crushed, then add the chillies, garlic and coriander root and pound to a rough paste. Heat oil in a wok over medium heat, add the paste and fry until fragrant. Stir in oyster sauce, fish sauce and sugar. Add mussels, prawns and scallops and toss with the sauce to mix. Add the stock, then cover the wok and steam until the mussels have opened. Taste and adjust the seasoning with fish sauce. Toss through the basil leaves and cook until it wilts. Transfer to a serving plate and discard any mussels that haven't opened. Garnish with the coriander. Serve with a bowl of steamed jasmine rice (see page 131) and spoon any remaining sauce over the rice.

Serves 4

GARLIC

To crush garlic, break up the bulb into cloves. Place the flat side of the knife on the clove of garlic, bang down with the palm of your hand, and the skin should just slip off. Once the skin is removed, bang down again with the knife to crush the clove, then chop finely. When deep-frying, slice the garlic cloves lengthways and cook until a nutty, light brown colour. Do not overcook garlic as it will taste very acrid. Deep-fried garlic (and shallots) can be sprinkled on top of salads, giving a lovely crunchy texture to the garnish.

Opposite:
Steamed Shellfish with Garlic,
Coriander, Peppercorns and Basil

Tandoori Prawns with Pawpaw Sambal

The Indian-style tandoori yoghurt marinade keeps the prawns moist and succulent.

PAPRIKA

Ground from mild varieties of deseeded capsicum and first taken from Mexico to Europe, paprika was used in Hungary as an essential ingredient in goulash. Spanish paprika is called 'pimento'. It is manufactured in different strengths—the hottest is similar in flavour to chilli powder. Buy it in small quantities as its colour and flavour deteriorate quickly.

½ cup plain yoghurt
½ teaspoon cardamom seeds, ground
2 tablespoons peeled and finely chopped ginger
1 tablespoon finely chopped garlic
1 teaspoon ground turmeric
2 teaspoons paprika
½ teaspoon roasted chilli powder
salt, to taste
500 g (1 lb) green king prawns, peeled and deveined
250 g (8 oz) Asian salad greens
1 cup Pawpaw Sambal (see page 33)
lime wedges, to garnish

In a large bowl, mix the yoghurt, cardamom, ginger, garlic, turmeric, paprika, chilli powder and salt. Add prawns and toss to coat. Refrigerate for 1 hour.

To cook, heat barbecue to medium and cook prawns 2–3 minutes on each side, until lightly charred. Serve on a bed of Asian greens, spoon sambal around plate and garnish with lime wedges.

Serves 4

Opposite:
Tandoori Prawns with Pawpaw Sambal

Marinated Fish Steaks with Tomato, Ginger and Sweet Bean Sauce

Firm-fleshed fish such as swordfish is ideal for cooking on the barbecue or grill.

MARINADE
4 cloves garlic, chopped
1 teaspoon freshly ground white pepper
1 tablespoon fish sauce
1 tablespoon oyster sauce
1 teaspoon palm sugar
2 tablespoons vegetable oil

4 x 150 g (5 oz) fish steaks
(mackerel or swordfish)

SAUCE
½ teaspoon white peppercorns, ground
3 stalks lemon grass, finely chopped
4 cloves garlic, chopped
2 red chillies, deseeded and chopped
1 tablespoon chopped ginger
1 teaspoon lime zest
3 tablespoons vegetable oil
6 golden or red shallots, finely sliced
3 tomatoes, chopped
¼ cup kecap manis
¼ cup fish sauce
½ cup Chicken Stock (see page 35)
2 tablespoons lime juice
½ cup basil leaves

To make the marinade, mix all ingredients in a bowl and marinate the fish steaks for 1 hour.

To make the sauce, in a mortar, pound the peppercorns, lemon grass, garlic, chillies, ginger and lime zest to a paste. Heat the oil in a saucepan and gently fry the shallots for a few minutes. Add the paste and fry over moderate heat for a few minutes. Add the tomatoes, kecap manis, fish sauce and stock. Bring to the boil then reduce heat and simmer for 15–20 minutes. Stir in lime juice and basil leaves and cook until the leaves are just wilted.

Barbecue the fish steaks over medium heat for 10 minutes, or until cooked to your liking. Transfer to a serving plate and spoon over the sauce.

Serves 4

Opposite:
Marinated Fish Steaks with Tomato, Ginger and Sweet Bean Sauce

Ocean Trout in Banana Leaf with Chilli Lemon Grass Sambal and Pickled Vegetable Salad

The fish gently steams inside its banana leaf wrapping, absorbing the flavours of the spicy sambal marinade.

DAIKON

A hot radish that looks like a white carrot, it has a pungent, crisp flavour with a 'bite'. Eat raw or slice and add to stir fries or pickles. To prepare, scrape the skin and cut into slices, or grate to add to pickles.

SALAD
2 cucumbers
1 carrot
1 white radish (daikon)
1 stick celery
½ lemon
2½ cups rice vinegar
2 cups white sugar
1 tablespoon salt

TROUT
2 tablespoons Chilli Lemon Grass Sambal (see page 32)
1 tablespoon kecap manis
1 tablespoon fish sauce
1 tablespoon lime juice
4 x 150 g (5 oz) pieces ocean trout, filleted and bones removed
4 pieces of banana leaf
4 pieces aluminium foil

To make the salad, julienne the cucumbers, carrot and daikon. Quarter the lemon lengthways, and then slice the quarters thinly. In a saucepan, bring vinegar to the boil with the sugar and salt and simmer until the sugar has dissolved. Allow brine to cool. Put the vegetables and lemon into a deep bowl and pour the cooled liquid over them. Leave to steep in this mixture for 3 hours. Pour into glass jars with the brine, but drain the brine from the vegetables before serving.

To cook the ocean trout, combine the sambal, kecap manis, fish sauce and lime juice in bowl. Divide the ocean trout between the banana leaves and coat with the sambal mixture. Wrap banana leaf around trout and package securely in foil. Barbecue on medium heat for 3 minutes on each side, or bake in a moderate oven at 180°C (350°F) for 10–12 minutes. Serve with the salad and a side dish of extra sambal.

Serves 4

Opposite:
Ocean Trout in Banana Leaf with Chilli Lemon Grass Sambal and Pickled Vegetable Salad

Barbecue Prawns with Green Chilli Dipping Sauce

These prawns showcase the versatile garlic, coriander and peppercorn paste. Keeping the shell on the prawns prevents them from drying out. Serve with a fingerbowl—not a recipe for fastidious eaters!

MARINADE

1 teaspoon whole white peppercorns
½ cup chopped coriander root and stem
6 cloves garlic
1 teaspoon palm sugar
1 tablespoon fish sauce
1 kg (2 lb) green prawns, left in shell,
backs split and deveined

SAUCE

1 tablespoon chopped coriander
root and stem
2 cloves garlic
5 small green chillies
2 tablespoons freshly squeezed lime juice
1 teaspoon palm sugar
1 tablespoon fish sauce

To make the marinade, in a mortar, pound the peppercorns, coriander and garlic to a paste. Dissolve palm sugar in the fish sauce and stir into the paste. Add prawns, toss well, and leave to marinate for 2 hours.

To make the sauce, in a mortar, crush the coriander, garlic and chillies. Add lime juice, palm sugar and fish sauce. Mix well and pour into a dipping bowl.

Barbecue prawns on medium heat for 1 minute on each side. Serve on a platter with the sauce.

Serves 4

> ### LIMES
>
> There are two varieties of limes: Tahitian, used for its juicy fruit, and kaffir limes, which are used for the leaves, their fruit having little juice. Limes are ripe when green. As they age, the skin turns yellow but the juice content increases. Store limes in the refrigerator for up to 3 weeks. Always use limes, not lemons, in Asian recipes, for their distinctive flavour.

Whole Fish in Banana Leaf with Hot and Sour Sauce

The success of this dish relies on the absolute freshness of the fish. It can also be done with fresh fish fillets, but reduce the cooking time to 5–10 minutes.

MARINADE

2 tablespoons Coriander Garlic Paste
(see page 18)
1 tablespoon oyster sauce
1 tablespoon light soy sauce
1 tablespoon fish sauce

1 whole fish weighing approx. 750 g (1½ lb),
cleaned and scaled
2 fresh banana leaves
lime wedges, to garnish
½ cup Hot and Sour Sauce (see page 18)

Mix marinade ingredients together to form a paste and rub paste evenly over the fish, including inside the body cavity. Wrap fish in a banana leaf that has been oiled lightly on the inside and then place on a large piece of aluminium foil and wrap securely. Cook fish over medium-hot barbecue, turning from time to time until cooked, about 20–25 minutes. Remove fish from wrapping and place on a serving plate lined with a fresh banana leaf. Serve with the lime wedges and the sauce.

Serves 4

Chiang Mai Chicken Patties with Herbs, Hot and Sour Sauce and Sticky Rice

This is a simplified version of those wonderful Chiang Mai sausages. Barbecued pieces of sausage are wrapped in lettuce, flavoured with herbs and eaten with a ball of sticky rice.

500 g (1 lb) chicken mince
2 tablespoons Red Curry Paste (see page 26)
1 teaspoon finely chopped kaffir lime leaf
1 egg
fish sauce, to taste
1 head of butter lettuce, cleaned
selection of herb sprigs (coriander, mint, basil)
½ cup Hot and Sour Sauce (see page 18)
2 cups cooked Sticky Rice (see page 82)

Combine the chicken mince, curry paste, kaffir lime leaf, egg and fish sauce and form into small patties about 5 cm (2 in) wide and 1 cm (½ in) thick. Barbecue the patties on medium heat for 3–4 minutes on each side. Serve on a large platter with soft lettuce leaves and a selection of herbs. Accompany with bowls of the sauce and sticky rice.

Serves 4

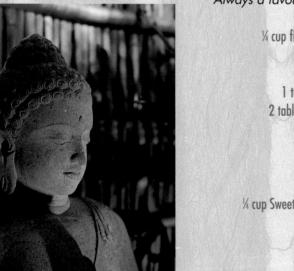

Garlic and Pepper Chicken Wings

Always a favourite with the kids!

¼ cup finely chopped lemon grass, tender part only
6 cloves garlic, chopped
1 teaspoon white peppercorns
2 tablespoons chopped coriander root and stem
2 tablespoons palm sugar
2 tablespoons fish sauce
1 kg (2 lb) chicken wings
¼ cup Sweet Chilli Sauce (see page 16)

In a mortar, combine the lemon grass, garlic, peppercorns and coriander and pound to a paste. In a large bowl, dissolve palm sugar in fish sauce, add the paste. Toss chicken wings in this mixture and leave to marinate overnight.

Bake chicken wings on a wire rack in a pre-heated 210°C (425°F) oven, or barbecue until golden brown and succulent, about 25 minutes. Serve with sweet chilli sauce.

Serves 4

Bangkok-style Spring Chicken

This dish can be done completely on the barbecue but the skin can blacken too much before the chicken is cooked. The oven-to-barbecue method is ideal for entertaining, as the chicken pieces can be precooked in the oven and then finished off on the barbecue.

1.5 kg (3 lb) chicken pieces, skin on
400 ml (14 fl oz) coconut milk
2 tablespoons Yellow Curry Paste
(see page 21)
2 tablespoons fish sauce
3 tablespoons Coriander Garlic Paste
(see page 18)
2 tablespoons palm sugar
Sweet Chilli Sauce (see page 16)
Spicy Cucumber Relish (see page 32)

Lightly pierce chicken skin and place skin side up in a shallow baking tray. Combine the remaining ingredients in a bowl then pour over chicken. Refrigerate for a minimum of 3 hours, preferably overnight.

Bake chicken in a preheated oven at 190°C (375°F) for 25 minutes and finish on barbecue until juices run clear and the skin is slightly charred and crisp, about 10–15 minutes. Serve with extra bowls of sweet chilli sauce and cucumber relish.

Serves 4

CHICKEN

We recommend using chicken thigh meat rather than breast meat in your chicken recipes. The thigh meat has a higher fat content that provides more moisture and flavour. Chicken breast meat is very lean and, if overcooked, dries out quickly losing all flavour. Therefore, if you prefer to use breast meat, take extra care not to overcook.

Opposite:
Bangkok-style Spring Chicken

Coriander, Sesame and Coconut-crusted Chicken with Kaffir Lime Sauce

These crusted chicken breasts, finished with the citrus sauce, are ideal for a contemporary Asian dinner party.

SAUCE
200 ml (7 fl oz) coconut cream
½ cup mirin
¼ cup rice wine vinegar
2 cloves garlic, finely chopped
6 double kaffir lime leaves, finely shredded
2 teaspoons fish sauce
2 teaspoons chilli jam

CHICKEN
1 teaspoon light palm sugar
2 teaspoons oyster sauce
1 egg, lightly beaten
¼ cup sesame seeds
¼ cup shredded coconut
1 clove garlic, finely chopped
¼ cup finely chopped coriander leaves and stems
4 x 150 g (5 oz) pieces chicken breast, skin removed
2 tablespoons vegetable oil
250 g (8 oz) sugar snap peas

To make the sauce, combine all the sauce ingredients in a pan and bring to the boil. Reduce heat and simmer for a few minutes.

To prepare the chicken, dissolve the palm sugar in the oyster sauce. Stir in the egg and the sesame seeds, shredded coconut, garlic and coriander. Spread the crust over the top of the chicken breasts and refrigerate for 2 hours.

Preheat oven to 200°C (400°F). Heat the vegetable oil in a large frying pan. Place chicken breasts in pan, crust side down, and cook over a moderate heat until crust is golden, about 5 minutes. Turn breasts and transfer to a baking tray, crust side up. Bake for 10 minutes.

While chicken is cooking, bring a pot of water to the boil and lightly steam or blanch the sugar snap peas for 1 minute. Drain and divide between individual serving plates. Place chicken breast, crust side up, on peas and spoon sauce around.

Serves 4

Opposite:
Coriander, Sesame and Coconut-crusted Chicken with Kaffir Lime Sauce

Cambodian Grilled Spatchcocks with Pepper Lime Dipping Sauce

Cambodian food reflects influences from its Thai and Vietnamese neighbours. This peppery lime sauce gives zest to the smoky barbecued baby chicken.

1 teaspoon white pepper
1 teaspoon salt
6 cloves garlic, chopped
1 tablespoon chopped fresh ginger
½ tablespoon lime zest
1 tablespoon mushroom soy sauce
2 tablespoons soy sauce
2 tablespoons light palm sugar
1 tablespoon vegetable oil
4 x No. 4 spatchcocks, cut in half along breastbone, backbone and wingtips removed
coriander leaves, to garnish

DIPPING SAUCE
juice of 2 limes
1 tablespoon ground white peppercorns
1½ teaspoons sea salt

In a mortar, combine the white pepper, salt, garlic, ginger and lime zest and pound to a paste. Transfer mixture to a bowl and stir in the soy sauces, sugar and oil. Add spatchcocks, toss to coat well and marinate for a minimum of 2 hours or overnight.

To make the dipping sauce, combine the ingredients and stir until salt is dissolved.

Barbecue spatchcocks at medium heat for 25–30 minutes, turning often. Transfer to a serving platter, garnish with coriander leaves and serve with the dipping sauce.

Serves 4

MUSHROOM SOY SAUCE
The woody essence of straw mushrooms is blended with light soy sauce to make this sauce. A few dashes add depth of flavour to stir fries or soups.

Lemon Grass Pork with Field Mushrooms

This is a recipe from the Issan region of northern Thailand, where roasted rice powder is a commonly used ingredient.

MARINADE
2 cloves garlic, chopped
1 tablespoon shaved palm sugar
1 tablespoon fish sauce
2 tablespoons soy sauce
2 teaspoons sesame oil
1 tablespoon whisky or dry sherry
2 stalks lemon grass, tender part only
4 x 150 g (5 oz) pork loin chops

SAUCE
2 tablespoons vegetable oil
4 red chillies, seeded and finely chopped
4 golden red shallots, sliced
3 tablespoons fish sauce
6 tablespoons lime juice
1 teaspoon roasted rice powder
2 tablespoons sliced spring onions

4 large field mushrooms,
finely chopped
coriander leaves, to garnish

To make the marinade, mix all ingredients together. Place pork chops in flat bowl, cover with marinade and leave for 2 hours.

To make the sauce, heat oil in a small frying pan and gently fry chillies and shallots until softened. Remove from heat and stir in remaining ingredients.

Barbecue pork chops and field mushrooms on a preheated grill at medium heat for 10–12 minutes, brushing with the marinade as they cook. Transfer to a serving plate, spoon over the sauce and garnish with coriander leaves.

Serves 4

Vietnamese Chargrilled Eggplant with Pork, Peanuts and Tofu

By chargrilling the eggplant first, the subtle smoky flavour enhances this dish.

8 long thin eggplants, quartered lengthways
with stems intact
1 tablespoon vegetable oil

PORK AND TOFU

1 tablespoon vegetable oil
4 sliced golden shallots
2 cloves garlic
400 g (14 oz) pork mince
2 tablespoons fish sauce
1 tablespoon palm sugar
1 tablespoon soy sauce
250 g (8 oz) firm tofu,
cut into 1 cm (½ in) dice
2 tablespoons chopped roasted peanuts
1 teaspoon roasted chilli powder
2 green shallots, sliced
¼ cup chopped coriander leaves

Chargrill the eggplant over moderate heat, brushing with oil, until well cooked, about 10–15 minutes. Set aside and keep warm.

To make the pork and tofu, heat oil to moderate heat in a wok. Add golden shallots and garlic and stir-fry until softened. Turn the heat to high and stir-fry the pork mince until cooked. Add the fish sauce, palm sugar, soy sauce and tofu, stir until combined. Moisten with a little water if necessary.

To assemble, pllace cooked eggplants on a serving platter and spoon over the pork and tofu mixture. Garnish with the peanuts, chilli powder, shallots and coriander leaves.

Serves 4

FIVE-SPICE POWDER

The main spice in this popular Chinese seasoning is star anise with its potent licorice flavour. The other spices are Szechwan pepper, fennel, cloves and cinnamon. Use this spice in marinades and slow-cooked dishes or soups. Available in supermarkets, but only buy small quantities as it is used sparingly.

Opposite:
Vietnamese Chargrilled Eggplant
with Pork, Peanuts and Tofu

Five-spice Pork Spareribs

Cook these ribs first in the oven, then finish on the barbecue. With a high amount of palm sugar in the marinade, the ribs tend to blacken if cooked solely on the barbecue.

MARINADE

½ cup soy sauce
¼ cup fish sauce
1 teaspoon five-spice powder
1 tablespoon sesame oil
½ cup palm sugar
6 cloves garlic, finely chopped
¼ cup chopped coriander root and stem
2 tablespoons rice wine,
dry sherry or whisky
1.5 kg (3 lb) pork spareribs,
cut into 5 cm (2 in) pieces

Combine all the marinade ingredients in a bowl. Add the spareribs, coat well and leave to marinate overnight.

Bake spareribs in a medium 180°C (350°F) oven for 20 minutes, then barbecue over medium heat until golden brown, about 10 minutes.

Serves 4

Red Braised Pork with Chilli Jam and Lime Sauce, Pickled Green Pawpaw and Pak Choy

Pork neck is a deliciously moist cut of pork, wonderful for braising and roasting. In Australia, it's often marketed as pork scotch fillet.

800 g (28 oz) pork neck
2 litres (3½ pints) Master Stock (see page 35)

SAUCE

2 tablespoons chilli jam
½ cup light palm sugar
1 tablespoon fish sauce
1 cup Chicken Stock (see page 35)
2 tablespoons freshly squeezed lime juice

1 bunch pak choy
24 snow peas
½ cup Green Pickled Pawpaw (see page 30)
6 coriander sprigs
2 red chillies, finely julienned
2 tablespoons Crispy-fried Shallots
(see page 34)

Roll and truss the pork neck. Bring stock to the boil, add pork neck and braise slowly for 1¼ hours. Remove pork from stock and keep warm while making sauce.

To make the sauce, mix all the ingredients except the lime juice in a pot. Bring to the boil and reduce by one-third. Remove from heat and stir in lime juice.

To assemble, blanch pak choy and snow peas in boiling water then divide between individual serving plates. Slice pork neck into six pieces and place each piece on the vegetables. Spoon the sauce over pork neck. Scatter over the pickled pawpaw, coriander sprigs, julienned chilli and crispy shallots.

Serves 6

Opposite:
Red Braised Pork with Chilli Jam and Lime Sauce, Pickled Green Pawpaw and Pak Choy

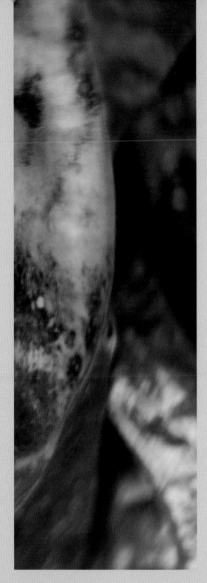

Chargrilled Eye Fillet with Massaman Curry Sauce

Our chefs always include what they call a 'bloke's dish' on the main course menu, such as this massaman curry sauce teamed with a steak.

500 g (1 lb) chat potatoes
250 g (8 oz) golden shallots, peeled
2 tablespoons vegetable oil
salt and pepper
1 tablespoon oyster sauce
white pepper, to season
500 g (1 lb) piece eye fillet
1 tablespoon vegetable oil

SAUCE

2 cups coconut cream
2 tablespoons Massaman Curry Paste
(see page 29)
2 tablespoons palm sugar
2 tablespoons fish sauce
2 tablespoons tamarind water
4 large red chillies,
cut in half lengthways and seeds removed

¼ cup coarsely chopped roasted peanuts,
to garnish

Preheat oven to 200°C (400°F). Quarter potatoes and place in a baking dish with the whole shallots, vegetable oil and seasoning. Bake until the potatoes are golden and the shallots are soft, about 45 minutes.

Rub the oyster sauce and white pepper into the eye fillet. Oil the barbecue and heat to high. Cook fillet for 10 minutes on one side then turn and cook a further 10 minutes to give a medium–rare steak. Cook longer if desired. Place fillet on a plate, cover loosely with foil and rest in warm place.

To make the sauce, heat half a cup of coconut cream in a wok until sizzling and starting to separate. Add curry paste and cook over a low heat, stirring constantly, for about 5 minutes. Add remaining coconut cream, palm sugar, fish sauce and tamarind water. Bring to the boil, add the red chillies, then reduce heat to a simmer and cook a further 5 minutes.

To serve, slice the eye fillet into medallions and transfer to individual serving plates with the roasted potatoes. Scatter golden shallots over meat and spoon over sauce. Garnish with chopped peanuts.

Serves 6–8

Opposite:
Chargrilled Eye Fillet with
Massaman Curry Sauce

Braised Lamb Shanks in Red Curry Sauce
with Green Peppercorns, Snake Beans and Krachai

*Obviously not a traditional Thai meat, but the lamb shanks work beautifully
with the spices in this sauce.*

8 lamb shanks
1 litre (1¾ pints) Chicken Stock
(see page 35)

SAUCE

2 litres (3½ pints) coconut milk
100 ml (3½ fl oz) vegetable oil
2 cups Red Curry Paste
(see page 26)
1 cup light palm sugar
200 ml (7 fl oz) fish sauce

4 tablespoons krachai
4 teaspoons green peppercorns
10 baby sweet corn, cut in half
2 snake beans cut into 4 cm (1½ in) lengths
4 fresh large red chillies,
halved and seeds removed
8 torn kaffir lime leaves
½ cup fresh basil leaves

GARNISHES

½ cup coriander sprigs
1 large red chilli, deseeded and julienned
2 tablespoons Crispy-fried Shallots
(see page 34)

Preheat oven to 220°C (450°F). Bring stock to the boil. Place lamb shanks in a baking pan and cover with boiling stock. Cover pan with foil and bake shanks until tender, about 2 hours. Remove shanks from liquid and allow to cool.

To make the sauce, spoon off coconut cream from milk and put cream into heavy-based pan with oil. Boil coconut cream and oil in pan until split, stirring continuously. Add curry paste and fry until aromatic, the colour deepens and mixture looks curdled and oily. Add palm sugar and bring to the boil, cooking until all the sugar has dissolved. Add fish sauce and remainder of the coconut milk and bring back to the boil.

Place lamb shanks in a large pan and pour in boiling sauce. Add krachai and green peppercorns, bring pan to the boil. Return shanks to the oven for 20 minutes, turning once. When shanks are completely warmed through, put pan on top of stove and bring sauce back to the boil over medium heat. Add remaining ingredients except the basil and boil for 2 minutes. Add basil.

Take pan off heat and divide evenly between serving plates, allowing 2 lamb shanks per person. Garnish with coriander sprigs, julienned chilli and crispy shallots.

Serves 4

*Opposite:
Braised Lamb Shanks in Red Curry
Sauce with Green Peppercorns,
Snake Beans and Krachai*

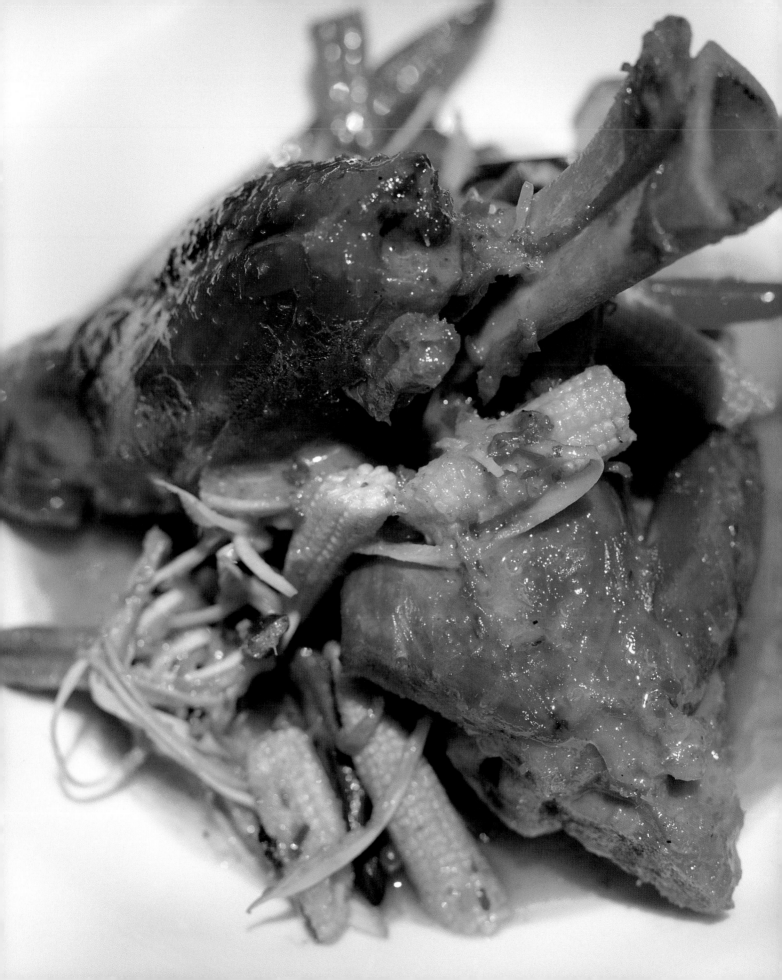

Five-spice Pork Fillet with Nuoc Cham Sauce and Vietnamese Vegetable Salad

Vietnamese make extensive use of fresh herbs such as lemon grass, basil, coriander and Vietnamese mint. Dishes are usually accompanied by nuoc cham, the classic Vietnamese sauce.

½ teaspoon white peppercorns
2 stalks lemon grass, finely chopped
4 cloves garlic
2 golden shallots, chopped
1 tablespoon fish sauce
1 tablespoon light soy sauce
1 teaspoon sesame oil
1 tablespoon sugar
½ teaspoon five-spice powder
500 g (1 lb) pork fillet

SALAD
a selection of shredded fresh vegetables
(Vietnamese mint, coriander, cucumber,
red capsicum, bean sprouts,
green shallots, red onion)
½ cup Nuoc Cham Dipping Sauce
(see page 17)

In a mortar, pound the peppercorns, lemon grass, garlic and shallots to a paste. Combine with the remaining ingredients. Marinate the pork fillets for a minimum of 2 hours or overnight.

Barbecue fillets on medium heat, brushing with marinade, for about 15 minutes.

To assemble, combine the salad ingredients in a large bowl. Arrange on a platter with the sliced pork and the dipping sauce.

Serves 4

Opposite:
Five-spice Pork Fillet with Nuoc Cham
Sauce and Vietnamese Vegetable Salad

Ocean Trout with Four-flavoured Sauce and Wok-seared Vegetables

A popular seafood combined with a Thai sauce featuring all four elements of sweet, sour, salt and hot.

6 x 180–200 g (6–7 oz) pieces ocean trout,
skin left on
flour, for dusting
¼ cup vegetable oil

SAUCE
1 cup shaved palm sugar
2 tablespoons water
100 ml (3½ fl oz) fish sauce
½ cup julienned ginger
5 red chillies, sliced
¼ cup lime juice
1 tablespoon coconut vinegar
½ cup Chicken Stock (see page 35)

1 bunch Asian greens
12 snow peas
2 tablespoons Crispy-fried Shallots
(see page 34)
½ cup coriander leaves

Flour skin side of trout. Heat vegetable oil in a frying pan until moderately hot. Place fish in pan, skin side down, cook for 5 minutes until skin is crisp. Turn fish and cook until medium rare, about 1 minute.

To make the sauce, in a saucepan, dissolve palm sugar in water over a low heat. Add remaining ingredients and bring to boil, then reduce heat and simmer for 10 minutes.

Bring a large saucepan of water to the boil, add Asian greens and snow peas and cook for about 30 seconds. Drain. Arrange Asian greens on individual serving plates and top with fish. Spoon sauce over and garnish with crispy shallots and coriander leaves.

Serves 6

VEGETABLE OIL
Always use good quality vegetable oil in all your Asian cooking—never use olive oil. After use, strain and keep in a screw-top jar in the refrigerator. If you don't like to use much oil, a handy hint is to keep your oil in a spray bottle and just give your hot wok a few squirts before starting to cook.

Spicy Braised Spatchcocks with Tamarind, Lemon Grass and Pandanus

Typifies the interplay of spices and aromatics in Sri Lankan food.

PANDANUS

The pandanus plant is grown in every Thai kitchen garden as the leaves are used both in cooking and woven into containers for Thai sweets. Strips of leaves are dropped into the rice pot or wrapped around chicken to impart a subtle perfume. The leaves are also pounded to an essence, bright green in colour, and used to flavour Asian cakes and sweets. Buy frozen pandanus leaves from Asian food stores or buy the essence for desserts.

2 tablespoons vegetable oil
4 x No. 5 spatchcocks, split in half down breastbone and wingtips removed
1 large brown onion, finely sliced
1 tablespoon finely chopped garlic
1 tablespoon finely chopped ginger
1 tablespoon commercial curry powder
1 cinnamon stick
3 stalks lemon grass, cut into 5 cm (2 in) pieces
2 cups coconut milk
¼ cup tamarind water
1 tablespoon dark palm sugar
4 curry leaves
3 large red chillies, cut in half lengthways and seeds removed
1 pandanus leaf, cut into 5 cm (2 in) lengths
salt, to taste

Heat vegetable oil in a large, heavy-based saucepan. Add the spatchcocks and brown well. Remove from pan and set aside. Add onion, garlic and ginger and cook over a low heat until softened. Add curry powder, cinnamon and lemon grass, cook another 5 minutes. Add remaining ingredients and bring sauce to the boil. Season with salt, add spatchcocks and cook over a low heat until tender, about 30 minutes. To serve, divide spatchcocks between individual serving plates and spoon over sauce. Remove curry leaves before serving if preferred.

Serves 4

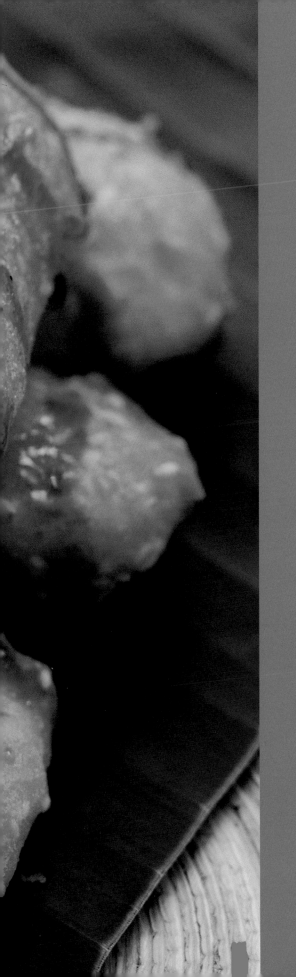

desserts

Desserts are a real labour of love. Just the sheer amount of work and all the processes involved make desserts, which are the cheapest item on any restaurant menu, so undervalued. Asian sweets are not really desserts, but more a sweet snack. Mostly eaten cold, the sweet flavours counter the heat and spicy flavours of other food. Sweets also play an important role as offerings in religious ceremonies and festivals.

Thai sweets usually feature a combination of aroma, appearance and taste. The scent from fragrant flowers such as jasmine or rose first catches the attention, then the beautiful shapes—mung bean paste is shaped into all kinds of fruits, even chillies. The often vivid colours come from natural ingredients such as pandanus leaf or flowers.

The following Spirit House desserts include a sample of traditional Thai sweets, plus our chefs' creations, which reflect Asian ingredients and spices blended with classic European dessert techniques.

Banana Fritters with Rum Syrup

Might sound mundane, but this is the most popular dessert in our restaurant.

BATTER
75 g (2½ oz) plain flour
100 g (3 oz) rice flour
½ cup caster sugar
50 g (1½ oz) sesame seeds
½ teaspoon salt
2 teaspoons baking powder
50 g (1½ oz) desiccated coconut
enough soda water to make batter the
consistency of pouring cream

2 cups vegetable oil for deep frying
4 ripe lady finger bananas,
cut in half lengthways
½ cup plain flour

SYRUP
165 g (5½ oz) dark palm sugar
1 cup water
100 ml (3½ fl oz) Malibu rum

To make the batter, mix the dry ingredients together in a bowl and gradually whisk in soda water to make a batter consistency of pouring cream. Heat oil in a wok or deep fryer to about 180°C (350°F). Toss bananas in plain flour, then dip in batter. Deep-fry until golden, about 5 minutes.

To make the syrup, combine all ingredients in a saucepan, bring to the boil and reduce by one-third.

To serve, place a square of banana leaf on individual serving plates. Arrange banana fritters and drizzle with rum syrup.

Serves 4

BANANAS
Lady finger bananas are the best variety for deep frying as the flesh stays firm. Cavendish bananas turn soft when cooked, so use them for baking in cakes or steaming. Across Asia, the banana tree is an important food source—the fruit, flowers, leaves and even the heart of the stem are all utilised.

Previous page:
Banana Fritters with Rum Syrup

Coconut and Palm Sugar Pancakes with Rum Turmeric Syrup and Spiced Pineapple

As in France, pancakes are a favourite sweet snack across Asia.

PANCAKES
2 eggs
2 tablespoons caster sugar
1 cup coconut milk
100 g (3½ oz) rice flour
¼ teaspoon salt
2 tablespoons vegetable oil

FILLING
200 g (7 oz) dark palm sugar, shaved
200 g (7 oz) light palm sugar, shaved
½ cup water
½ teaspoon salt
2½ cups desiccated coconut
1–2 tablespoons water, extra

SYRUP
100 g (3½ oz) dark palm sugar
100 g (3½ oz) light palm sugar
1 teaspoon salt
15 g (½ oz) peeled and finely chopped fresh turmeric
100 ml (3½ fl oz) water
2 tablespoons rum
150 ml (5 fl oz) coconut milk

POACHING SYRUP
500 g (1 lb) caster sugar
2 cups water
1 cinnamon stick
4 cloves
6 black peppercorns
1 star anise

½ ripe pineapple, peeled, cored and sliced into 2.5 cm (1 in) chunks
vanilla ice cream, to serve

To make the pancakes, combine the eggs and sugar in a bowl, stir in coconut milk. Add rice flour, salt and oil. Heat a non-stick crepe pan and spray it with cooking oil. Pour in a small ladleful of the pancake mix and swirl around to coat the bottom of pan. Cook until slightly coloured, about 2–3 minutes. Flip over and cook the other side briefly for 1 minute. Turn onto a plate and repeat until all the mixture is used.

To make the filling, combine the sugars and water in a pan and cook over a gentle heat until melted—do not stir. Add salt and coconut, mix well. Add enough of the extra water to moisten until the mixture holds together.

To make the syrup, combine the sugars, salt, turmeric, water and rum in a pan. Bring to the boil and reduce by one-third. Whisk in the coconut milk and remove from heat.

Combine all the poaching syrup ingredients in pan, bring to the boil and reduce to a simmer. Add pineapple and poach for 5 minutes. Remove from heat and leave to cool in syrup to allow flavours to infuse.

To serve, place 2 teaspoons of the filling on the pancake and fold into quarters. Place a pancake and pineapple slices on individual serving plates, spoon over rum turmeric syrup and finish with a scoop of vanilla ice cream.

Serves 4–6

Spiced Coconut Cake with Tropical Fruits and Palm Sugar Sauce

A deliciously simple cake! Everything is mixed in one bowl, resulting in a very Asian-style texture with a crisp coconut topping.

CAKE
180 g (6 oz) butter, melted
1½ cups caster sugar
¾ cup plain flour
1½ cups shredded coconut
1½ cups coconut milk
6 eggs
½ teaspoon ground nutmeg
½ teaspoon cinnamon

SYRUP
125 g (4 oz) dark palm sugar
3 tablespoons water
½ cup coconut cream

FRUIT
1 red pawpaw, peeled and cut into 2.5 cm (1 in) chunks
12 lychees, peeled and pitted
pulp of 4 passionfruit

To make the cake, combine all the cake ingredients in a large bowl and mix well. Pour mixture into a greased, lined 24 cm (10 in) springform pan. Bake at 165°C (325°F) for 45–50 minutes, or until cooked when tested with a skewer. Cool in pan for 10 minutes before turning out onto a rack to cool.

To make the syrup, combine the palm sugar, water and coconut cream in a pan. Bring to the boil and simmer until syrupy, about 5–10 minutes.

To serve, place slices of the coconut cake on individual plates with red pawpaw and lychees. Drizzle the syrup and passionfruit pulp over the fruit and cake.

Serves 12

Opposite:
Spiced Coconut Cake with Tropical Fruits and Palm Sugar Sauce

Steamed Banana Puddings with Spiced Vanilla Anglaise

The classic vanilla anglaise infused with Asian spices is a perfect complement to the banana pudding.

4 aluminium dariole moulds, about 200 ml (7 fl oz) capacity
8 dried bananas (available from Asian grocery stores, omit if unavailable)
4 ripe cavendish bananas
4 eggs
250 g (8 oz) caster sugar
250 g (8 oz) melted butter
150 g (5 oz) self-raising flour
1 teaspoon baking powder
1 teaspoon vanilla essence

VANILLA ANGLAISE
1½ cups milk
1 vanilla bean, split and scraped
1 cinnamon stick
2 cloves
1 star anise
6 egg yolks
150 g (5 oz) caster sugar
½ cup pouring cream

Grease dariole moulds and line with slices of the dried bananas. Combine peeled bananas, eggs and sugar in bowl and cream in an electric mixer. Stir in melted butter, fold in sifted flour and baking powder. Divide mixture into dariole moulds, place moulds into a deep tray, fill with hot water to cover three-quarters of the mould. Cover tray with foil and bake for 20 minutes at 180°C (350°F). Uncover and bake for a further 20 minutes. Cool slightly.

To make the anglaise, place milk, vanilla bean, cinnamon stick, cloves and star anise in a saucepan. Heat slowly to just below boiling point then remove from heat. Cover and cool for 20 minutes to allow spices to infuse. Place egg yolks and caster sugar in a stainless steel mixing bowl and whisk to combine. Add spiced milk and lightly whisk together. Sit bowl over a pot of simmering water and stir continuously until the mixture coats the back of the spoon, about 15 minutes. Remove from heat and strain through a sieve into a clean bowl. Refrigerate until ready to use. Makes 3 cups.

To serve, unmould darioles onto serving plates and spoon vanilla anglaise over the puddings.

Serves 4

DARIOLE MOULDS

These small moulds are used mainly for desserts like crème caramels and bavarois, or individual baked puddings. They can be made of aluminium, stainless steel or plastic. The dessert is removed from the mould before serving. A tea cup makes an excellent substitute.

Cinnamon Meringue Parfait with Poached Summer Fruits

A delicious ice cream-style dessert. You'll need a 3 litre (5¼ pint) rectangular mould.

EGG WHITES

To successfully whisk egg whites they should be at room temperature. For purists, use a copper bowl as the copper ions combine with one of the egg proteins to make a stable foam. The bowl must be totally dry and scrupulously clean. Discard a white with any trace of egg yolk. If using egg whites as a rising agent, as in a soufflé, whisk to a soft peak then gradually add the sugar, which has the effect of stopping the whites from becoming too dry.

MERINGUE

75 g (2½ oz) egg whites (about 4 egg whites), at room temperature
75 g (2½ oz) caster sugar
75 g (2½ oz) sifted icing sugar

PARFAIT

300 g (11 oz) caster sugar
1¼ cups water
12 egg yolks
900 ml (32 fl oz) cream, whipped
3 teaspoons ground cinnamon

POACHED FRUITS

500 g (1 lb) white sugar
2 cups water
1 cup white wine
1 kg (2 lb) mixed summer fruits (peaches, nectarines), stoned and cut in half
1 punnet of blueberries, to garnish

To make the meringue, preheat oven to 110°C (225°F). Beat egg whites with an electric mixer until foamy. Add caster sugar, 1 tablespoon at a time, making sure it is dissolved before adding more. Fold in icing sugar. On a large baking tray lined with greaseproof paper, pencil in an outline of the base of your mould. Spoon meringue mix to fill the rectangular shape. Smooth the surface of the meringue to a rectangular shape about 2.5 cm (1 in) thick. Bake for 2 hours. Cool before using.

To make the parfait, combine sugar and water in a heavy-based saucepan and bring to the boil without stirring. Cook until syrup reaches the 'soft ball' stage, 115–118°C (240°F) on a candy thermometer. Have egg yolks ready in large bowl of electric mixer, pour on sugar syrup with motor running and beat until thick, glossy and cool, about 10 minutes. Fold in whipped cream and cinnamon. Pour half the parfait into the rectangular mould. Place cooked meringue on top of parfait layer. If necessary, trim the meringue with a knife to make a neat fit. Pour remaining parfait mix on top of meringue layer. Cover with plastic wrap and freeze overnight.

To poach the fruit, combine sugar, water and wine in a saucepan, bring to the boil and reduce to low simmer. Add halved fruits and cover with greaseproof paper, pushing paper down to cover the fruit. Simmer gently until just cooked, about 10 minutes. Leave to cool in syrup, then remove fruit with a slotted spoon and peel any peaches. Put syrup back on heat, bring to the boil and reduce by half.

To serve, unmould the parfait by rubbing a hot wet cloth over the outside of the mould. Slice parfait and place on individual serving plates. Add the poached fruit and blueberries. Spoon 1 tablespoon of poaching syrup over the fruit.

Serves 12

Rhubarb and Strawberry Crumble
with Rosewater Syrup

*We always serve a crumble during winter, sometimes apple and rhubarb,
or quince and pear. Adding an Asian twist is as easy as serving the crumble
with a lime ice cream or a banana sorbet.*

RHUBARB
750 g (26 oz) white sugar
3 cups white wine
1 bunch rhubarb, washed, peeled and cut
into 2.5 cm (1 in) pieces
2 tablespoons rosewater

CRUMBLE
180 g (6 oz) unsalted butter
150 g (5 oz) wholemeal flour
150 g (5 oz) dark palm sugar, shaved
250 g (8 oz) brioche, crumbled
250 g (8 oz) meringues, crushed
zest of 3 lemons
1 teaspoon ground cinnamon
½ teaspoon ground nutmeg

1 punnet of strawberries, washed and hulled

To make the rhubarb, bring the sugar and
wine to the boil in a heavy-based pan, add
rhubarb and poach until just tender, about
15 minutes. Stir in the rosewater.

To make the crumble, rub butter and flour
together then incorporate the sugar. Add
remaining crumble ingredients and mix well.

Remove the rhubarb from the poaching
syrup, reserving the syrup. Combine rhubarb
and strawberries and transfer to a 2 litre
(3½ pint) casserole dish or divide between
six gratin dishes. Spoon the poaching syrup
over the fruit, sprinkle with crumble topping
and bake at 180°C (350°F) until topping
is golden and filling is bubbling, about
20–25 minutes.

Serve with ice cream or sorbet. Keep
leftover syrup in the refrigerator for up to
a month to use again for poaching fruit.

Serves 6

NUTMEG

Prized for its preservative qualities, and
at one time more precious than gold,
nutmeg grew only on the island of Run,
a tiny speck in the Indonesian Banda
Sea. In the sixteenth century, Dutch,
British and Portuguese sailors could
smell the spice on the island as they
approached it in their ships. The spice
made these traders rich beyond their
wildest dreams. The seed of the nutmeg
tree is dried in the sun and then sold
whole or in powdered form.

*Opposite:
Rhubarb and Strawberry Crumble
with Rosewater Syrup*

Lime and Ginger Tart

A variation on the classic lemon tart. Looks deceptively simple, but requires some technical skills to perfect.

PASTRY
100 g (3½ oz) caster sugar
200 g (7 oz) unsalted butter
1 egg
300 g (11 oz) plain flour

CUSTARD
9 eggs
300 g (11 oz) caster sugar
300 ml (10 fl oz) cream
350 ml (11½ fl oz) strained lime juice
1 tablespoon finely chopped lime zest
30 g (1 oz) finely chopped crystallised ginger

To make the pastry, preheat oven to 180°C (350°F). Cream sugar and butter until light and fluffy. Add egg and mix briefly. Add flour and combine. Turn pastry onto a lightly floured bench and knead lightly. Rest in refrigerator for 1 hour. Roll out to fit a 25 cm (10 in) flan tin with removable base. Line pastry with foil, fill with uncooked rice, lentils or beans. Place in oven and bake blind for 20 minutes. Remove foil and rice and return to oven for another 15 minutes. The pastry should be crisp and pale gold.

To make the custard, preheat oven to 160°C (300°F). Whisk the eggs and sugar in a bowl until combined. Stir in all the other ingredients. Carefully pour custard mix in tart shell and bake for 40 minutes. The tart should still be a little wobbly in the centre. Remove from oven and cool on cake rack to allow the custard to finish setting. Serve at room temperature.

Serves 8–10

Mangoes with Sticky Rice and Coconut Cream

The one Thai sweet everyone knows and loves!
Sesame seeds add a crunchy texture to the juicy soft mangoes.

2 cups sticky rice
3 cups coconut cream
1¼ cups caster sugar
½ teaspoon salt
few drops vanilla essence or a vanilla bean
3 mangoes
1 tablespoon toasted sesame seeds, to garnish

Cover sticky rice with cold water and soak overnight. Drain and steam in a steamer basket lined with clean cloth for 30–40 minutes. Set aside half a cup of coconut cream. Combine the remaining coconut cream with sugar, salt and vanilla and stir over gentle heat in a saucepan (not aluminium) until the sugar is dissolved. Transfer cooked rice to large bowl. Pour over coconut cream mixture. Set aside until rice has absorbed all the coconut cream.

Peel mango and cut into 2.5 cm (1 in) dice. Divide rice and mangoes between individual serving plates. Spoon over remaining coconut cream and garnish with toasted sesame seeds.

Serves 6

Chocolate and Cinnamon Iced Soufflé with Poached Plums

A perfect summer dessert, this has Frangelico, cinnamon, sugar, cream and chocolate—it basically encompasses a chef's five favourite food groups!

CHOCOLATE

Processed from the bean of the South American cocoa tree, the best chocolate to use in cooking is a bitter sweet, dark couverture. Avoid any chocolate sold as compound. Care is required when melting chocolate. The chocolate should first be chopped or grated, then melted preferably over a double boiler. Never melt chocolate over direct heat as it will cause the chocolate to go 'grainy' and scorch—only use direct heat if the chocolate is in combination with cream or butter. Chocolate can be melted in the microwave—don't cover the bowl, microwave on medium for 1–2 minutes.

SOUFFLE
6 egg yolks
250 g (8 oz) caster sugar
1 teaspoon freshly ground cinnamon
3 tablespoons Frangelico
300 ml (10 fl oz) lightly whipped cream
200 g (7 oz) melted and slightly cooled good quality chocolate
6 egg whites whipped to medium peaks
8 soufflé moulds (we use Chinese teacups) 'collared' around the rim with a ring of greaseproof paper and secured with a rubber band

POACHED PLUMS
2 cups water
500 g (1 lb) white sugar
1 vanilla bean
1 cinnamon stick
8 large ripe plums
¼ cup Frangelico

1 tablespoon Dutch cocoa powder
pure cream, to serve

To make the soufflé, whisk the egg yolks, sugar, cinnamon and Frangelico together until they are thick in consistency and pale in colour. Using a spatula, fold in the cream, then do the same with the chocolate. Fold in the egg whites, being very careful to mix them through evenly. Pour mixture into a piping bag and pipe into the moulds, about 2.5 cm (1 in) above the top of the mould. Freeze overnight.

To poach the plums, combine water, sugar, vanilla bean and cinnamon stick in a pan and bring to the boil. When sugar is dissolved, reduce to a simmer. Add plums and cover with greaseproof paper, pressing down to ensure the paper covers the fruit. Simmer until fruit is soft but still holds its shape, about 10 minutes. Remove fruit and cool. Bring syrup back to the boil and reduce by one-half. Remove from heat and add Frangelico.

To serve, remove collars from the soufflé moulds. Place soufflés on individual serving dishes, topping each with a plum. Spoon a tablespoon of syrup over each plum, dust with Dutch cocoa powder and serve with pure cream.

Serves 8

Opposite:
Chocolate and Cinnamon Iced Soufflé with Poached Plums

Menu 1

Thai Salad of Prawns with Tamarind Dressing
Chicken Dumpling and Omelette Soup
Spicy Mussel and Yam Fritters with Ginger and Lime Sauce
Red Curry of Duck and Lychees
Steamed Jasmine Rice

Menu 2

Chicken, Yellow Bean and Ginger Soup
Salad of Sweet Pork with Green Chilli and Lime Dressing
Chu Chee Curry with Prawns
Crispy-fried Whole Fish with Tamarind Chilli Sauce
Steamed Jasmine Rice

Menu 3

Pork and Crab Wonton Soup
Yellow Curry of Swordfish with Cucumber Relish
Crispy Flathead with Green Mango Salad
Stir-fry Water Spinach with Yellow Bean Sauce and Golden Garlic
Steamed Jasmine Rice

Menu 4

Pork and Glass Noodle Spring Rolls
Tom Yum Goong—Hot and Sour Prawn Soup
Cuttlefish, Snake Bean and Cashew Salad with Chilli and Coconut Dressing
Jungle Curry of Duck
Steamed Jasmine Rice

Menu 5

Leaf Lilies
Silken Tofu and Pork Dumpling Soup
Golden Egg Nets with Chicken, Peanuts, Bean Sprouts and Sweet Vinegar Sauce
Banana Chillies Stuffed with Crab and Chicken in Green Curry Sauce
Steamed Jasmine Rice

Menu 6

Thai Rare Beef Salad
Tom Kha Gai—Chicken Galangal Soup
Prawn and Ginger Fritters
Steamed Shellfish with Garlic, Coriander, Peppercorns and Basil
Steamed Jasmine Rice

Thai banquets

Thais, like the French, live to eat. Our Thai friends, who will find any excuse to stop and eat, have persuaded us to eat to 'calm our stomachs' after stressful events like car accidents or losing important business documents. They have invited us to feasts celebrating family events and business deals. They have driven us kilometres out of our way to buy a snack from a favoured food vendor or a special ingredient for dinner. In all our years in Thailand, we can't recall ever being hungry. So you can understand why the Thai greeting is not 'How are you?' but 'Have you eaten yet?'

Nothing is more enjoyable than sharing food with family and friends, and Thai banquets are the perfect way to entertain. No need to bother with an entree and main course for each guest. Down the centre of your dining table arrange a variety of dishes, all served at one time— a soup, a curry, a steamed or fried dish, a salad, a vegetable dish and sauces. A large bowl of steamed rice is always the centrepiece. The aim of a Thai banquet is to offer a combination of flavours and textures—sweet, hot, sour, salty and bitter—to complement the rice.

The following banquet menus present a balanced array of flavours, textures and colours. Traditionally, a sweet finish to any of these banquets would be to serve a large platter of refreshing seasonal fruits.

index

Page numbers in italics indicate a chef's tip.